Como dizer tudo em japonês

Fale a coisa certa em qualquer situação

Como dizer tudo em japonês

Fale a coisa certa em qualquer situação

ALTA BOOKS
EDITORA
Rio de Janeiro, 2018

Como dizer tudo em japonês - Fale a coisa certa em qualquer situação

Impresso no Brasil.

Obra disponível para venda corporativa e/ou personalizada. Para mais informações, fale com projetos@altabooks.com.br

Editoração Eletrônica
Estúdio Castellani

Revisão Gráfica
Carolina Godoi da Costa

Produção Editorial
LTC Livros Tec. Cientif. Editora Ltda – CNPJ: 33.829.698/0007-05

CIP-Brasil. Catalogação na fonte
Sindicato Nacional dos Editores de Livros, RJ

M337c Martinez, Ron
Como dizer tudo em japonês: fale a coisa certa em qualquer situação / Ron Martinez, Nobuo Yanai - Rio de Janeiro: Alta Books, 2018.
24 cm.

Apêndice
ISBN: 978-85-508-0344-9

1. Língua japonesa - Compêndios para estrangeiros.
I. Yanai, Nobuo. II. Título

17-40583 CDD: 495.6824
CDU: 811.521'243

ALTA BOOKS
EDITORA

Rua Viúva Cláudio, 291 — Bairro Industrial do Jacaré
CEP: 20970-031 — Rio de Janeiro - RJ
Tels.: (21) 3278-8069 / 3278-8419
www.altabooks.com.br — altabooks@altabooks.com.br
www.facebook.com/altabooks

Agradecimentos

Um agradecimento especial às professoras do Instituto Cultural Brasil-Japão, Julliana Paula Valverde, Elisa Celino, pela elaboração da parte em português e minha esposa Reiko Yanai pela elaboração de parte do japonês.

Gostaria de dedicar este livro à minha mãe, Sra. Isa Yanai, que mora no Japão.

Agradeço também a Caroline Rothmuller pela paciência demonstrada no decorrer do projeto.

Sumário
総合目次
soogoo mokuji

APÊNDICES

Apresentação
前文
Zenbun

É com grande prazer que apresentamos um conceito completamente novo na aprendizagem de um idioma. *Como Dizer Tudo em Japonês* é uma verdadeira ferramenta para sua necessidade de se expressar e escrever em japonês. Não importa sua proficiência ou motivo para usar o japonês, este livro levará você a um nível de comunicação realmente eficaz. Os criadores deste livro usaram seus anos de experiência internacional na aprendizagem e no ensino de línguas para criar o que será indubitavelmente uma ferramenta imprescindível para sua comunicação em japonês por muito tempo.

Como Dizer Tudo em Japonês tem como princípio básico o fato de que adultos que precisam usar o japonês têm pensamentos complexos e ideias que já expressam efetivamente em seu próprio idioma – apenas não sabem fazê-lo em japonês. Agora, mesmo com um conhecimento muito rudimentar de japonês, eles vão conseguir. Basta saber o que se quer dizer em português para encontrar sua equivalência em japonês dentre milhares de expressões organizadas por situações sociais e profissionais.

Nunca houve antes uma ferramenta tão completa e eficaz, que possibilitasse a um estudante de idioma dizer a coisa certa no momento certo.

Gama extensiva de situações

Como Dizer Tudo em Japonês é dividido em oito seções: Japonês Geral I e II, Japonês Comercial e Profissional, Japonês para Palestras e Reuniões, Japonês para Viagens e Turismo, Morando no Exterior, Japonês para Correspondência Escrita e Expressões Comuns em Português. Dentro dessas seções o usuário do livro achará centenas de expressões de uso cotidiano. No entanto, as situações não são apontadas a usuários diferentes. Pelo contrário, seria quase impossível para a pessoa que precisa de Japonês Comercial e Profissional não usar Japonês Geral, e vice-versa. Afinal de contas, não há um limite de tópico para um idioma.

Cheio de dicas e conselhos sociolinguísticos

Um idioma é mais do que palavras. É cultura, costume e atitude. *Como Dizer Tudo em Japonês* leva em conta esse fato e oferece conselho cultural-linguístico quando for relevante.

Conceitos universais de idioma

Um aspecto interessante dos idiomas é que, embora haja tantas diferenças interessantes entre eles, na realidade aquilo que queremos dizer em qualquer idioma muitas vezes é exatamente igual. Todos temos a necessidade de persuadir, mostrar empatia e se desculpar. *Como Dizer Tudo em Japonês* leva isto em conta e proporciona a equivalência em japonês a partir do universo do usuário em português.

Para quem é este livro?

Se você alguma vez precisou, precisa ou precisará usar o japonês em qualquer nível, este livro é uma ferramenta indispensável. Embora não seja um curso em si, ele salvará você nas centenas de situações mais prováveis em japonês. Caso você seja um executivo ou outro profissional, ou simplesmente um estudante ou viajante frequente, *Como Dizer Tudo em Japonês* é o título de referência que você deve manter em sua mesa de trabalho, em sua pasta e próximo a seu passaporte.

Este livro é para meu nível?

Lembre-se de que um idioma não conhece nível. Mas os cursos de idioma às vezes se esquecem de que, embora um aluno principiante possa não estar confortável em aprender "locuções avançadas", ele ainda é adulto com pensamentos de adulto e com necessidade de expressar esses pensamentos. O que na realidade torna um curso difícil não é o vocabulário, mas sim as estruturas gramaticais. *Como Dizer Tudo em Japonês* contorna esse problema ao focalizar fundamentalmente significado e comunicação. Não há nível para este livro, porque um idioma na vida real não tem níveis. O usuário deste livro não precisa de um nível específico porque se souber o que quer dizer em português, saberá falar em japonês – a gramática do que se está dizendo é somente um fato do idioma. O que deveria interessar ao usuário é seu significado. Isto não quer dizer que a gramática não seja importante: como um carro tem motor e suspensão, um idioma tem gramática e regras. Mas uma pessoa não precisa entender o funcionamento do motor e da suspensão para dirigir o carro.

Só as situações mais úteis

Embora um idioma tenha mais situações do que este livro aborda, *Como Dizer Tudo em Japonês* visa a cobrir as necessidades mais importantes do usuário. Em outras palavras, "Como dizer para suas crianças que precisam dormir" e "Coisas que se falam aos animais domésticos" constituem parte das funções miríades de qualquer idioma, mas não são normalmente situações de importância extrema diante das necessidades do usuário comum deste livro.

Companheiro perfeito para cursos de japonês/dicionários

Como Dizer Tudo em Japonês não é um curso em si. Mas se o usuário está aprendendo japonês e possui um dicionário, este livro completará o curso. Afinal de contas, um dicionário só ajudará quando for preciso achar uma palavra individual. Um curso de idioma ajuda quando é preciso praticar e aprender regras e melhorar em geral. Esta obra vai além de palavras individuais e regras para proporcionar ao usuário as frases e expressões específicas para cada situação – seja na sala de aula ou tentando melhorar seu japonês por conta própria.

Existe um conceito em linguística aplicada chamado "o plateau de intermediário". Isto significa que a maioria dos alunos, frequentemente devido à frustração, nunca avança a um nivel de proficiência em japonês acima de "intermediário". Na maioria dos casos, a única solução viável seria morar por algum tempo em um país de língua japonesa. Agora, com este livro, o aluno "intermediário" poderá ir além desse "plateau".

Tenha a certeza de que o que está dizendo é o que as pessoas dizem normalmente

Não somente as expressões no livro serão entendidas onde quer que sejam usadas, como também serão aceitas não importando com quem o usuário as usar. Os autores escolheram cuidadosamente só as expressões de uso comum, sem gírias. A linguagem coloquial no livro foi incluída por seu uso extremamente comum e útil. As expressões mais coloquiais são facilmente identificadas quando comparadas ao português. O que for coloquial em português, será igualmente coloquial na expressão equivalente em japonês.

Como usar o livro

Talvez o leitor já tenha visto aqueles livrinhos de expressões de uso nas viagens. No esforço para que esses livros sejam compactos, eles ficam, na realidade, menos úteis. Pois um idioma não funciona de forma "compacta". Qualquer curso de idioma bom não visa a ser "compacto", visa a comunicação. E para que essa aconteça, o usuário precisa de variedade para iniciar, reagir e interagir na linguagem, em toda situação.

Para isso este livro inclui uma ampla gama de situações para ajudar o usário na preparação de qualquer uso do idioma.

Referência de idioma e ensaio de idioma

Como Dizer Tudo em Japonês é um livro de referência de idioma e ensaio de idioma. Isto é, ele é projetado para ser usado durante anos, sempre que o usuário quiser achar uma expressão em japonês, mas também é projetado como um tipo de roteiro. Em outras palavras, se o leitor já sabe que precisa levar clientes estrangeiros para sair para jantar, por exemplo, ele poderia se preparar lendo as seções "Discutindo a conta", "Coisas que se falam quando as pessoas se encontram", "Comendo e bebendo" e "Elogios", entre várias outras.

Ele pode se preparar e se sentir mais pronto e soar mais efetivo uma vez que está naquela situação. Em termos de formalidade ou informalidade, isto é fácil de descobrir simplesmente olhando para o nível de formalidade ou informalidade em português, que será igual. Se a expressão for informal do lado esquerdo, será também informal no lado direito.

Variar e misturar para melhores resultados

O usuário deste livro terá um maior aproveitamento se não enfocar apenas um tópico, mas em todos eles. Afinal de contas, um idioma não conhece nenhum limite de tópico. E embora precise de algumas expressões mais do que outras, seria estranho precisar de só algumas e nunca de outras.

Equivalentes, não traduções

Embora haja milhares de situações possíveis em qualquer idioma, os autores usaram sua experiência na área de linguística aplicada para escolher só as situações mais úteis, evitando dessa maneira aquela sensação de "não saber nem por onde começar".

Todas as expressões no livro são comuns, e todas as expressões em japonês serão equivalentes e não traduções ao pé da letra. Por isso, se o usuário achar que uma expressão em japonês "parece" muito diferente da expressão em português, será porque a tradução "exata" ficaria estranha. Em qualquer caso, toda expressão será comum e amplamente reconhecível.

Características da Língua Japonesa
日本語の特徴

1. 日本語の文の並びは「主語 (Sujeito)目的語 (Objeto) 動詞 (Verbo) 」の順となる。
1. A ordem das frases em língua japonesa segue o seguinte padrão:
   sujeito objeto verbo

2. 動詞は主語の人称によっての変化はない。
2. Os verbos não se flexionam em número e grau. 例）私/あなた/彼/彼らは 本を 買う。
   Ex. Watashi/Anata/Kare/karera wa hon o kau (verbo).
   Eu / Você/ Eles/ Eles livro comprar.

3. 使用文字は基本的には３種類あり、
3. Basicamente, na língua japonesa três sistemas gráficos são utilizados:

   1. 漢字：kanji (ideogramas de origem chinesa),
   2. ひらがな: hiragana (sistema de fonogramas oriundos do kanji),
   3. カタカナ: katakana (usado para escrever palavras de origem estrangeira ou para destacar determinada palavra ou frase).
   4. ローマ字: Romaji-Letras romanas (algumas vezes, em cartazes ou propagandas de grandes empresas, opta-se por usar o romaji.)

      例）HONDA Ex.: HONDA
      本書では広く日本語会話で使用されている英語単語には(*)を付けた。

Neste livro, optamos por indicar os vocábulos de origem inglesa nos diálogos com um asterisco (*)

4. 基本的には名詞の単数形、複数形はなく、性別、男性形、女性形がない。敬称でも口語では「名前＋さん」、手紙文では「名前＋様」が一般的に使用される。
4. Os verbos da língua japonesa não se flexionam em número, grau ou gênero. Tratando-se de pronomes de tratamento na linguagem falada, usa-se [nome+san]. E, em cartas, geralmente usa-se [nome+sama].

5. 付録２（Apêndice 2）　の家族の名称では日本語の尊敬語と謙譲語の精神から私の家族とあなた/彼の家族名では違った呼び方がある。

5. Como veremos no Apêndice 2, devido às inúmeras formas de expressão de linguagem polida em língua japonesa, há formas diferenciadas também quando se trata da forma de chamar um membro de sua própria família e de outra.

（例）私の母/watashi no haha: **minha mãe**
あなたのお母さん/anata no okaasan: **sua mãe**

6. 本書で使用されている文字と発音方法

1.	2.	3.	4.																
あ	ア	A	a	い	イ	I	i	う	ウ	U	u	え	エ	E	e	お	オ	O	o
か	カ	KA	ca	き	キ	KI	qui	く	ク	KU	cu	け	ケ	KE	que	こ	コ	KO	co
さ	サ	SA	ssa	し	シ	SHI	chi	す	ス	SU	ssu	せ	セ	SE	sse	そ	ソ	SO	sso
た	タ	TA	ta	ち	チ	CHI	ti	つ	ツ	TSU	tsu	て	テ	TE	te	と	ト	TO	to
な	ナ	NA	na	に	ニ	NI	ni	ぬ	ヌ	NU	nu	ね	ネ	NE	ne	の	ノ	NO	no
は	ハ	HA	ha	ひ	ヒ	HI	hi	ふ	フ	HU	fu	へ	ヘ	HE	he	ほ	ホ	HO	ho
ま	マ	MA	ma	み	ミ	MI	mi	む	ム	MU	mu	め	メ	ME	me	も	モ	MO	mo
や	ヤ	YA	ya					ゆ	ユ	YU	yu					よ	ヨ	YO	yo
ら	ラ	RA	la	り	リ	RI	li	る	ル	RU	ru	れ	レ	RE	re	ろ	ロ	RO	ro
わ	ワ	WA	wa													を	ヲ	O	o
ん	ン	N	n																

1. Hiragana 2. Katakana 3. Romaji 4. Pronúncia em Português

が	ガ	GA	ga	ぎ	ギ	GI	gui	ぐ	グ	GU	gu	げ	ゲ	GE	gue	ご	ゴ	GO	go
ざ	ザ	ZA	za	じ	ジ	DI	di	ず	ズ	ZU	zu	ぜ	ゼ	ZE	ze	ぞ	ゾ	ZO	zo
だ	ダ	DA	da	ぢ	ヂ	DI	di	づ	ヅ	ZU	zu	で	デ	DE	de	ど	ド	DO	do
ば	バ	BA	ba	び	ビ	BI	bi	ぶ	ブ	BU	bu	べ	ベ	BE	be	ぼ	ボ	BO	bo
ぱ	パ	PA	pa	ぴ	ピ	PI	pi	ぷ	プ	PU	pu	ぺ	ペ	PE	pe	ぽ	ポ	PO	po

(Tabela criada pelo Prof. Nobuo Yanai)

（例）ローマ字表記　　ブラジル式発音

Ex.: Transcrição em letras romanizadas　　Pronúncia adaptada à língua brasileira

Eu: 私 watashi　　uatachi (xi de xícara)
pai: 父 chichi　　titi
barco: 船 hune　　fune
banco: 銀行 ginkoo　　guinkoo
caqui: 柿 kaki　　caqui

TABELA DE PRONOMES EM JAPONÊS – PORTUGUÊS

Muitas expressões neste livro têm um pronome que é variável segundo o sujeito ou objeto. Na dúvida, consulte esta tabela para lhe ajudar.

Pronome sujeito	**Pronome objeto**	**Pronome possessivo**	**Pronome indireto**
eu **watashi wa/ga**	me **watashi o**	meu/minha **watashi no**	para me/mim **watashi ni**
você/tu **anata wa /ga**	lhe/te **anata o**	seu/teu **anata no**	para se/te **anata ni**
nós **watashitachi wa/ga**	nos **watshitachi o**	nosso/a; nossos/as **watashitachi no**	para nos **watashitachi ni**
eles **karera wa/ga**	lhes **karera o**	seu/sua; seus/suas **karera no**	para eles **karera ni**
ele **kare wa/ga**	lhe **kare o**	seu/sua; seus/suas **kare no**	para ele **kare ni**
ela **kanojo wa/ga**	lhe **kanojo o**	seu/sua; seus/suas **kanojo no**	para ela **kanojo ni**
ele **sore wa/ga**	lo/la **sore o**	seu/sua; seus;suas **sore no**	para ele **sore ni**

1

Japonês Geral 1
日本語一般 1
Nihongo ippan 1

Expressões comuns em contextos específicos
場面別表現
Bamen betsu hyoogen

Coisas que se falam quando as pessoas se encontram	挨拶の言葉 **Aisatsu no kotoba**

Das saudações *Bom dia, Boa tarde* e *Boa noite* em português (Ohayoo gozaimasu, Konnichiwa, Konbanwa/Oyasuminasai.) só uma tem uso comum em japonês. "Ohayoo gozaimasu" só se fala mais ou menos até 10 horas da manhã. "Oyasuminasai" só se fala quando as pessoas já vão dormir.

Saudações e apresentações	挨拶と紹介 **Asisatsu to shookai**
Oi.	どうも Doomo.
Tudo bem?/Tudo bom?	お元気？/どうですか？ Ogenki?/Do sesu ka?
Qual é o seu nome?	お名前は？ Onamae wa?
Desculpe, qual é mesmo o seu nome?	もう一度、お名前お願いします Moo ichido,onamae onegai shimasu.
Oi, eu sou...	はい、私は…です。 Hai, watashi wa…desu.
Prazer.	どうぞよろしく Doozo yoroshiku.
Você conhece o João?	ジョアンさん、ご存知？ João san, Gozonji?
Eu quero apresentá-lo...	ご紹介します Goshookai shimasu.
Já ouvi falar muito de você.	お噂はうかがっております O uwasa wa ukagatte orimasu.

Saudações e apresentações	挨拶と紹介 **Aisatsu to shookai**
A (Silvia) já me falou muito sobre você.	（シルヴァ）さんからいつもうかがっています (Silvia san) kara itsumo ukagatte imasu.
Estava querendo muito conhecê-lo.	お会いしたかったです。 O ai shitakatta desu.
Nossa! Finalmente vou conhecer você!	やっと！お会い出来ました。 Yatto! O ai dekimashita.
Gostei de conhecê-lo.	お会い出来て光栄です。 O ai dekite kooei desu.
Até (mais).	じゃあ、また後で。 Ja mata atode.

Encontrando-se de novo após algum tempo	再会 **Saikai**
Não acredito.	信じられない！ Shinjirarenai!
Nossa! Quanto tempo!	どうも、ご無沙汰。 Doomo Gobusata!
Que bom ver você!	お会い出来て嬉しいです。 O ai dekite ureshii desu!
Nossa! Faz quanto tempo!	本当にしばらく！ Hontoo ni shibaraku.
Quanto tempo faz, hein?	どの位になる？ Dono kurai ni naru?
Tudo isso?	そんなになる？ Sonna ni naru?
Nossa! O tempo voa!	時間の経つのは速いね。 Jikan no tatsu nowa hayai ne.
Você está ótimo!	お元気そうですね！ O genki soo desu ne.
Nossa! Você emagreceu?	おや！痩せましたね。 Oya,yase mashita ne.
Soube que você (se casou).	結婚したそうですね。 Kekkon shita soo desu ne.
Você não mudou nada.	変わらないですね。 Kawaranai desu ne.
Você está sempre bem.	いつもお元気そう。 Itsumo ogenki soo.

Encontrando-se de novo após algum tempo	再会 **Saikai**
Então, o que você anda fazendo?	ところで、今どうしていますか？ Tokorode,ima doo shite imasu ka?
Então, o que você tem feito de bom?	ところで、何かいい事あったんですか？ Tokorode nanika ii koto attan desu ka?
Como vão as coisas?	上手く行っていますか？ Umaku itte imasu ka?
O que você está fazendo agora?	それで、今何をしていますか？ Sorede , ima nani shite imasu ka?
Você está no mesmo telefone?	電話番号まだ同じですか？ Denwa bango mada onaji desu ka?
Você ainda mora em...?	お住まいは今も…ですか？ Osumai wa imamo … desu ka?
Como está o (Ricardo)?	（ヒカルド）さん　お元気ですか？ (Ricardo san) ogenki desu ka?
E as crianças? Como vão?	お子さんはお元気ですか？ Okosan wa ogenki desu ka?
Nós precisamos nos falar mais vezes.	もっと、お会いしたいですね。 Motto oai shitai desu ne.

Perguntas pessoais	個人的な質問 **Kojin tekina shitsumon**
Você é de onde?	どちらからいらっしゃいましたか？ Dochira kara irasshai mashita ka?
O que você faz?	お仕事は何をなさっていますか？ Oshigoto wa nan o nasatte imasu ka?
Você tem namorada/o?	恋人はいらっしゃる？ Koibito wa irassharu?
Você é casado/a?	ご結婚していますか？ Gokekkon shite imasu ka?
Você tem alguém?	どなたかとお付き合いがありますか？ Donata ka to otsukiai ga arimasu ka?
Você tem filhos?	お子さんありますか？ Okosan arimasu ka?
Quantos anos você tem?	お年はおいくつですか？ Otoshi wa oikutsu desu ka?
Qual é o seu signo?	誕生日の星座はなんですか？ Tanjobi no seiza wa nan desu ka?

Perguntas pessoais	個人的な質問 **Kojin tekina shitsumon**
Você gosta de...?	…　がお好きですか？ …ga osuki desu ka?
Onde você mora?	お住まいはどちらですか？ Osumai wa dochira desu ka?
Você mora sozinho/a?	お一人でお住まいですか？ Ohitori de osumai desu ka?

Como fazer uma pergunta pessoal sem ofender	個人的な質問の上手な聞き方 **Kojintekina shitsumon no joozuna kikikata**
Posso perguntar (quantos anos você tem)?	(お年を伺っても) よろしいでしょうか？ (Otoshi o ukagattemo) yoroshii deshoo ka?
Não precisa responder se você não quiser...	お答えにならなくても結構ですよ。 Okotae ni naranakutemo kekkoo desu yo.
Você se ofenderia se eu perguntasse...	伺ってもよろしいでしょうか？ Ukagattemo yoroshii deshoo ka?
Não quero ser inconveniente.	ご迷惑じゃありませんか？ Gomeiwaku ja arimasen ka?
Só por curiosidade...	単なる興味からなんですが… Tannaru kyoomi kara nan desu ga…

Falando com estrangeiros	外国人と話す **Gaikokujin to hanasu**

Para amenizar as perguntas abaixo, é recomendado o uso de “sorede” no começo. Por exemplo: “Sorede, Donokurai kochira ni irassharu no desu ka?”

De onde você é?	どちらからいらっしゃいましたか？ Dochira kara irasshai mashita ka?
Há quanto tempo está aqui?	どの位こちらにいらっしゃいますか？ Donokurai kochira ni irassha imasu ka?
Você está onde?	どちらに滞在していますか？ Dochia ni taizai shite imasu ka?
Onde você está morando?	どちらにお住まいですか？ Dochira ni osumai desu ka?
É um bom bairro.	それはいい所ですね。 Sore wa ii tokoro desu ne.
O que você está achando (daqui)?	(こちらは) お気に入りですか？ (Kochira wa) Okini iri desu ka?

Falando com estrangeiros	外国人と話す **Gaikokujin to hanasu**
Está aqui a trabalho/a passeio?	こちらへはお仕事ですか、ご旅行ですか？ Kochira e wa oshigoto desu ka, goryokoo desu ka?
O que você achou (da comida)?	（食べ物は）お好きですか？ (Tabemono wa) osuki desu ka?
Você precisa experimentar...	… を試して見たら … o tameshite mitara.
O que você já conhece aqui em (Florianópolis)?	（フローリアノポリス）ではどちらへ行かれましたか？ (Florianopolis) dewa dochira e ikare mashita ka?
Você já foi a outros lugares?	その他、どちらへ行かれましたか？ Sonohoka dochira e ikare mashita ka?
Não deixe de ir a...	… へ行く事をお勧めします。 … e iku koto o osusume shimasu.
Você sente saudades de lá?	ホームシックになりませんか？ Hoomu shikku ni narimasen ka?
Você já fala alguma coisa em português?	ポルトガル語少しお分かりになりますか？ Porutogaru-go sukoshi owakari ni narimasu ka?
Como está seu português?	ポルトガル語、上達していますか？ Porutogaru-go jootatsu shite imasu ka?
Já foi ao (Rio)?	（リオ）へ行った事がありますか？ (Rio) e itta koto ga arimasu ka?
Gostou de lá?	あちらは気に入りましたか？ Achira wa kini irimashita ka?
Você precisa conhecer.	是非、一度行って下さい。 Zehi ichido itte kudasai.
Sabe para onde precisa ir? Tem um...	お勧め場所がありますよ？…です。 Osusume basho ga arimasu yo?…desu.
Vou lhe dar meu telefone.	私の電話番号です。 Watashi no denwa bangoo desu.
Me ligue para combinarmos alguma coisa.	何かあったら、お電話下さい。 Nanika attara odenwa kudasai.
Seria um prazer lhe mostrar a cidade.	喜んで街をご案内しましょう。 Yorokonde machi o goannai shimashoo.
Bem-vindo!	よくいらっしゃいました！ Yoku irasshaimashita!

Em uma festa ou reunião	パーティーや集会で **Party* ya shuukai de**

A linguagem aqui é destinada a qualquer pessoa que possa se encontrar em qualquer situação na qual a *língua franca* seja japonês, no Brasil em uma conferência internacional ou em um coquetel, durante uma viagem no exterior.

Começando uma conversa	会話の開始 **Kaiwa no kaishi**
Oi.	どうも。 Doomo.
Você não é (a Susan)?	(スーザンさん) ですか？ (Susan san) desu ka?
Você não trabalha com (o Sérgio) na (American Express)?	(アメリカン　エクスプレス）の（セルジオさん）と同じお仕事でしょう？ (American Express) no (Sergio san) to onaji oshigoto desho?
Você é um amigo do (John)?	(ジョンさん) のお友達でしょう？ (John san) no otomodachi desho?
Qual é seu nome?	お名前は（何とおっしゃいますか）？ Onamae wa (nanto osshaimasu ka)?
Não conheço você de algum lugar?	何処かでお会いした事ありませんか？ Dokoka de oaishita koto arimasen ka?
Gostei da sua (camisa).	その（シャツ）、いいですね。 Sono (shirt*), ii desu ne.
O que você faz por aqui?	こちらへはどなたとご一緒に？ Kochira ewa donataka to goissho ni?
Lugar legal, né?	いい所ですね？ Li tokoro desu ne?
Você viu o jogo hoje?	今日の試合見た？ Kyoo no shiai mita?
Como está frio/quente aqui, né?	ここは寒い/暑いですね？ Koko wa samui/atsui desu ne?
Como está cheio aqui, né?	大勢の人ですね？ Oozei no hito desu ne?

Durante uma conversa	パーティー内での会話 **Party* nai deno kaiwa**
Você quer outra bebida?	もう一杯いかがですか？ Moo ippai ikaga desu ka?

Durante uma conversa	パーティー内での会話 **Party* nai deno kaiwa**
O que você está bebendo?	何をお飲みですか？ Nani o onomi desu ka?
Adoro esta música.	この音楽、いいですね Kono ongaku ii desu ne.

Terminando uma conversa	パーティー内での会話を終わる **Party* nai deno kaiwa o owaru**
Foi muito bom conversar com você.	お話出来てよかったです。 Ohanashi dekite yokatta desu.
Qual é seu nome mesmo?	もう一度お名前お願いします？ Mooichido onamae onegai shimasu.
Bom, eu já tenho que ir.	そろそろ行かなければ。 Sorosoro ikanakereba.

Terminando uma conversa	パーティー内での会話を終わる **Party* nai deno kaiwa o owaru**
Sabe onde é o banheiro?	トイレどちらでしょうか？ Toire dochira de shoo ka?
Nossa! Olha que horas são.	おや、もうこんな時間？ Oya, moo konna jikan?
Vamos combinar alguma coisa.	また、その内にお会いしましょう Mata sono uchi ni oai shimashoo.
Vamos marcar para sair qualquer dia.	近い内に一緒に出かけましょう。 Chikai uchi ni issho ni dekake mashoo.
Como eu faço para encontrar você?	どの様にご連絡しましょうか？ Dono yooni gorenraku shimashoo ka?
Você tem um cartão?	カードお持ちですか？ Kaado omochi desu ka?
Você tem e-mail?	電子メールお持ちですか？ Denshi meiru omochi desu ka?
Me ligue a qualquer hora.	いつでも、お電話下さい。 Itsudemo , odenwa kudasai.
Por que você não me liga a qualquer hora?	どうしてお電話くれないのですか？ Dooshite odenwa kurenai no desu ka?
Posso te ligar uma hora dessas?	近い内にお電話してもいいですか？ Chikai uchi ni odenwa shitemo ii desu ka?

Vida noturna	夜の歓楽 **Yoru no kanraku**
Descrevendo uma casa noturna	クラブやバーをあんないする **Club ya baa o annai suru**
Conheço um lugar muito legal na...	… にいい店を知っているんです。 … ni ii mise o shitte irun desu.
Tem um lugar muito legal na...	… にいい店があるんです。 … ni ii mise ga arun desu.
Ouvi falar que é ótimo.	最高だと聞いています。 Saikoo dato kiite imasu.
Dizem que é ótimo.	最高だそうです。 Saikoo da soo desu.
É um lugar ótimo para dançar.	ダンスにいい店です。 Dansu ni ii mise desu.
É um lugar ótimo para tomar um drinque.	ゆっくり飲める店です。 Yukkuri nomeru mise desu.
É o lugar do momento.	面白い店です。 Omoshiroi mise desu.
Está na moda.	今流行っている店です。 Ima hayatte iru mise desu.
É frequentado por muitos (universitários).	（大学生）が多い店です。 (Daigakusei) ga ooi mise desu.
Tem uma frequência mista.	色々な人が来る店です。 Iroirona hito ga kuru mise desu.
Tocam muito (MPB).	（ブラジル音楽）が多いです。 (Burajiru ongaku) ga ooi desu.
É um pouco caro, mas vale a pena.	一寸高いが、値打ちがある。 Chotto takai ga, neuchi ga aru.
É melhor (aos sábados).	(土曜日)が最高です。 (Doyoobi) ga saikoo desu.
Como tem fila, é melhor chegar cedo.	列が出来るので、早く行く方といいです。 Retsu ga dekiru node,hayaku ikuto ii desu.

Descrevendo uma casa noturna uma vez dentro	クラブやバーでのことば **Club ya baa deno kotoba**
Não tem uma alma viva.	この店活気がないね。 Kono mise kakki ga nai ne.
Está meio parado para uma (sexta) à noite.	(金曜日）の夜にしては暇ですね。 (Kinyoobi) no yoru ni shitewa hima desu ne.

Descrevendo uma casa noturna uma vez dentro	クラブやバーでのことば **Club ya baa deno kotoba**
Está cheio!	いっぱいですね！ Ippai desu ne!
Está lotado!	満員ですね！ Man-in desu ne!
A música está muito alta.	音楽の音がすごいね！ Ongaku no oto ga sugoi ne!

Descrevendo um drinque	飲み物について **Nomimono ni tsuite**
É muito forte.	強いね。 Tsuyoi ne.
Sobe muito rápido.	まわりが速いね。 Mawari ga hayai ne.
Me dá uma ressaca.	悪酔いする。 Waruyioi suru.
O melhor (chopp) que já tomei foi em...	…で飲んだ（ビール）が一番美味しかった。 … de nonda (biiru) ga ichiban oishikatta.

Falando sobre bebida	飲み物について **Nomimono ni tsuite**
Não posso beber. Estou dirigindo.	運転しているから、飲めません。 Unten shite iru kara, nomemasen.
Não posso beber. Estou tomando remédio.	薬を飲んでいますから、飲めません。 Kusuri o nonde imasu kara, nomemasen
Não bebo.	お酒は飲みません。 Osake wa nomimasen.
Acho que já chega. Acho que bebi demais.	一寸飲み過ぎた気がする。 Cotto nomisugita ki ga suru.
Já subiu.	もう丁度いい。 Moo choodo ii.
Estou meio alegre.	一寸、いい気分。 Chotto ii kibun.
Sou fraco para bebida.	強くないんです。 Tsuyoku nain desu.
A bebida me sobe muito depressa.	直ぐに回ってしまいます。 Sugu ni mawatte shimaimasu.

Falando sobre bebida	飲み物について **Nomimono ni tsuite**
Tá bom, a saideira.	じゃ、最後の一杯。 Ja, saigo ni ippai.
Tá bom, só um pinguinho/dedinho.	じゃ,ほんの少しだけ。 Ja, hon no sukoshi dake.
Estou bêbado.	もう、酔っ払った。 Moo, yopparatta.
Vou me arrepender disso amanhã.	明日は二日酔いだね。 Ashita wa futsukayoi da ne.
Enchi a cara ontem.	昨晩はよく飲んだ。 Sakuban wa yoku nonda.
Bebi todas.	よく飲んだ。 Yoku nonda.
Estou com (a maior) ressaca.	二日酔いです。 Futsukayoi desu.
Bebi demais.	飲み過ぎた。 Nomi sugita.

A biografia	自己紹介 **Jiko shookai**
Tenho (34) anos.	私は（34）才です。 Watashi wa (34) sai desu.
Sou (arquiteto).	私は（建築士）です。 Watashi wa (kenchikushi) desu.
Moro em (São Paulo).	(サンパウロ）に住んでいます。 (São Paulo) ni sunde imasu,
...mas eu nasci em (Belo Horizonte).	…しかし、生まれは（ベロホリゾンテ）です。 Shikashi, umare wa (Belo Horizonte) desu.
Eu nasci em (1967).	(1967年)に生まれました。 (1967nen) ni umare mashita.
Eu nasci em (Belo Horizonte).	(ベロホリゾンテ)で生まれました。 (Belo Horizonte) de umare mashita.
Eu sou (da Bahia).	私は（バイア）生まれです。 Watashi wa (Bahia) umare desu.
Eu cresci em (Porto Alegre).	（ポートアレグレ）で育ちました。 (Porto Alegre) de sodachi mashita.
Passei a maior parte da infância em...	…で子供時代を過ごしました。 … de kodomojidai o sugoshi mashita.

A biografia	自己紹介 **Jiko shookai**
Passava (Passávamos) as férias de verão em...	…で夏休みを過ごしました。 … de natusyasumi o sugoshi mashita.
Meus pais são/eram de (Fortaleza).	両親は（フォータレーザ）の出身です。 Ryooshin wa (Fortaleza) no shusshin desu.
Quando eu tinha (12) nós nos mudamos para...	私が（12才）の時、…へ引っ越しました。 Watashi ga (12)sai no toki,…e hikkoshi shimashita.
Eu sou de uma família grande/pequena.	家は大/小家族です。 Uchi wa dai/shoo kazoku desu.
Meus pais eram muito rígidos.	両親は厳しかったんです。 Ryooshin wa kibishikattan desu.
Meus pais nos deixavam fazer quase tudo o que queríamos.	両親は好きな様にさせてくれたんです。 Ryooshin wa sukina yoo ni sasete kuretan desu.
Era/Fui mimado.	甘やかされて育ちました。 Amayaka sarete sodachi mashita.
Eu sou de uma família (relativamente)... rica/pobre	私の家は（比較的）豊かだった/貧しかった。 Watashi no uchi wa (hikakuteki) yutaka datta/mazhushikatta.
Meus pais eram bem de vida.	両親は悠悠自適だった。 Ryooshin wa yuuyuu jiteki datta.
Não foi muito fácil.	楽な生活じゃなかった。 Rakuna seikatsu ja nakatta .
Tínhamos que batalhar muito.	結構苦労しました。 Kekoo kuroo shimashita.
Tivemos uma vida dura.	厳しい生活でした。 Kibishii seikatsu deshita.
Fui bom aluno.	真面目な学生でした。 Majimena gakusei deshita.
Não ia muito bem na escola.	学校では余り優秀ではなかった。 Gakkoo dewa, amari yuushuu dewa nakatta.
Meu pai deixou minha mãe quando eu era pequeno.	父は私が子供の時、母と別れました。 Chichi wa watashi ga kodomo no toki, haha to wakare mashita.
Fui criado pela minha mãe/pai.	母/父に育てられました。 Haha/ Chichi ni sodaterare mashita.
Meus pais são separados/divorciados.	両親は離婚しています。 Ryooshin wa rikon shite imasu.

A biografia	自己紹介 **Jiko shookai**
Acho que puxei meu pai.	私は父親似です。 Watashi wa chichi oya ni desu.
Eu fiz faculdade na USP.	サンパウロ大学で勉強しました。 São Paulo daigaku de benkyoo shimashita.
Me formei em (Economia).	私の専攻は（経済学）でした。 Watashi no senkoo wa (keizaigaku) deshita.
Também fiz cursos de...	… も専攻しました。 … mo senkoo shimashita.
Depois da faculdade eu...	大学卒業の後、… Daigaku sotsugyoo no ato …
Fui morar sozinho...	一人で住むようになりました。 Hitoride sumu yooni narimashita.
Conheci meu marido/minha esposa enquanto eu...	… の時、主人/妻と知り合いました。 … no toki, tsuma /shujin to shiriai mashita.
Sou casado.	私は結婚しています。 Watashi wa kekkon shite imasu.
Tenho um filho/uma filha de (2) anos.	(2)才の息子/娘がいます。 (2) sai no musuko/musume ga imasu.
Tenho (2) filhos.	子供が（二人）います。 Kodomo ga (futari) imasu.
Nunca me casei.	結婚したことありません。 Kekkon shita koto arimasen.
Nunca fui casado.	一度も結婚したことがありません。 Ichidomo kekkon shita koto arimasen.
Já fui casado duas vezes.	二度結婚した事があります。 Ni do kekkon shita koto ga arimasu.
Consegui meu primeiro emprego aos (21) anos de idade.	最初の就職は(21)才の時でした。 Saisho no shuushoku wa (21) sai no toki deshita.
Trabalhei como (secretária) na (ABC Ltda.)	（ABC社）の（秘書）でした。 (ABC-sha) no (hisho) deshita.

Falando sobre a família	家族関係 **Kazoku kankei**

Veja Apêndice 2 para mais vocabulário sobre família.

Falando sobre sua família	家族に付いて話す **Kazoku ni tsuite hanasu**
Eu tenho (dois) irmãos e (uma) irmã.	兄弟（二人）と姉が（一人）います。 Kyoodai (futari) to ane ga hitori imasu.
Eu sou o mais velho.	私が一番年上です。 Watashi ga ichiban toshiue desu.
Eu sou a/o do meio.	私は真ん中です。 Watashi wa mannaka desu.
Sou o/a caçula.	私は末っ子です。 Watashi wa suekko desu.
Sou filho/a único/a.	一人っ子です。 Hitorikko desu.
Meu (irmão) é (médico).	兄は（医者）です。 Ani wa (isha) desu.
Minha (irmã) mora em (Porto Alegre).	姉は（ポートアレグレ）に住んでいます。 Ane wa (Porto Alegre) ni sunde imasu.
Meus pais são divorciados/separados.	両親は離婚しています。 Ryooshin wa rikon shite imasu.
Meu (pai) já é/Meus pais já são falecido(s).	（父）/（両親）は既に亡くなりました。 (Chihi)/(Ryooshin) wa sudeni nakunari mashita.
Meus pais se separaram quando eu tinha (12).	私が（12）才の時、両親は分かれました。 Watashi ga (12) sai no toki, ryooshin wa wakare mashita.
Venho de uma família grande/pequena.	家は大/小家族でした。 Uchi wa dai/shoo kazoku deshita.
Tenho (parentes) também em (Petrópolis).	両親も（ペトロポリス）に住んでいます。 Ryooshin mo (Petrópolis) ni sunde imasu.
Tenho uma família grande/pequena.	家は大/小家族です。 Uchi wa dai/shoo kazoku desu.
Tenho (dois) filhos.	子供が（二人）あります。 Kodomo ga (futari)arimasu.
Tenho (dois) filhos do primeiro casamento.	最初の結婚の子供が（二人）あります。 Saisho no kekkon no kodomo ga (futari) arimasu.
Sou solteiro/casado/separado/divorciado.	私は独身です。 結婚/別れて/離婚しています。 Watashi wa dokushin desu. Kekkon/wakarete/rikon shite imasu.

Atitudes sobre a família	家族への感情 **Kazoku eno kanjoo**
Amo/Adoro minha família.	自分の家族を大事にしています。 Jibun no kazoku o daiji ni shite imasu.
Faço qualquer coisa por eles.	家族のためなら、何でもします。 Kazoku no tamenara nandemo shimasu.
Eles são muito importantes para mim.	家族は大切なものです。 Kazoku wa taisetsuna mono desu.
Eles são tudo para mim.	私にとっては全てです。 Watashi ni tottewa subete desu.
Para mim, a família vem sempre em primeiro lugar.	私には家族が一番です。 Watashi niwa, kazoku ga ichiban desu.
Sou meio o/a ovelha negra da família.	私は家族の厄介者です。 Watashi wa kazoku no yakkai mono desu.
Não me dou muito bem com meu (pai).	（父）とは上手く合わない。 (Chichi) towa umaku awanai.
Minha família é meio complicada.	家の家族は一寸複雑です。 Uchi no kazoku wa chotto fukuzatsu desu.
Minha família é meio maluca.	家の家族は少し変わっています。 Uchi no kazoku wa sukoshi kawatte imasu.
Não falo com (meu irmão) há muito tempo.	(兄弟)とは長い間話していません。 (Kyoodai) towa nagai aida hanashite imasen.
A gente brigou (anos atrás).	(数年前）に喧嘩しました。 (Suunen mae) ni kenka shimashita.
Não nos falamos mais.	私達は今全く話しません。 Watashitachi wa ima mattaku hanashimasen.

Como perguntar sobre a família de alguém	他人の家族への質問 **Tannin no kazoku eno shitsumon**
Você tem irmãos?	ご兄弟がありますか？ Gokyoodai ga arimasu ka?
O que (ele) faz?	(彼）は何をしていますか？ (Kare) wa nani o shite imasu ka?
Você se dá bem com ele/ela/eles?	彼/彼女/彼らと息が合いますか？ Kare/kanojo/karera to iki ga aimasu ka?
Você tem filhos?	お子さんがありますか？ Okosan ga arimasu ka?
Faz tempo que você está casado/a?	ご結婚して、どの位になりますか？ Gokekkon shite donokurai ni narimasu ka?

Como perguntar sobre a família de alguém	他人の家族への質問 **Tannin no kazoku eno shitsumon**
Faz tempo que você está separado/divorciado?	別れて/離婚してからどの位経ちますか？ Wakarete,/Rikon shite,kara donokurai tachimasu ka?

Descrevendo as pessoas	人の描写 **Hito no byoosha**

Personalidade – qualidades positivas	人格について一肯定的 **Jinkaku ni tsuite -kooteiteki**
Ele/Ela/Você é uma figura.	彼/彼女/あなたは素敵です。 Kare/Kanojo/Anata wa suteki desu.
Ele/Ela é um velho(a) amigo(a).	彼/彼女は古い友達です。 Kare/Kanojo wa furui tomodachi desu.
Ele/Ela é um amigo(a) íntimo(a).	彼/彼女は親友です。 Kare/Kanojo wa shinyuu desu.
Ele/Ela/Você é um amigo de verdade.	彼/彼女は本当の友達です。 Kare/Kanojo wa hontoo no tomodachi desu.
Ele/Ela/Você não existe.	彼/彼女/あなたは変わり者だ。 Kare/Kanojo/Anata wa kawari mono da.
Você pode contar comigo/ele/ela/eles.	私/彼/彼女/彼らを信じていいです。 Watashi/Kare/Kanojo/Karera o shinjite ii desu.
Ele/Ela/Você é (muito) simpático(a).	彼/彼女/あなたは(とても)いい人です。 Kare/Kanojo/Anata wa (totemo) ii hito desu.
Ele/Ela/Você é (muito) legal.	彼/彼女/あなたは(とても)冷静です。 Kare/Kanojo/Anata wa (totemo) reisei desu.
Ele/Ela/Você é muito divertido(a).	彼/彼女/あなたは明るい人です。 Kare/Kanojo/Anata wa akarui hito desu.
Ele/Ela/Você tem um ótimo senso de humor.	彼/彼女/あなたはユーモアがあります。 Kare/Kanojo/Anata wa yuumoa ga arimasu.
Ele/Ela/Você é uma pessoa com os pés no chão.	彼/彼女/あなたはしっかりしています。 Kare/Kanojo/Anata wa shikkari shite imasu.
Eu/Ele/Ela/Você não para.	私/彼/彼女/あなたはいつも忙しい。 Watashi/Kare/kanojo/Anata wa itsumo isogashii.
Adoro/Adoramos/Adoram se divertir.	私/私達/彼ら/は楽しい事が好きです。 Watashi/Watashitachi/Karera wa tanoshii koto ga suki desu.

Personalidade – qualidades positivas	人格について一肯定的 **Jinkaku ni tsuite -kooteiteki**
Adoro/Adoramos/Adoram uma festa.	私/私達/彼らはパーティーが好きです。 Watashi/Watashitachi/Karera wa party ga daisuki desu.
Ele/Ela/Você é sempre o centro das atenções.	彼/彼女/あなたはいつも注目の的です。 Kare/Kanojo/Anata wa itsumo chuumoku no mato desu.
Sei o que eu quero (da vida).	（人生で）何に成りたいか自分では分かっているんです。。 (jinsei de)nani ni naritai ka jibun dewa wakatte riun desu..
Não esquento.	成るように任せる。 Naru yoo ni makaseru..
Sigo meus instintos.	自分の感に従う。 Jibun no kan ni shitagau.
Admito quando estou errado.	自分が失敗した時は、認めます。 Jibun ga shippai shita toki wa,mitome masu.
Não tenho medo de falar o que sinto.	言いたい事を言う。 Iitai koto o iu..
Eu/Nós/Eles não aceito/aceitamos/aceitam um não.	私/私達/彼らは否を認めない Watashi/Watashitachi/Karera wa hi o mitomenai.
Sempre cumpro com meu dever.	私はいつも義務を果す。 Watashi wa itsumo gimu o hatasu.
Sou péssimo para me lembrar de nomes.	名前が覚えられません。 Namae ga oboerare masen.
Conheço bem o caráter das pessoas.	人を見る目がある。 Hito o miru me ga arimasu.
Me mantenho atualizado.	最新情報に気を配っている。 Saishin joohoo ni ki o kubatte iru.
Aprendo/Aprende rápido.	私/彼/彼女は覚えが早い。 Watashi/Kare/Kanojo wa oboe ga hayai.
Eu fico na minha.	人の邪魔はしない。 Hito no jama wa shinai.
Sou discreto.	私は控えめな人間です。 Watashi wa hikaemena ningen desu.
Gosto de trabalhar em equipe.	チームの一員として働きます。 Chiimu no ichi in toshite hataraki masu.
Sou um homem/mulher de palavra.	約束を守る男/女です。 Yakusoku o mamoru otoko/onna desu.

Personalidade – qualidades positivas	人格について一肯定的 **Jinkaku ni tsuite -kooteiteki**
Gosto de tentar.	何にでも挑戦します。 Nan ni demo choosen shimasu.
Tenho jogo de cintura.	如才なく立ち回るんです。 Josai naku tachi mawarun desu.
Ele/Ela tem mesmo jeito com crianças.	彼/彼女/あなたは子供みたいです。 Kara/Kanojo/Anata wa kodomo mitai desu.
Ele/Ela tem um jeito especial com as pessoas.	彼/彼女は付き合いが上手です。 Kara/Kanojo wa tsukiai ga joozu desu.
Ele/Ela/Você é muito sensível/ charmoso(a)/carismático(a)...	彼/彼女/あなたはとても繊細/魅力的/目立つんです。 Kare/Kanojo/Anata wa totemo sensai/miryokuteki/medatsun desu.
Ele/Ela tem uma habilidade incrível para...	彼/彼女は…がとても上手です。 Kara/Kanojo wa … ga totemo joozu desu.
Sou bem chato com (as minhas roupas).	(着る物)にはうるさいんです。 (kiru mono) ni wa urusain desu.
Ele/Ela/Você é o tipo da pessoa que...	彼/彼女/あなたは… の様な人です。 Kare/Kanojo/Anata wa …no yoona hito desu.
Sou/Ele/Ela/Você (é) bom em...	私/彼/彼女/あなたは…が上手です。 Watashi/Kare/kanojo/Anata wa …ga joozu desu.
Tenho um dom para...	…が得意なんです。 … ga tokui nan desu.
Não sou/é muito bom em...	…が余り上手じゃないんです。 … ga amari joozu ja nain desu.
____ não é meu ponto forte.	____ は得意じゃないんです。 … wa tokui ja nai desu.
Tenho orgulho de poder...	…が出来るのが自慢です。 … ga dekiru no ga jiman desu.
As pessoas me dizem que sou...	皆は私の事を…と言います。 Minna wa watashi no koto o … to iimasu.
Sou/São/Ele/Ela (é) meio (esquisito/a).	____ は一寸（変な）人です。 ____ wa chotto (henna)hito desu.

Personalidade – qualidades negativas	人格について一否定的 **Jinkaku ni tsuite-hiteiteki**
Ele/Ela/Você é chato(a).	彼/彼女/あなたはうるさい人です。 Kare/Kanojo/Anata wa urusai hito desu.
Ele/Ela/Você é um porre.	彼/彼女/あなたは面倒な人です。 Kare/Kanojo/Anata wa mendoona hito desu.
Ele/Ela/Você é muito tímido(a).	彼/彼女/あなたは大変恥ずかしがりです。 Kare/Kanojo/Anata wa taihen hazukashigari desu.
Ele/Ela/Você é muito teimoso(a).	彼/彼女/あなたは頑固です。 Kare/Kanojo/Anata wa ganko desu.
Eu tenho/Você tem um gênio explosivo.	私/あなたは気が短いです。 Watashi/Anata wa ki ga mijikai desu.
Eu gosto/Você gosta de coisas caras.	私/あなたは高級品が好きなんです。 Watashi/Anata wa kookyuu hin ga suki nan desu.
Ele só pensa em si mesmo.	彼は自分のことばかり考えている。 Kare wa jibun no koto bakari kangaete iru.
Eu gosto/Você gosta/Eles gostam de controlar/ ter o controle.	私/あなた/彼らは我慢強い。 Watashi/Anata/Karera wa gaman zuyoi.
Ela está sempre com a cabeça nas nuvens.	彼女はいつもぼんやりしている。 Kanojo wa itsumo bonyari shite iru.
Não consigo guardar um segredo.	秘密が守れない。 Himitsu ga mamorenai.
Acho difícil admitir meus erros.	自分の間違いが認められない Jibun no machigai ga mitomerarenai.
Ele/Você é um conquistador/galinha.	彼/あなたは女好きだ。 Kare/Anata wa onnazuki da.
Ela é uma vagabunda.	彼女はだらしない女だ。 Kanojo wa darashinai onna da.

Aparência física – impressão geral	容姿一全体的印象 **Yooshi-zentateki in shoo**
Ele/Ela é (muito) bonito(a).	彼/彼女は（とても）素敵です。 Kare/Kanojo wa (totemo) suteki desu.
Você é linda.	あなたは綺麗ですね。 Anata wa kirei desu ne.
Você é uma gracinha.	あなたはかわいいですね。 Anata wa kawaii desu.

Aparência física – impressão geral	容姿—全体的印象 **Yooshi-zentateki in shoo**
Ele/Ela tenta se cuidar.	彼/彼女は自分で気を付けている。 Kare/Kanojo wa jibun de ki o tsukete iru
Ficou largado(a).	何も手入れをしない。 Nani mo teire o shinai.
Ele/Ela está em boa forma.	彼/彼女は身体が締まっている。 Kare/Kanojo wa karada ga shimatte iru.

Aparência física – cabelo	容姿—髪の毛 **Yooshi-kaminoke**
Tem o cabelo na altura do ombro.	肩まで長い髪の毛 Kata made nagai kaminoke.
Está perdendo cabelo.	髪の毛が薄くなっている。 Kaminoke wa usukunatte iru.
Ele é careca.	彼ははげている。 Kare wa hagete iru.
Ela é morena.	彼女は黒髪です。 Kanojo wa kuro kami desu.
Ela é loira.	彼女は金髪です。 Kanojo wa kinpatsu desu.
Ela é ruiva.	彼女は赤毛です。 Kanojo wa akage desu.
Tenho...	私は…です。 Watashi wa … desu.
Tem cabelos (enrolados).	__は巻き毛です。 __ wa (makige) desu.

Aparência física – peso	容姿—体重 **Yooshi-taijuu**
Estou engordando.	私は太って来ている。 Watashi wa futotte kite iru.
Ele é gordo.	彼は太っている。 Kare wa futotte iru.
Ele está um pouco acima do peso.	彼は少し太り過ぎだ。 Kare wa sukoshi futori sugi da.
Ele engordou um pouco.	彼は少し太った。 Kare wa sukoshi futotta.
Sou meio gordinho.	私は一寸太っている。 Watashi wa chotto futotte iru.
Ele é ossudo.	彼は骨太だ。 Kare wa honebuto da.

Aparência física – peso	容姿—体重 **Yooshi-taijuu**
Ele é meio gordo.	彼は太り気味だ。 Kare wa futori gimi da.
Sou magro.	私は痩せている。 Watashi wa yasete iru.
Ele é elegante.	彼はすらっとしている。 Kare wa suratto shite iru.
Ele perdeu (muito) peso.	彼は（随分）痩せた。 Kare wa (zuibun) yaseta.
Ela é magricela.	彼女はほっそりしている。 Kanojo wa hossoi shite iru.
Ele tem o peso proporcional à altura.	彼の身体は均整が取れている。 Kare no karada wa kinsei ga torete iru.

Aparência física – destaques do corpo	容姿—体格 **Yooshi-taikaku**
Ela não tem peito.	彼女は胸がうすい。 Kanojo wa mune ga usui.
Ela tem muito peito.	彼女は胸が大きい。 Kanojo wa mune ga ookii.
Ele tem ombros largos.	彼は肩幅が広い。 Kare wa katahaba ga hiroi.
Ela tem uma bunda bonita.	彼女はお尻の形がいい。 Kanojo wa oshiri no katachi ga ii.
Eu tenho	私は…です。 Watashi wa …
Ele/Ela tem (uma cintura fina).	彼/彼女は（ウエストが細い）。 Kare/Kanojo wa (waist* ga hosoi).
Ele não tem postura.	彼は姿勢が悪い。 Kare wa shisei ga warui.

Cirurgia plástica	整形手術 **Seikei shujutsu**
Ela fez implante nos seios.	彼女は胸の整形をした。 Kanojo wa mune no seikei o shita.
Ela fez cirurgia para diminuir os seios	彼女は胸を小さくした。 Kanojo wa mune o chiisaku sihta.
Ela fez plástica no nariz.	彼女は鼻の整形をした。 Kanojo wa hana no seikei o shita.
Ela fez plástica no rosto.	彼女は顔の整形をした。 Kanojo wa kao no seikei o shita.

Paquerando	口説く Kudoku
Você está muito bonita/o.	素敵ですね。 Suteki desu ne.
Gostei desse (vestido).	カッコーいいですね。 Kakko ii desu ne.
Você tem um sorriso bonito.	笑顔が素敵ですね。 Egao ga suteki desu ne.
Você deveria sorrir mais.	もっと笑顔を見せるべきですよ。 Motto egao o miseru beki desu yo.
Você sabe que você me lembra um...	どことなく（シャーロン・ストーン）に似ていますね。 Dokoto naku (Sharon Stone) ni nite imasu ne.
Alguém já lhe disse que você se parece com (o Mel Gibson)?	(メル・ギブソン)に似ていると言われたことないですか？ (Mel Gibson) ni niteiru to iwareta koto nai desu ka?
Que signo você é?	星占いは何座ですか？ Hoshi uranai ha nani za desu ka?
Você tem namorado/a?	好きな人がいますか？ Sukina hito ga imasu ka?
Você está namorando?	恋人がいますか？ Koibito ga imasu ka?
Não acredito que você não tem namorado/a.	あなたに恋人がいないなんて信じられない。 Anata ni koibito ga inai nante shinji rarenai.
Você vem sempre aqui?	ここへはよく来るんですか？ Koko e wa yoku kurun desu ka?
Quer dançar?	踊りませんか？ Odorimasen ka?
Você quer ir para outro lugar?	どこか他の所へ行きませんか？ Dokoka hokano tokoro ni ikimasen ka?
Está um pouco barulhento/cheio aqui.	ここは/一寸うるさいですね。/人が一杯ですね？ Koko wa /chotto urusai desu ne. /hito ga ippai desu ne.
Posso ligar para você?	お電話してもいいですか？ Odenwa shite mo ii desu ka?
A gente poderia sair um dia desses.	近い内にお誘いしてもいいですか？ Chikai uchi ni osasoi shitemo ii desu ka?

Paquerando	口説く **Kudoku**
Você tem um bom papo.	お話が楽しいですね Ohanashi ga tanoshii desu ne.
Eu gosto de conversar com você.	あなたとお話していると楽しいです。 Anata to ohanashi shite iru to tanoshii desu.
Quando eu posso ver você de novo?	いつ又、お会い出来ますか？ Itsu mata oia dekimasu ka?
Vou querer ver você de novo.	是非又、お会いしたいです。 Zehi mata oia shitai desu.
Adoraria ver você de novo.	又、お会い出来ると嬉しいんですが。 Mata oai dekiru to ureshiin desu ga.
Espero que possamos nos ver de novo.	又、お会い出来るのを楽しみにしています。 Mata oia dekiru no o tanoshimini shite imasu.
Você me parece ser uma pessoa muito especial.	あなたに何か特別な物を感じます。 Anata ni nanika tokubetsuna mono o kanjimasu.
Você me atrai.	あなたはとても魅力的です。 Anata wa totemo miryokuteki desu.
Você deve ouvir muito isso.	よく言われるんじゃないですか？ Yoku iwarerun ja nai desuka?

O Amor	愛情 **Aaijoo**

Como falar sobre seu relacionamento (geral)	二人の関係について **Futari no kankei ni tsuite**
Nos conhecemos em...	私達は…で会ったんです。 Watashitachi wa …de attan desu.
Estamos juntos há (dez) anos.	私達は(10年)一緒にいます。 Watashitachi wa (10nen) isshoni imasu.
É só namoro.	私達は付き合っているだけです。 Watashitachi wa tsukiatte iru dake desu.
Estamos morando juntos.	私達は一緒に住んでいます。 Watashitachi wa isshoni sunde imasu.
Estamos planejando nos casar.	私達は結婚する予定です。 Watashitachi wa kekkon suru yotei desu.
Estamos pensando em ter filhos.	子供を生むつもりです。 Kodomo o umu tsumori desu.

Como falar sobre seu relacionamento (geral)	二人の関係について **Futari no kankei ni tsuite**
Acho que é ainda muito cedo para pensar em casamento/filhos.	結婚/子供はまだ早すぎると思っています。 Kekkon/Kodomo wa mada hayasugiru to omotte imasu.

Perguntando sobre o relacionamento de alguém	二人の関係を質問する **Futari no kankei o shitsumon suru**
Como vocês se conheceram?	どこでお知り合いになったんですか？ Dokode oshiriai ni nattan desu ka?
Quanto tempo vocês estão juntos?	どの位一緒にお住まいですか？ Donokurai isshoni osumai desu ka?
É só namoro?	お付き合いだけなんですか？ Otsukiai dake nan desu ka?
Está ficando sério?	真剣にお考えなんですか？ Shinken ni okangae nan desu ka?
Estão pensando em se casar?	ご結婚する予定なんですか？ Gokekon suru yotei nan desu ka?

Como falar sobre crise no seu relacionamento ou casamento	結婚や関係の危機について **Kekkon ya kankei no kiki ni tsuite**
As coisas não estão muito bem.	関係が上手く行ってないんです。 Kankei ga umaku itte nain desu.
Alguma coisa mudou.	何かが変わってしまった。 Nanika ga kawatte shimatta.
Aindo a/o amo, mas...	まだ、彼女/彼が好きだけど、… Mada kanojo/kare ga suki da kedo···
Cada um foi para um lado.	今は考え方が別々です。 Ima wa kangae kata ga betsu betsu desu.
Ele/Ela me parece tão distante.	彼/彼女に距離を感じる。 Kare/Kanojo ni kyori o kanjiru.
Nós não conversamos mais.	最近は何も話さない。 Saikin wa naimo hanasa nai.
Estou confuso.	どうしていいか分からない。 Dooshite ii ka wakaranai.
Não sei o que eu sinto.	自分の気持ちが分からない。 Jibun no kimochi ga wakaranai.

Como falar sobre crise no seu relacionamento ou casamento	結婚や関係の危機について **Kekkon ya kankei no kiki ni tsuite**
Não sei o que fazer.	何をすべきか分からない。 Nani o subeki ka wakaranai.
Acho que somos muito diferentes/parecidos.	二人の考え方がとても違う/似ている。 Futari no kangae kata ga totemo chigau/ nite iru.
Acho que precisamos de um tempo.	しばらく時間を置いた方がいいと思う。 Shibaraku jikan o oita hoo ga ii to omou.
Acho que eu só preciso de um tempo.	私は少し考える時間が欲しい。 Watashi wa sukoshi kangaeru jikan ga hoshii. para pensar.
Não quero jogar tudo para o alto.	全てを終わらせたいとは思わない。 Subete o owarasetai towa omowanai.
Acho que chegou a hora de separar.	恐らく別れる時が来たと思う。 Osoraku wakareru toki ga kita to omou.

Mais expressões sobre o amor	愛情の表現 **Aijoo no hyoogen**
Ele/Ela está traindo-a(o).	彼/彼女は裏切っている。 Kare/Kanojo wa uragitte iru.
A relação caiu em uma rotina.	平凡な生活になった。 Heibonna seikatsu ni natta.
Não tem mais jeito.	もう仕方がない。 Moo shikata ga nai.
Nós terminamos.	もうお仕舞いです。 Moo oshimai desu.
Nós voltamos.	私達は又元に戻った。 Watashitachi wa mata moto ni modotta.
Eu tenho uma paixão por ela/ele.	彼/彼女が好きでたまらない。 Kare/Kanojo ga sukide tamaranai.

Recebendo pessoas em casa — お客を歓迎する Okyaku o kangei suru

Na chegada dos convidados	お客の到着 **Okyaku no toochaku**
Oi!	どうも！ Doomo!
Conseguiram!	よくいらっしゃいました。 Yoku Irasshai mashita!

Na chegada dos convidados	お客の到着 **Okyaku no toochaku**
Acharam fácil chegar aqui?	道は簡単に分かりましたか？ Michi wa kantan ni wakari mashita ak?
Que bom que você(s) veio/vieram.	お越し頂いて嬉しいです。 Okoshi itadaite ureshii desu.
Por favor, entre(m).	どうぞお入り下さい。 Doozo,ohairi kudasai!
Não repare(m) na bagunça.	散らかっていますが。 Chirakatte imasu ga.
Geralmente é mais arrumado.	何時もはもっと片付いているのですが。 Itsumo wa motto katazuite iruno desu ga.
Não é grande coisa, mas...	大したことありませんが、… Taishita koto arimasen ga,…
Me dê seu (casaco).	(コート)をお預かりします。 (Coat*) o oazukari shimasu.
Eu só vou guardar (seu casaco).	こちらに預かっていますので。 Kochira ni azukatte imasu node.
Sinta-se à vontade em casa.	どうぞごゆっくりして下さい。 Doozo goyukkuri shite kudasai.
Está/Estão com fome?	お腹空いていませんか？ Onaka suite imasen ka?
Aceita alguma coisa para (beber)?	何かお飲み物はいかがですか？ Nanika onomi mono wa ikaga desu ka?
Que você quer (beber)?	何をお飲みになりますか？ Nani o onomi ni narimasu ka?
Temos refrigerante, água, cerveja...	コーラや、お水、ビール…がありますが… Cola* ya,omizu,biiru…ga arimasu ga.
Aceita(m) um (vinho)?	(ワイン)はいかがですか？ (wine*) wa ikaga desu ka?
Você(s) se importa(m) se eu fumar?	タバコを吸ってもいいですか？ Tabako o sutte mo iidesu ka?
Venha conhecer a casa.	うちの中をご案内します。 Uchi no naka o goannai shimasu.
Sirva-se./Podem se servir.	どうぞご自由に。 Doozo, gojiyuu ni.

Na saída dos convidados	お客が帰る時 **Okyaku ga kaeru toki**
Ah, já vai/vão?	おや、もうお帰りですか？ Oya, moo okaeri desu ka?

Na saída dos convidados	お客が帰る時 **Okyaku ga kaeru toki**
Não aceita(m) (um cafezinho) antes de ir(em)?	お帰りになる前に（コーヒー）でもいかがですか？ Okaeri ni naru mae ni (coffee*) demo ikaga desu ka?
Vou pegar suas coisas.	お荷物をお持ちしましょう。 Onimotsu o omochi shimashoo.
Que bom que veio/vieram.	お越し頂き楽しかったです。 Okoshi itadaki tanosjhikatta desu.
Adorei que você(s) veio/vieram.	いらして下さり光栄です。 Irashite kudasari kooei desu.
Venha(m) me visitar quando você(s) quiser(em).	何時でも遊びに来て下さい。 Itsudemo asobi ni kite kudasai.
Vê se não some(m).	近い内に又いらして下さい。 Chikai uchi ni mata irashite kudasai.
Vá com cuidado.	お気を付けて。 Oki o tsukete.
Você não quer dormir aqui?	うちにお泊りになりませんか？ Uchi ni otomari ni narimasen ka?
Você pode dormir aqui se quiser.	よろしかったら、うちにお泊り下さい。 Yoroshi ikattara uchi ni otomari kudasai.
É um pouco tarde para dirigir.	今から運転するのは遅くないですか？ Ima kara unten suru nowa osokunai desu ka?
É muito longe para dirigir.	運転して帰るのは大変でしょう。 Unten shite kaeru nowa taihen deshoo.

Quando os convidados ficam	お客が家に泊まる時 **Okyaku ga ie ni tomaru toki**
Vou lhe mostrar seu quarto.	お部屋にご案内しましょう。 Oheya ni goannai shimashoo.
Por favor, fique bem à vontade.	どうぞごゆっくり。 Doozo goyukkuri.
Por favor, fique à vontade para usar o que você quiser.	どうぞご自由にお使い下さい。 Doozo, gojiyuu ni otsukai kudasai.
Durma bem.	お休みなさい。 Oyasumi nasai.
Dormiu bem?	よくお休みになりましたか？ Yoku oyasumi ni narimashita ka?

Arte e Entretenimento | 芸術、娯楽 **Geijutsu,Goraku**

Filmes | 映画 **Eiga**

De que tipo de filme você gosta?	どんな映画がお好きですか？ Donna eiga ga osuki desu ka?
Eu não sou muito chegado em (filme de terror).	(恐怖映画) は余り好きじゃありません。 (kyoofu eiga) wa amari suki ja arimasen.
Você já viu...?	…はもう見ましたか？ … wa moo mimashita ka?
O que você achou?/O que você achou do...?	…はどう思いましたか？ … wa doo omoimasu ka?
Gostou?	面白かったですか？ Omoshirokatta desu ka?
Tem recebido uma boa crítica.	これは評判がいいですよ。 Kore wa hyooban ga ii desu yo.
Tem recebido críticas variadas.	これは評判がまちまちです。 Kore wa hyooban ga machi machi desu.
Faz tempo que não vejo um bom filme.	しばらくいい映画を見ていない。 Shibaraku ii eiga o miteinai.
Fazia tempo que não assistia a um filme tão bom.	しばらく振りにいい映画を見た。 Shibaraku buri ni ii eiga o mita..
Eu achei um pouco (previsível).	大体（想像した）通りだった。 Daitai (soozoo shita) toori datta.
Os atores estavam meio fracos.	俳優が余りよくなかった。 Haiyuu ga amari yokunakatta.
Eu esperaria sair em vídeo.	ビデオになるのを待ちます。 Video* ni naru no o machimasu.
Fiquei um pouco decepcionado.	少し失望した。 Sukoshi shitsuboo shita.
Não foi nada do que estava esperando.	思っていたほどではなかった。 Omotte ita hodo dewa nakatta.
Parecia (bem) melhor nos trailers.	予告編がよすぎた。 Yokoku hen ga yosugita.
Caí no sono bem no meio do filme.	途中で眠くなった。 Tochuu de nemuku natta.
Estava tão ruim que saí no meio.	面白くなかったので、途中で出た。 Omoshiroku nakatta node,tochuude deta.
Quis meu dinheiro de volta.	お金を払い戻して欲しかった。 Okane o harai modoshite hoshikatta.

Filmes	映画 **Eiga**
Tinha partes boas.	いい所もあった。 Iitokoro mo atta.
Tem uma cena que você tem que ver.	見逃せないシーンがある。 Minogasenai shiin ga aru.
Eu gostei daquela parte em que...	… の所がよかった。 … no tokoro ga yokatta.
Tinha ótimos efeitos especiais.	いい特撮場面があった。 Ii tokusatsu bamen ga atta.
Vale a pena só por...	…を見るだけでも価値がある。 … o miru dakedemo kachi ga aru.
Eu nem conseguia ficar sentado.	じっと座っていられなかった。 Jiito suwatte irare nakatta.
Fiquei colado na (cadeira).	椅子から立ち上がれなかった。 Isu kara tachi agare nakatta.
É ação o tempo todo.	アクションの連続だった。 Action* no renzoku datta.
Não conseguia parar de rir.	笑いが止まらなかった。 Warai ga tomara nakatta.
Chorei de tanto rir.	涙が出るほど笑った。 Namida ga deru hodo waratta.
Ri até doer.	お腹が痛くなるほど笑った。 Onaka ga itaku naru hodo waratta.
O começo é meio devagar.	初めは面白くなかった。 Hajime wa omoshiroku nakatta.
Chorei no final.	最後に涙が出た。 Saigoni namida ga deta.
Não vou contar o final (senão estraga).	結末は話さないことにする。 Ketsumatsu wa hanasanai koto ni suru.
O (Robert de Niro) estava muito bom.	(ロバート・デ・ニロ)がよかった。 (Robert de Niro) ga yokatta.

Livros	書籍 **Shoseki**
Você gosta de ler?	読書はお好きですか？ Dokusho wa osuki desu ka?
Você já leu...?	…をもう読みましたか？ … o moo yomimashita ka?
O que você achou?	どうでした？ Doo deshita?

Livros	書籍 **Shoseki**
Gostou?	面白かったですか？ Omoshiro katta desu ka?
Não conseguia parar de ler.	読むのが止められない Yomuno ga yamerarenai.
Achei meio devagar.	一寸テンポが遅い。 Chotto tenpo ga osoi.
Acho difícil ler (Nabokov).	（ナヴォコフ）は読みづらい。 (Nabokov) wa yomizurai.
Achei uma leitura difícil.	中々読みづらい本だと思う。 Naka naka yomizurai hon dato omou.
Agora estou lendo...	…を今読んでいる所です。 … o ima yonde iru tokoro desu.

Música	音楽 **Ongaku**
Que tipo de música você gosta?	どの様な音楽がお好きですか？ Dono yoona ongaku ga osuki desu ka?
Você gosta de (Tom Jobim)?	（トム・ジョビン）はお好きですか・ (Tom Jobim) wa osuki desu ka?
Você já tem o novo CD dos (Raimundos)?	（ハイムンド）の新しいCDお持ちですか？ (Raimundos) no atarashii CD omochi desu ka?
Você já ouviu o novo CD dos (Raimundos)?	(ハイムンド)の新しい CDもう聞きましたか？ (Raimundos) no atarashii CD moo kikimashita ka?
Eles têm um som legal.	サウンドがいいですね。 Sound* ga ii desu ne.
Eu gosto das coisas antigas dele(a)/deles(as).	彼/彼女/彼らの古いのが好きです。 Kare/Kanojo/Karera no furui no ga suki desu.
É o máximo.	最高です。 Saikoo desu.
É um pouco fraco.	まあまあ、です。 Maamaa desu.
Não sou muito chegado a (rock).	(ロック）は余り好きじゃないんです。 (rock) wa amari suki ja nain desu.
Sou mais chegado a (jazz).	(ジャズ）の方が好きです。 (jazz*) no hoo ga suki desu.

Música	音楽 **Ongaku**
É legal para dançar.	ダンスにいい曲です。 Dance ni ii kyoku desu.
Só dá para aguentar uns (30) minutos disso.	(30)分位しか我慢出来ない。 (30) fun kurai shika gaman dekinai.

Esporte	スポーツ **Sports***
Você torce para que time?	どちらのチームを応援する？ Dochira no team* o ooen suru?
Como está o placar?	点数は何点ですか？ Tensuu wa nan ten desu ka?
Quem está ganhando?	どちらが勝っている？ Dochira ga katte iru?
Está (3) a (2) para o (Atlético).	（アトゥレチコ）が3対2で勝っている。 (Atlético) ga (3) tai (2) de katte iru.
Por enquanto está empatado: (2) a (2).	今の所2対2です。 Ima no tokoro (2) tai (2) desu.
Ô, juiz!	オーイ！審判、間違っているぞー。 Ooi! Shinpan, Machigatte iru zo.
Quem ganhou?	どちらが勝った？ Dochira ga katta ?
Você perdeu um ótimo jogo!	いい試合を見逃した！ Ii shiai o minogashita!
(Roberto) jogou muito bem.	（ロベルト）はいいプレーをした。 (Roberto) wa ii play*o shita.
Deu zebra.	番狂わせだ。 Ban kuruwase da.
Ninguém esperava que ganhássemos.	私達が勝つとは誰も想像しなかった。 Watashitachi ga katsu towa daremo soozoo shinakatta.
Ganhamos de (4).	(4) 点で勝った。 (4) ten de katta.
Foi um jogo apertado.	僅差の試合だった。 Kinsa no shiai data.
Teve prorrogação.	延長戦まで行った。 Enchoo sen made itta.
Ganharam no pênalti.	彼らはペナルティーで勝った。 Karera wa penalty * de katta.

Esporte	スポーツ **Sports***
Eles empataram.	彼らは引き分けた。 Karera wa hikiwaketa.
Estamos disputando a vaga do primeiro lugar com (Flamengo).	(フラメンゴ)と1位を争っている。 (Flamengo) to ichi-i o arasotte iru.
Para chegar na final eles têm que ganhar (Corinthians).	(コリンチアンス) に勝たなければ、決勝戦に進めない。 (Corinthians) ni katanakereba , kesshoo sen ni susumenai.
Perdemos.	負けてしまった。 Makete shimatta.
Eles mereceram ganhar.	彼らが勝って当然だ。 Karera ga katte toozen da.
Eles mereceram perder.	彼らが負けて当然だ。 Karera ga makete toozen da.
Jogaram muito mal.	彼らのプレーは拙かった。 Karera no play*wa mazukatta.
Fomos roubados.	試合は判定ミスで負けた。 Shiai wa hantei misu de maketa.
O juiz apitou muito mal.	審判は判定ミスが多かった。 Shinpan wa hantei misu ga ookatta.
O juiz foi um ladrão.	審判の判定は全て不利になった。 Shinpan no hantei wa subete furi ni natta.
Eles são nossos arqui-inimigos.	彼らは宿敵だ。 Karera wa shukuteki da.
Você joga alguma coisa?	何かスポーツしますか？ Nanika sport* shimasu ka?
Podemos marcar para jogar alguma coisa.	一度一緒にプレーしませんか？ Ichido isshoni play*shimasen ka..
Eu me junto a alguns amigos para jogar alguma coisa no final de semana.	友達を呼びますから、週末にプレーしましょう。 Tomodachi o yobimasu kara,shuumatsu ni play*shimashoo.

Descrevendo uma noite romântica	ロマンチックな夜の会話 **Romantic* na yoru no kaiwa**
Me produzi todo(a).	最高にオシャレした。 Saikoo ni oshare shita.
Fui buscá-la em casa.	私が彼女/彼のうちへ迎えに行った。 Watashi ga kanojo/kare no uchi e mukae ni itta.

Descrevendo uma noite romântica	ロマンチックな夜の会話 **Romantic* na yoru no kaiwa**
Levei flores.	彼女のためにお花を持って行った。 Kanojo no tameni ohana o motte itta.
Ele me trouxe flores.	彼は私にお花を持って来てくれた。 Kare wa watashi ni ohana o motte kite kureta.
Ele abriu a porta para mim.	彼がドアーを開けてくれた。 Kare ga doaa o akete kureta.
Ela estava linda/maravilhosa.	彼女はとっても綺麗だ。 Kanojo wa tottemo kirei da.
Ele estava lindo.	彼はとても素敵です。 Kare wa totemo suteki desu.
Ele falou que eu estava linda.	彼は私が綺麗だと言ってくれた。 Kare wa watashi ga kirei da to itte kureta.
Ela/Ele estava tão cheirosa(o).	彼女/彼はいい香りがした。 Kanoji /Kare wa ii kaori ga shita.
Não conseguia tirar os olhos dela.	彼女/彼を見とれてしまった。 Kanojo/Kare o mitorete shimatta.
Queria que fosse uma noite especial.	特別な夜にしたかった。 Tokubetsuna yoru ni shitakatta.
Fomos para um restaurante (italiano) ótimo.	素敵な（イタリア）レストランへ行った。 Sutekina (Italia) resutoran e itta.
Jantamos à luz de velas.	キャンドルの灯りで食事した。 Candle* no akari de shokuji shita.
Ficamos olhos nos olhos.	二人は目と目で見つめ合った Futari wa me to me de mitsume atta.
Estava com muita vontade de beijá-la(o).	キッスしたい気持ちで一杯だった。 Kiss*shitai kimochi de ippai datta.
Me senti um(a) adolescente.	少年/少女の気持ちになった。 Shoonen/Shoojo no kimochi ni natta.
Ela bancou/se fez de difícil.	中々、親しくなれなかった。 Nakanaka shitashiku narenakatta.
Ela/Ele me dava a entender que também queria.	私に気がありそうだった。 Watashi ni ki ga arioso datta.
Ele pôs o braço por cima do meu ombro.	彼女は私の肩に腕を回した。 Kanojo wa watashi no kata ni ude o mawashita.
Ficamos de mãos dadas.	二人で手をつないだ。 Futari de te o tsunaida.
Nos beijamos.	キッスした。 Kiss* shita.

Descrevendo uma noite romântica	ロマンチックな夜の会話 **Romantic* na yoru no kaiwa**
Senti uma coisa especial.	特別な気持ちがした。 Tokubetsuna kimochi ga shita.
Fomos dar uma volta a pé/de carro (pela praia).	(海岸）を一緒にドライブ/散歩した。 (Kaigan) o isshoni drive*/sanpo shita.
Dançamos de rosto colado.	頬を寄せてダンスした。 Hoo o yosete dance*shita.
Acompanhei-a até a porta (de casa).	彼/彼女をドアーまで見送った。 Kare/Kanojo o door* made miokutta.
Ficamos em frente à lareira.	一緒に暖炉の側に座った。 Isshoni danro no soba ni suwatta.
Passamos a noite abraçadinhos.	一晩中抱き合って過ごした。 Hitoban juu dakiatte sugoshita.
Eu a abracei a noite toda.	一晩中彼女を抱きしめていた。 Hitoban juu kanojo o dakishimete ita.
Passei a noite abraçada nele.	彼に抱かれて夜を過ごした。 Kare ni dakarete yoru o sugoshita.
Não vejo a hora de vê-la de novo.	彼/彼女に又会わずにはいられない。 Kare/Kanojo ni mata awazu niwa irarenai.

Chamadas telefônicas de uso pessoal	個人的な電話 **Kojintekina denwa**

Em japonês não há nada semelhante a “um abraço” ou “um beijo” em português. Um simples *Jaa mata* ou *Ja ogenki* são suficientes na hora de se despedir ao telefone. Da mesma maneira, não há equivalente em japonês para “De onde fala?”.

Ligando	電話をする **Denwa o suru**
Oi, gostaria de falar com (Silvia), por favor.	もしもし、（シルヴィア）さん、 お願いします。 Moshi moshi, (Silvia) san, onegai shimasu.
Oi, (a Silvia) está?	もしもし、（シルヴィア）さん、 いらっしゃいますか？ Moshi moshi,(Silvia) san irasshai masu ka?
Aqui é (o Pedro).	(ペドロ）ですが。 (Pedro) desu ga···.
Sou um amigo dela/dele.	私、友達ですが··· Watashi, tomodachi desu.

Ligando	電話をする **Denwa o suru**
Trabalho com ela/ele.	仕事の同僚です。 Shigoto no dooryoo desu.
Oi, é o (Pedro).	もしもし、（ペドロ）です。 Moshi moshi, (Pedro) desu.
Você está ocupado?	忙しいですか？ Isogashii desu ka?
Você está podendo falar?	お話出来ますか？ Ohanashi dekimasu ka?
Tentei ligar antes, mas...	前にもお電話したのですが。 Maenimo odenwa shitano desu ga···
...ninguém atendeu.	どなたもお出になりませんでしたが。 Donatamo odeni narimasen deshita ga.
...mas acho que você não estava.	お留守の様でした。 ...Orusu no yoo deshita.
...estava ocupado.	お話中でした。 ..Ohanashi chuu deshita.
...só dava ocupado.	いつもお話中でした。 ...Itsumo ohanashi chuu deshita.
...caiu na secretária eletrônica.	留守電になっていた。 ...Rusuden ni natte ita.
...caiu na caixa postal.	伝言になっていた。 ...Dengon ni natte ita.
Você recebeu meu recado?	伝言お聞きになりましたか? Dengon okiki ni narimashita ka?

Atendendo	電話に出る **Denwa ni deru**
Alô?	もしもし？ Moshi moshi?
Quem está falando?	どちら様でしょうか？ Dochira sama deshoo ka?
É ela.	こちら（シルヴィア）ですが。 Kochira (Silvia) desu ga···

Durante a chamada	電話での会話 **Denwa deno kaiwa**

Veja também "Coisas que se falam quando as pessoas se encontram", página 1.

Oi (Pedro). Que bom que você ligou.	もしもし、（ペドロ）さん、お電話有り難う。 Moshi moshi,(Pedro) san.Odenwa arigatoo.

Durante a chamada	電話での会話 **Denwa deno kaiwa**
Recebi seu recado, obrigado.	伝言受け取りました。有り難う。 Dengon uketorimashita.Arigatoo.
Ah, que bom! Estava esperando sua ligação.	丁度よかった。お電話待っていたんです。 Choodo yokatta. Odenwa matte itan desu.
Me aguarda um segundinho? Eu tenho que...	少々お待ち下さい。私、…ですので、 Shooshoo, omachi kudasai. Watashi …desu node,
Só um segundo. Tem alguém na outra linha.	少々お待ち下さい。他の電話が入っていますので、 Shooshoo, omachi kudasai. Hokano denwa ga haitte imasu node.
Dá para me ouvir bem?	よく聞こえますか？ Yoku kikoe masu ka?
Posso ligar para você de volta?	折り返しお電話しましょうか？。 Orikaeshi odenwa shimashoo ka?
Quer que eu te ligue de volta?	後ほど、又お電話しましょうか？ Nochihodo mata odenwa shimashoo ka?
Estou no meio de um negócio aqui. (Posso ligar para você mais tarde?)	今一寸手が離せないんですが。(後ほど、こちらからお電話します。) Ima chotto te ga hanasenain desu ga. (nochihodo kochira kara oenwa shimasu.)
Olha, eu tenho que ir agora. Eu...	一寸すみません、用事がありますので。 Chotto sumimasen.Yooji ga arimasu node…
Qual é seu número mesmo?	もう一度お電話番号お願いします。 Mooichido odenwa bangoo onegai shimasu.

Problemas durante a ligação	電話中の不都合 **Denwa chuu no futsugoo**
Desculpe-me, caiu a linha.	すみません、電話が切れました。 Sumimasen, denwa ga kiremashita.
Essa ligação está péssima.	接続状態が悪いです。 Setsuzoku jootai ga warui desu.
Eu estou ouvindo você muito mal.	よく聞こえません。 Yoku kikoemasen.
Estou ouvindo um eco.	エコーがしています。 Echo*ga shite imasu.

Terminando	電話を切る **Denwa o kiru**
Preciso desligar.	それでは、失礼します。 Soredewa, shitsurei shimasu.
Então tá bom...	では、どうも… Dewa, doomo….
Gostei de falar com você.	お話出来てよかったです。 Ohanashi dekite yokatta desu.
Vamos marcar alguma coisa.	近い内に会いましょう。 Chikai uchi ni aimashoo
Um beijo./Um abraço.	では、お元気で。 Dewa ogenki de…
Até mais.	では、又。 Dewa mata.
Tchau.	失礼します。 Shitsutrei shimasu.

Deixando recado	伝言を頼む **Dengon o tanomu**
Você pode pedir para ele/ela ligar para (Pedro)?	(ペドロ）まで、電話する様にお伝え下さい。 (Pedro) made denwa suru yoo ni otsutae kudasai.
Você pode avisá-lo/la que...	では、…の事をお伝え下さい。 Dewa … no koto o otsutae kudasai.
(Ele) pode me encontrar...	…でお会いしたいとお伝え下さい。 … de aoi shitai to otsutae kudasai.
Se eu não estiver, é para tentar no...	もし、私がいなければ、…にいる予定です。 Moshi watashi ga inakereba, … ni iru yotei desu.
Acho que ele/ela tem meu telefone, (mas em todo caso é...)	私の電話番号を知っていると思いますが、(番号は…です) Watashi no denwa bango o shitte iru to omoimasu ga,(bango wa …desu)

Deixando um recado na secretária eletrônica	留守電に伝言を残す **Rusuden ni dengon o nokosu**
Oi, aqui é o (Pedro).	もしもし、（ペドロ）です。 Moshi moshi,(Pedro) desu.

Deixando um recado na secretária eletrônica	留守電に伝言を残す **Rusuden ni dengon o nokosu**
Estou só retornando.	お電話頂いたようですが。 Odenwa itadaita yoo desu ga.
Que pena que eu não o encontrei.	お留守の様で残念です。 Orusu no yoode zannen desu.
Me ligue quando você puder.	よろしかったら、お電話下さい。 Yoroshi kattara, odenwa kudasai.
Pode me ligar em casa/no trabalho/no celular.	どうぞ、自宅/会社/携帯へお電話下さい。 Doozo, jitaku/kaisha /keitai e odenwa kudasai .
Caso você não tenha meu número, é...	私の電話番号ご存知でないようでしたら、…番です。 Watashi no denwa bangoo gozonji denai yoodeshitara, … ban desu.
Então, espero poder falar com você mais tarde.	では、後ほどお電話頂けます様お願いします。 Dewa, nochihodo odenwa itadakemasu yoo onegai shisamu.
Vou tentar ligar mais tarde.	後ほどお電話いたします。 Nochihodo odenwa itashimasu.
Até mais.	では、又。 Dewa, mata.
Um abraço./Um beijo.	お元気で、 Ogenki de.
Tchau.	失礼します。 Shitsurei shimasu.

Anotando um recado	伝言を受ける **Dengon o ukeru**
Você quer deixar recado?	伝言ございますか？ Den gon gozaimasen ka?
Só um instante. Vou pegar uma caneta.	少々お待ち下さい。ペンを取って来ますので。 Shoo shoo omachi kudasai. Pen* o totte kimasu node.
Pronto. Pode falar.	もしもしどうぞ。 Moshi moshi,doozo.
Deixe-me ver se eu entendi...	伝言確認致します。 Den gon kakunin itashimasu...

Anotando um recado	伝言を受ける **Dengon o ukeru**
Tudo bem. Eu dou o recado para ele/ela.	承知致しました、彼/彼女に伝えます。 Shoochi itashi mashita, kare/kanojo ni tsutaemasu.
Tudo bem. Eu digo a ele/ela que você ligou.	承知致しました、お電話があったことを彼/彼女に伝えます。 Shoochi itashi mashita,odenwa ga atta to kare/kanojo ni tsutaemasu.

Saudações na secretária eletrônica	留守電での返答 **Rusuden deno hentoo**
Oi, você ligou para (Pedro).	はい、こちら（ペドロ）です。 Hai, kochira (Pedro) desu.
Infelizmente não posso atender.	申し訳ありません、ただ今留守にしております。 Mooshi wake arimasen, tadaima rusu ni shite orimasu.
Você pode me bipar no...	… に呼び出して下さい。 … ni yobi dashite kudasai.
Por favor, deixe seu nome e telefone.	お名前とお電話番号をお願い致します。 Onamae to odenwa bangoo o onegai itashiamsu.
Retornarei a ligação assim que possível.	戻り次第お電話差し上げます。 Modori shidai odenwa sashi agemasu.
Por favor, deixe seu recado ao sinal do bip.	ピーと言う音の後、メッセージお願いします。 Pii to iu oto no ato message*onegai shimasu.

Mais expressões sobre ligações	その他の電話用語 **Sono hoka no denwa yoogo**
Ele/Ela desligou na minha cara.	彼/彼女は突然電話を切った。 Kare/Kanojo wa totsuzen denwa o kitta.
Só dá ocupado.	ずーっと電話中です。 Zuuto denwa chuu desu.
Ele/Ela me deixou aguardando na espera.	彼/彼女は私を待たせた。 Kare/Kanojo wa watashi o mataseta.
Caiu a linha.	電話が切れた。 Denwa ga kireta.
Deixei recado.	伝言を入れて置いた。 Den gon o irete oita.

Mais expressões sobre ligações	その他の電話用語 **Sono hoka no denwa yoogo**
Caiu na secretária/caixa postal.	留守電になっていた。 Rusuden ni natte ita.
Eu atendo.	私が出ます。 Watashi ga demasu.

Combinando um lugar	待合場所を決める **Machiai basho o kimeru**
Então, onde a gente se encontra?	では、どこでお会いしましょうか？ Dewa, doko de oai shimashoo ka.?
Que tal (seu hotel)?	あなたのホテル）では、いかがですか？ (Anata no Hotel) dewa ikaga desu ka?
Posso buscá-lo (no seu hotel).	(あなたのホテル）へお迎えに行きます。 (Anata no Hotel) e omukae ni ikimasu.
Que horas posso buscar você?	何時にお迎えに行きましょうか？ Nan ji ni omukae ni ikimashoo ka?
Você gostaria de me encontrar (no meu escritório)?	(私の事務所で）お会いしませんか？ (Watashi no jimusho de) oai shimasen ka?
Você que sabe.	あなた次第です。 Anata shidai desu.
O que for melhor para você.	ご都合のよろしい様に。 Gotsugoo no yoroshii yoo ni.
Onde você quiser.	お好きな所で。 Osukina tokoro de.
Você conhece...?	…をご存知でしょうか？ Gozonji de shoo ka?
Nós poderíamos nos encontrar aí/lá.	あちらでお会いしましょう。 Achira de oai shimashoo.
Vamos fazer o seguinte: ...	次の様にしたらどうでしょうか？ Tsugi no yoo ni shitara doo de shoo ka?
Podemos nos encontrar (no seu hotel) às (8:30).	(あなたのホテル）で（8時30分） にお会いしましょう。 (Anata no hotel) de (8ji 30 pun) ni oai shimashoo.
Que tal?	どうですか？ Doo desu ka?
Me avise se houver alguma mudança.	何か変更あれば、お知らせ下さい。 Nanika henkoo ga areba,oshirase kudasi.
Se por algum motivo você não puder, me dê uma ligada.	もし、ご都合が悪ければ、お電話下さい。 Moshi, gotsugoo ga warukereba, odenwa kudasai.

Explicando o caminho	道順を教える **Michijun o oshieru**
É fácil.	簡単ですよ。 Kantan desu yo.
Pegue a (marginal Tietê) no sentido...	(マージナル・チエテ通り) を…へ進んで下さい。 (marginal Tietê doori) o …e susunde kudasai.
Procure as placas indicando...	案内版に従って下さい。 Annai ban ni shitagatte kudasai.
Saia na...	…を出て下さい。 … o dete kudasai.
Entre à direita/esquerda (na...)	右/左へ曲がって下さい。 Migi/Hidari ni magatte kudasai.
Suba a (Rua Canário)...	…まで（カナリオ通り）を上って下さい。 … made (Canario Doori) o nobotte kudasai.
...até chegar na...	…に到着するまで。 … ni toochaku suru made.
...à (Rua Cabral).	…(カブラル通り)へ向かう。 ...(Cabral Sreet) e mukau.
E vai embora...	そのまま真っ直ぐ行って下さい。 Sono mama massugu itte kudasai.
Continue por (2) quarteirões...	(2)区画を真っ直ぐ進んで下さい。 (2) kukaku o massugu susunde kudasai.
Vá reto...	真っ直ぐ行って下さい。 Massugu itte kudasai.
Quando chegar a...	…に着いたら、… … ni tsuitara,…
Fique à esquerda/direita...	左/右側に沿って… Hidari/Migi gawa ni sotte…
Procure (um supermercado)...	(スーパー)を探して下さい。 (Suupaa) o sagashite kudasai.
Você vai passar por um...	…の側を通ります。 … no soba o toorimasu.
Se chegar num ____, então já passou.	もし、__まで行ってしまったら、行き過ぎです。 Moshi,__ made itte shimattara, ikisugi desu.
Fica à sua direita/esquerda.	右/左にあります。 Migi/Hidari ni arimasu.

Explicando o caminho	道順を教える **Michijun o oshieru**
É bem na esquina.	丁度角にあります。 Choodo kado ni arimasu.
Fica na (Paulista) com a (Frei Caneca).	(パウリスタ）通りと（フレイカネッカ）通りの交差点にあります。 (Paulista) doori to (Frei Caneca) doori no koosaten ni arimasu.
É uma travessa da (Getúlio Vargas).	（ジェツリオ・ヴァルガス）通りを渡った所にあります。 (Getúlio Vargas) doori o watatta tokoro ni arimasu.
É no meio do quarteirão.	この１区画の途中にあります。 Kono 1 kukaku no tochuu ni arimasu.
É em frente ao...	… の反対側にあります。 … no hantai gawa ni arimasu.
É bem ao lado do...	…の丁度隣にあります。 … no choodo tonari ni arimasu.
Fica entre ____ e ____.	__と__の間にあります。 ____ to ____ no aida ni arimasu.
Não tem erro.	直ぐ、分かりますよ。 Sugu wakarimasu yo.
Se tiver qualquer problema, é só me ligar.	もし、困ったら、お電話下さい。 Moshi,komattara,odenwa kudasai.

Dirigindo	ドライブ **Drive**

Falando com passageiros no seu carro	車内での会話 **Shanai deno kaiwa**
Entre aí.	お乗り下さい。 Onori kudasai.
Quer sentar na frente?	前の座席に乗りますか？ Mae no zaseki ni norimasu ka.?
Você pode pôr o banco mais para trás se você quiser.	よかったら、座席を後ろに移動させて下さい。 Yokatara ,zaseki o ushironi idoo sasete kudasai.
Está muito apertado aí atrás?	後ろの座席、きつくないですか？ Ushiro no zaseki, kitsukunai desu ka?

Falando com passageiros no seu carro	車内での会話 **Shanai deno kaiwa**
Eu posso pôr o banco mais para a frente se você quiser.	座席を前に移動させましょうか？ Zaseki o mae ni idoo sasemashoo ka?
Você pôs o cinto?	安全ベルトを締めましたか？ Anzen beruto o shime mashita ka?
Veja se a porta está travada.	ドアーが閉まっているか確認して下さい。 Door* ga shimatte iruka kakunin shite kudasai.
Acho que a sua porta está aberta.	ドアーが開いている様です。 Door* ga aite iru yoo desu.
Quer que eu desça o vidro?	窓を開けましょうか？ Mado o akemashoo ka?
Quer que eu suba/feche o vidro?	窓を上げ/下げましょうか？ Mado o age/shime mashoo ka?
Quer que eu ligue/desligue o ar-condicionado?	クーラーを点け/消しましょうか? kuuraa o tsuke/keshi mashoo ka?
Você se importa se eu fumar?	タバコを吸ってもいいですか？ Tabako o suttemo ii desu ka?
O que você prefere ouvir?	どんな音楽がお好きですか？ Donna ongaku ga osuki desu ka?
Está muito alto aí atrás?	後ろは音が高過ぎますか？ Ushiro wa oto ga takasugimasu ka?
Você pode encostar a cabeça um pouquinho para trás?	一寸頭を動かして下さい。 Choot atama o ugoka shite kudasai.
Este carro não corre.	この車は馬力が無いんです。 Kono kuruma wa bariki ga nain desu.
Dá para sair desse lado?	そちらから出られますか？ Sochira kara deraremasu ka?

Falando de manobras	車の運転についての会話 **Kuruma no unten ni tsuite no kaiwa**
Vou encostar aqui.	ここに止めます。 Koko ni tomemasu.
Preciso encostar/parar por um minuto.	一寸ここに止めます。 Chotto koko ni tomemasu.
Eu atravessei o sinal vermelho.	赤信号を無視した。 Aka shingoo o mushi shita.
Me pegaram correndo.	スピードの出し過ぎで捕まった。 Speed* no dashi sugide tsukamatta.

Falando de manobras	車の運転についての会話 **Kuruma no unten ni tsuite no kaiwa**
Fui multado.	罰金を取られた。 Bakkin o torareta.
Ele me cortou.	私の前を遮った。 Watashi no mae o saegitta.
Tenho a preferencial.	私の方が優先だ。 Watashi no hoo ga yuusen da.
Ele está colado.	私に近づき過ぎていた。 Watashi ni chikasugite ita.
Vamos! Anda logo!	直ぐ発車しましょう！ Sugu, hassha shimashoo!
Tive um acidente.	車が事故にあった。 Kuruma ga jiko ni atta.
Ele entrou na minha traseira.	私は後ろからぶっつけられた。 Watashi wa ushiro kara buttsuke rareta.
Ele entrou de ré no meu carro.	彼はバックで私の車にぶっつけた。 Kare wa bakku de watashi no kuruma ni buttsuketa.
Entrei de ré num (poste).	バックして（電柱）にぶっつけた。 Bakku shite (denchuu) ni buttsuketa.
Ele bateu na minha lateral.	私の車の横をぶっつけられた。 Watashi no kuruma no yoko o buttsukerareta
Ele apareceu do nada.	突然現れた。 Totsuzen arawareta .
Conheço um jeito de cortar o caminho.	近道を知っている Chika michi o shitte iru.
fazer o retorno	ユーターンをする。 U-turn*o suru.
entrar à esquerda/direita	左/右に曲がって下さい。 Hidari/Migi ni magatte kudasai.
fazer uma conversão proibida à esquerda/direita	左折/右折禁止を入る Sasetsu/Usetsu kinshi o hairu.
acelerar	スピードを上げる。 Speed*o ageru.
diminuir	スピードを落とす Speed* o otosu.
costurar	縫うように走る。 Nuu yoo ni hashiru.
ficar preso no trânsito	渋滞に会う。 Juutai ni au.

Falando de manobras	車の運転についての会話 **Kuruma no unten ni tsuite no kaiwa**
dirigir feito louco	気が狂った様に運転する。 Ki ga kurutta yoo ni unten suru.
parar para abastecer	給油のために止まる。 Kyuuyu no tameni tomaru.
quebrar o carro	車が壊れた。 Kuruma ga kowareta.
furar um pneu	タイヤがパンクした。 Taiya ga panku shita.
se perder	道に迷った。 Michi ni mayotta.
pegar uma autoestrada	高速道路を走る。 Koosoku dooro o hashiru.
sair de uma autoestrada	高速道路から下りる。 Koosoku dooro kara oriru.
pegar uma estradinha	脇道を走る。 Waki michi o hashiru.
manter-se na faixa da esquerda/meio/direita	左/中央/右のレーンを走る。 Hidari/Chuuoo/Migi no reen o hashiru.
mudar de faixa	レーンを変える。 Reen o kaeru.
dar sinal/sinalizar	合図する。 Aizu suru.
perder o controle da direção	車のコントロールを失った。 Kuruma no control*o ushinatta
frear	ブレーキを掛ける。 Brake* o kakeru.
pisar fundo no freio	ブレーキを強く踏む。 Brake *o tsuyoku fumu.
envolver-se num acidente	事故に巻き込まれた。 jiko ni makikomareta.
dar a ré	バックする。 Back * suru.
estacionar	駐車する。 Chuusha suru.
parar em fila dupla	二重駐車する。 Nijuu chuusha suru.
engatar a marcha	ギヤーを入れる。 Gear* o ireru
deixar engatado	ギヤーを入れておく。 Gear * o irete oku.

Falando de manobras	車の運転についての会話 **Kuruma no unten ni tsuite no kaiwa**
desembaçar o para-brisa	フロントガラスの曇りを取る。 Front*garasu no kumori o toru
ligar o limpador de para-brisa	ワイパーを点ける。 Wiper * o tsukeru
puxar o freio de mão	手動ブレーキを掛ける。 Shudoo break * o kakeru.
acender os faróis	ヘッドライトを点ける。 Headlight * o tsukeru
acender o pisca-alerta	ウインカーを点滅させる。 Uinkaa o tenmetsu saseru.
deixar os faróis acesos	ヘッドライトを点けたままにする。 Headlight* o tsuketa mama ni suru
acender o farol alto	ヘッドライトを上向きにする。 Headlight* o uwamuki ni suru
piscar os faróis	ヘッドライトを点滅させる。 Headligt * o tenmetsu saseru
fazer uma ligação direta/fazer uma chupeta	バッテリーに直接つなぐ。 Batterii ni chokusetsu tsunagu.
ligar o carro	エンジンを掛ける。 Engin * o kakeru.
pegar no tranco	車を押してエンジンを掛ける。 Kuruma o oshite engin* o kakeru

Discutindo a conta	勘定を払うやり取り **Kanjoo o harau yaritori**
Ah, não...	イヤー、ダメです。 Iya,dame desu.
Deixe comigo.	私に…。 Watashi ni···.
Eu acerto.	私が払います。 Watashi ga haraimasu.
Deixe que eu pago essa.	私のおごりです。 Watashi no ogori desu.
Não, não. Por favor.	ダメ,ダメです。 Dame , Dame desu.
Eu insisto.	私が払いますから。 Watashi ga haraimasu kara.

Discutindo a conta	勘定を払うやり取り **Kanjoo o harau yaritori**
Não, essa é por minha conta.	いいえ、これは私のおごりです。 Iie,kore wa watashi no ogori desu.
Você paga da próxima vez.	では、次はお願いします。 Dewa,tsugi wa onegai shimasu.
Por favor, eu me sinto mal.	どうぞ、それはよして下さい。 Doozo, sore wa yoshite kudasai.
Tá certo, mas da próxima vez eu pago.	分かりました、しかし、次は私の番です。 Wakarimashita,shikashi, tsugi wa watashi no ban desu.

Falando sobre o final de semana ou feriado	週末や休暇についての会話 **Shuumatsu ya kyuuka ni tsuite no kaiwa**
Foi bom o fim de semana?	週末はどうでしたか？ Shuumatsu wa doo deshita ka?
Foi bom o feriado?	ゆっくり休みましたか？ Yukkuri yasumi mashita ka?
Você foi para algum lugar?	どこかへ出かけましたか？ Dokoka e dekake mashita ka?
O que você fez (no fim de semana)?	（この週末）何をしましたか？ (Kono shuumatsu) nani o shimashita ka?
Só fiquei em casa.	ずーっと家にいました。 Zuutto uchi ni imashita.
Fiquei em casa e (assisti televisão).	家で（テレビを見ていました）。 Uchi de (Terebi o mite imashita.)
Fui a...	…　へ行きました。 … e ikimashita.
...já esteve lá?	あそこに行った事がありますか？ Asoko ni itta koto ga arimasu ka?
Fui à praia.	海へ行きました。 Umi e ikimashita.
Fiz um churrasco em casa.	家でシュラスコをしました。 Uchi de churrasco o shimashita.
Meus pais vieram me visitar.	両親が家に来ました。 Ryooshin ga uchi ni kimashita.
Fui a um churrasco na casa de um amigo.	友達の家のシュラスコへ行きました。 Tomodachi no uchi no churrasco e ikimashita.

Falando sobre o final de semana ou feriado	週末や休暇についての会話 **Shuumatsu ya kyuuka ni tsuite no kaiwa**
Saí para dançar no (sábado).	(土曜日）ダンスしに出かけました。 (Doyobi) dance* shi ni dekake mashita.
Visitei meus parentes em (Petrópolis).	(ペトロポリス）の親戚の家へ行きました。 (Petrópolis) no shinseki no uchi e ikimashita.
Tive de trabalhar.	働かなければならなかった。 Hataraka nakereba naranakatta.
Fui comer num restaurante chamado (Fasano).	（ファザノ）と言うレストランへ行きました。 (Fasano) to iu resutoran e ikimashita.
Já esteve lá?	あそこへ行った事がありますか？ Asoko e itta koto ga arimasu ka?

Feriados e ocasiões especiais	休日などの会話 **Kyujitsu nado no kaiwa**
Natal	クリスマス Christmas*
Feliz Natal!	クリスマスおめでとう！ Christmas* omedetoo!
O que você pediu para o Papai Noel?	サンタさんに何をお願いしましたか？ Santa san ni nani o onegai shimashita ka?
O Papai Noel lhe trouxe tudo que você pediu?	サンタさんは望みを叶えてくれましたか？ Santa san wa nozomi o kanaete kuremashita ka?

Coisas que as pessoas fazem no Natal	クリスマスでの事柄 **Christmas* deno kotogara**
montar uma árvore	クリスマスツリーを飾る Christmas tree* o kazaru.
cantar músicas natalinas	クリスマスの歌を歌う Christmas* no uta o utau
fazer compras de Natal	クリスマスの買い物に行く Christmas* no kaimono ni iku
se endividar	借金をする Shakkin o suru
presentear	プレゼントを上げる Present* o ageru

Coisas que as pessoas fazem no Natal	クリスマスでの事柄 **Christmas* deno kotogara**
receber presentes	プレゼントを貰う Present* o morau
abrir presentes	プレゼントを開ける Present* o akeru
ir à missa do galo	深夜ミサへ行く Shinya misa e iku
ceiar/ter ceia de Natal	クリスマスの夜食をとる Christmas*no yashoku o toru

Véspera de Ano Novo	大晦日 **Oomisoka**
Feliz Ano-Novo! (Depois da chegada do Ano-Novo)	明けましておめでとうございます！ Akemashite omedetoo gozaimasu!
(Se for antes):	良いお年をお迎え下さい！ Yoi otoshi o omukae kudasai.

Coisas que as pessoas fazem no *Réveillon*	大晦日の事柄 **Oomisoka no kotogara**
reunir os amigos	友達が集まる tomodachi ga atsumaru
ir a festas de Ano-Novo	新年会へ行く shin nen kai e iku.
beber champagne	シャンパーンを飲む champagne* o nomu
fazer promessas de Ano-Novo	新年の誓い shinnen no chikai
fazer contagem regressiva	カウントダウン countdown*
varar a noite	夜中中起きている yonaka juu okite iru

Dia das Bruxas	ハロウィーン **Halloween** *
Vai fantasiado de quê?	何に変装する？ Nani nni hensoo suru?
Está vestido de quê?	この衣装は何？ Kono ishoo wa nani?

Casamentos	結婚 **Kekkon**
Parabéns!/Felicidades!	おめでとうございます！/お幸せに！ Omedetoo gozaimasu! /Oshiawase ni!
Boa sorte!	ご幸運をお祈り致します！ Gokoo un o oinori itashimasu!
Onde vocês vão passar a lua de mel?	新婚旅行はどちらへ？ Shinkon ryokoo wa dochira e?

Coisas que as pessoas fazem nos/ para casamentos	結婚での事柄 **Kekkon deno kotogara**
escolher um vestido de noiva	結婚衣裳を選ぶ kekon ishoo o erabu
reservar a igreja	教会を予約する kyookai o yoyaku suru
fazer uma lista de convidados	招待客のリスト shootai kyaku no risuto
mandar convites	招待状を送る shootaijoo o okuru
escolher as alianças	結婚指輪を選ぶ kekkon yubiwa o erabu
gravar o nome na aliança	指輪に名前を彫る yubiwa ni namae o horu
escolher as damas de honra	女性の立会人を選ぶ。 Josei no tachiai nin o erabu.
escolher os padrinhos	男性の立会人を選ぶ。 Dansei no tachiai nin o erabu.
contratar um fotógrafo	カメラマンを雇う kameraman o yatou
se casar no civil/cartório	Sem equivalente
ir à igreja	教会へ行く kyookai e iku
andar até o altar	祭壇まで歩く saidan made aruku
dizer “sim”	“はい” と言う “Hai” to iu
beijar a noiva	新婦にキッスする shinpu ni kiss* suru
sair de lua de mel	新婚旅行へ行く Shinkon ryokoo e iku

Aniversários	誕生日 **Tanjoobi**
Feliz aniversário!	誕生日おめでとう！ Tanjoobi omedetoo!
Parabéns!	おめでとうございます！ Omedetoo gozaimasu.
Está fazendo quantos anos hoje?	何才になりましたか？ Nansai ni narimashita ka?
Não aparenta.	そんなに見えないけど Sonnani mienai kedo.
Está ficando velho!	もう年ですよ！ Moo toshi desu yo!
Coisas que as pessoas fazem nos aniversários	誕生日パーチィーでの事柄 **Tanjoo party* deno kotogara**
cantar parabéns	誕生日の歌を歌う tanjoobi no uta o utau.
assoprar as velinhas	ローソクを消す roosoku o kesu
abrir presentes	プレゼントを開ける present* o akeru
fazer um discurso	スピーチする speech* suru
Brindes e homenagens	乾杯 **Kanpai**
Gostaria de dizer algumas palavras.	お祝いの言葉を述べる Oiwai no kotoba o noberu
Vamos brindar a...	乾杯しましょう Kanpai shimashoo.
Aos noivos!	新郎新婦を祝って！ Shinroo shinpu o iwatte
Presentes	贈り物 **Okuri mono**
Presenteando	贈り物を上げる **Okuri mono o agteru**
Comprei uma coisinha para você.	つまらない物ですが、どうぞ。 Tsumaranai mono desu ga, doozo.

Presenteando	贈り物を上げる **Okuri mono o ageru**
É uma surpresa.	びっくりさせる。 Bikkuri saseru.
Trouxe uma coisa para você.	一寸した物をお持ちしました。 Chotto shita mono o omochi shimashita.
Espero que goste.	お気に入れば、いいのですが。 Oki ni ireba ii no desu ga.
Acho que vai gostar.	お気に入って頂けると思います。 Oki ni itte itadakeru to omoimasu.
Que bobagem.	お気になさらないで下さい。 Oki ni nasaranaide kudasai.
Porque eu quis.	気持ちだけですから。 Kimochi dake desu kara.
Pode abrir.	どうぞお開け下さい。 Doozo,oake kudasai.
Gostou?	お気に入りましたか？ Oki ni irimashita ka?
Espero que sirva.	ピッタリ合えばいいのですが。 Pittari aeba ii no desu ga.
Se você não gostar eu posso trocar.	もし、合わなければ、取り替えますよ。 Moshi,awanakereba, torikaemasu yo.
Achei que tinha sua cara.	あなたにピッタリだと思った。 Anata ni pittari da to omotta.
Para você não se esquecer de (mim/nós).	私/私達をお忘れにならない様に。 Watashi/Watashi tachi o owasure ni naranai yoo ni.
Que bom que você gostou.	気に入って頂いてよかったです。 Ki ni itte itadaite yokatta desu.

Recebendo	贈り物を貰う **Okuri mono o morau**
Adoro/Detesto surpresas.	突然の贈り物は嬉しい/迷惑です Totsuzen no okuri mono wa ureshii/ meiwaku desu.
Posso abrir?	開けてもいいですか？ Aketemo ii desu ka?
Nossa! Obrigado.	わあ、有り難う。 Waa, arigatoo.

Recebendo	贈り物を貰う **Okuri mono o morau**
Que surpresa!	びっくりした！ Bikkuri shita!
Não precisava se incomodar.	お気を使わないで下さい。 Oki o tsukawanaide kudasai.
Sinto-me mal.	恐れ入ります。 Osore irimasu.
Não posso aceitar isso.	有り難うございます。しかし、それは頂けません。 Arigatoo gozaimasu.Shikashi sore wa itadake masen.
Por que você fez isso?	どうぞそんな事しないで下さい。 Doozo sonna koto shinaide kudasai.
Adorei o presente. Obrigado.	素晴らしい物を有り難うございます。 Subarashii mono o arigatoo gozaimasu.

Fé e religião	信仰と宗教 **Shinkoo to shuukyoo**
Se Deus quiser.	神の思し召しがあれば。 Kami no oboshi meshi ga areba.
Só Deus sabe.	神のみぞ知る Kami nomizo shiru.
Acredito em Deus.	神を信じる。 Kami o shinjiru
Tenho fé em Deus.	神を信じている。 Kami o shinjite iru.
Tenha fé em Deus.	神を信じて下さい。 Kami o shinjite kudasai.
Peça a Deus para lhe guiar.	神にお願いする。 Kami ni onegai suru.
Agradeço a Deus por...	…を神に感謝する。 … o kami ni kansha suru.
Acredito que tudo acontece por um motivo.	何事にも道理がある。 Nani goto nimo doori ga aru.
Acredito que há vida depois da morte.	死後の世界がある事を信じる。 Shigo no sekai ga aru koto o shinjiru.
Acredito que fazemos parte de um grande plano.	私達も宇宙の一部と思う。 Watashitachi mo uchuu no ichibu to omou.

Fé e religião	信仰と宗教 **Shinkoo to shuukyoo**
Acredito que nós todos temos uma missão aqui na Terra.	この地球上でそれぞれ使命があると思う。 Kono chikyuu joo de sore zore shimei ga aru to omou.
Acredito no destino.	運命を信じる。 Unmei o shinjiru.
Tudo tem seu motivo	全てには道理がある。 Subete niwa doori ga aru.

Desculpas	許しを乞う **Yurushi o kou**

Numa ligação pessoal	個人的な電話での会話 **Kojintekina denwa deno kaiwa**
A minha bateria está acabando.	バッテリーが弱くなった。 Battery* ga yowaku natta.
Tem alguém na outra linha.	電話が混線している Denwa ga konsen shite iru.
Estou com visita.	お客さんが来ているんです。 Okyaku san ga kite irun desu.
Tem alguém na porta.	玄関に誰か来た様です。 Genkan ni dareka kite yoo desu.
Estou no meio de um negócio agora.	今一寸用事があるので。 Ima chotto yooji ga aru node.
Não estou podendo falar agora.	今手が離せないので。 Ima te ga hanasenai node.

No telefone do escritório	事務所での電話 **Jimusho deno denwa**
Tem alguém me aguardando.	一寸人を待たせているので。 Chotto hito o matasete iru node.
Estou numa outra ligação.	丁度他の電話が入っているので。 Choodo hoka no denwa ga haitte iru node.
Estava a caminho para uma reunião.	丁度今会議に出るところなんで。 Choodo ima kaigi ni deru tokoro nande.
Ele está em uma reunião.	ただ今会議中ですが。 Tadaima kaigi chuu desu ga.
Ele está viajando.	ただ今出張中ですが。 Tadaima shucchoo chuu desu ga.

No telefone do escritório	事務所での電話 **Jimusho deno denwa**
Nossos computadores estão/estavam fora do sistema.	ただ今会社のコンピューターが故障しているんです。 Tadaima kaisha no computer *ga koshoo shite irun desu.

Quando não encontramos um arquivo/documento	ファイルが見つからない時 **File* ga mittsukara nai toki**
Tenho certeza de que está por aqui em algum lugar.	確かここにあったと思うんですが。 Tashika koko ni atta to omoun desu ga.
Deve estar fora do lugar.	どこか他の所にあるんでしょう。 Dokoka hoka no tokoro ni arun deshoo.
Ainda não caiu no sistema.	まだ処理中なんです。 Mada shori chuu nan desu.
Deve estar entre essa papelada aqui.	この書類の山の中にあるんでしょう。 Kono shorui no yama no naka ni arun deshoo.
Estamos fora de sistema.	コンピューターが作動していないんです。 Computer ga sadoo shite inain desu.

Por não ter feito algo	仕事が遅れている **Shigoto ga okurete iru**
Andei muito ocupado.	この所とても忙しいんです。 Kono tokoro totemo isogashiin desu.
Estava muito ocupado.	最近はとても忙しかったんです。 Saikin wa totemo isogashikattan desu.
Não deu tempo.	一寸時間がなかったんです。 Chotto jikan ga nakattan desu.
Surgiu um imprevisto.	予定外の仕事が入ったんです。 Yoteigai no shigoto ga haittan desu.

Por chegar tarde	遅刻する **Chikoku suru**
Tinha muito trânsito.	道が混んでいたので。 Michi ga konde ita node.
O trânsito está péssimo agora de manhã.	今朝は道がとても混んでいる。 Kesa wa michi ga totemo konde iru.
Fiquei preso no trânsito.	交通渋滞にあったので。 Kootsuu juutai ni atta node.

Por chegar tarde	遅刻する **Chikoku suru**
Fiquei preso em uma reunião.	会議が長引いたので。 Kaigi ga nagabiita node.
Meu voo atrasou.	飛行機が遅れたので。 Hikooki ga okureta node.
Surgiu um imprevisto.	予定外の用事が出来たので。 Yoteigai no yooji ga dekita node.
Perdi a noção do tempo.	時間が経つのを忘れてしまった。 Jikan ga tatsu no o wasurete shimatta.
Meu despertador não tocou.	目覚まし時計が鳴らなかったので。 Mezamashi dokei ga naranakatta node.

Por ir embora cedo	早退する **Sootai suru**
Tenho que acordar cedo amanhã.	明日の朝早いので。 Ashita no asa hayai node.
(3:15!) Já?	おや、もう（3:15）？ Oya, moo (san ji juu go fun) ?
Tenho de buscar as crianças.	子供を迎えに行かなければならないので。 Kodomo o mukae ni ikanakereba naranai node.
Tenho de buscar um amigo no aeroporto.	空港へ友達を迎えに行かなければならないので。 Kuukoo e tomodachi o mukaeni ikanakereba naranai node.
Marquei com um amigo meu.	友達と会う約束があるので。 Tomodachi to au yakusoku ga aru node.
Tenho que estar num lugar às (7:00).	（7時）に約束があるので。 (7 ji) ni yakusoku ga aru node.
Já estou atrasado.	約束に遅れているので。 Yakusoku ni okurete iru node.

Pela maneira de fazer algo	自分の流儀 **Jibun no ryuugi**
Sempre fiz assim.	私のやり方なんです。 Watashi no yarikata nan desu.
Sempre foi feito assim.	いつもそうしていた。 Itsumo soo shite ita.

Pela maneira de fazer algo	自分の流儀 **Jibun no ryuugi**
Fui criado assim.	こんな風に育ったんですよ。 Konna fuu ni sodattan desu yo.
É de familia.	家ではこうするんです。 Uchi dewa koo surun desu.

Por não entrar em contato	連絡をとらなかった理由 **Renraku o otoranakata riyuu**
Ando tendo problemas com meu e-mail.	私の電子メールに問題があったんです。 Watashi no denshi mail ni mondai ga attan desu.
Estava fora do escritório.	外出していたんです。 Gaishutsu shite itan desu.
Estava viajando.	旅行していたんです。 Ryokoo shite itan desu.
Estava numa reunião.	会議中だったんです。 Kaigi chuu dattan desu.
Desculpe-me, mas perdi seu telefone.	すみません、お電話番号をなくしてしまったんです。 Sumimasen, odenwa bangoo o nakushite shimattan desu.
Não consegui ligar.	電話が出来なかったので。 Denwa ga dekinakatta node.
Ando ocupadíssimo.	とても忙しかったんです。 Totemo isogashi kattan desu.

Pelo japonês imperfeito	日本語能力不足 **Nihongo nooryoku fusoku**
Meu japonês está um pouco enferrujado.	私の日本語は少し錆付いている。 Watashi nihongo wa sukoshi sabitsuite iru.
Eu falava bem melhor.	昔はもっと上手だったんです。 Mukashi wa motto joozu dattan desu.
Eu entendo mais do que falo.	話すより聞く方がよく出来る。 Hanasu yori kiku hoo ga yoku dekiru.
Não estou acostumado com seu sotaque.	あなたのアクセントが聞きづらいのですが。 Anata no akusento ga kikizurai nodesu ga.
Ainda estou estudando.	今勉強しているんです。 Ima benkyoo shite irun desu.

Por não ter dinheiro	お金を忘れた理由 **Okane o wasureta riyuu**
Esqueci de passar por um caixa eletrônico.	自動現金取り扱い機（ATM）に寄るのを忘れたんです。 Jidoo genkin tori atsukai ki (ATM) ni yoru no o wasuretan desu.
Acabei de pagar (o apartamento).	(家）の融資を払い終わったところなんです。 (Ie) no yuushi o harai owatta tokoro nan desu.
Tive uma série de imprevistos (mês passado).	(先月)は突然の出費があったんです。 (Sengetsu) wa totsuzen no shuppi ga attan desu.

Por comer muito	よく食べる理由 **Yoku taberu riyuu**
Vou malhar amanhã.	明日また運動するので。 Ashita mata undou suru node.
Vou começar meu regime (amanhã).	(明日）からダイエットするので。 (Ashita) kara diet* suru node.
Um só não faz mal.	少しだけなら大丈夫。 Sukoshi dake nara daijoobu.
Não tomei café da manhã.	朝ごはん食べなかったので。 Asa gohan tabenakatta node.
Pulei o almoço.	昼ごはん抜かしたので。 Hiru gohan nukashita node.
Bom, é uma ocasião especial.	いやあ、今日は特別だから Iyaa, kyoo wa tokubetsu dakara.

Por não comer	食べない理由 **Tabenai riyuu**
Já comi.	もう食事しましたので。 Moo shokuji shimashita node.
Acabei de comer.	今食べ終わった所です。 Ima tabe owatta tokoro desu.
Estou fazendo um regime.	今ダイエット中なんです。 Ima diet* chuu nan desu.
Estou meio mal do estômago.	一寸胃の調子が悪いので。 Chtto, i no chooshi ga warui node.

Por não beber	お酒を飲まない理由 **Osake o nomanai riyuu**
Estou dirigindo.	運転していますので。 Unten shite imasu node.
Sou fraco para bebida.	お酒に弱いんです。 Osake ni yowain desu.
Parei.	お酒止めたんです。 Osake yametan desu.
Estou tentando diminuir.	お酒の量を減らしているんです。 Osake no ryoo o herashite irun desu.

Por beber	お酒を飲む理由 **Osake o nomu riyuu**
Ah, um só não faz mal.	一杯だけなら大丈夫。 Ippai dakenara daijoobu.
Tá bom, só um pinguinho/dedinho.	ほんの少しだけ。 Hon no sukoshi dake.
Tá bom, só um então.	一寸、一杯だけ Chotto,ippai dake.
Por que não? É uma ocasião especial.	だって、今日は特別なので。 Datte, kyoo wa tokubetsu nanode.

Por ficar bêbado	飲み過ぎた理由 **Nomi sugita riyuu**
Sou fraco para bebida.	お酒に弱いので。 Osake ni yowai node.
Não estou acostumado a beber tanto.	何時もはこんなに飲まないんだけど。 Itsumo wa kon nani nomanain dakedo.
Quase nunca bebo.	滅多に飲まない。 Metta ni nomanai.
Só bebo socialmente.	付き合い程度です。 Tsukiai teido desu.

Por fumar	タバコを吸う **Tabako o suu**
Estou tentando diminuir.	減らそうと思っているんです。 Hera soo to omotte irun desu.
Vou parar.	止めるつもりなんです。 Yameru tsumori nan desu.

Por fumar	タバコを吸う **Tabako o suu**
Agora só fumo (4) cigarros por dia.	一日（４）本に減らしたんです。 Ichi nichi (4) hon ni herashitan desu.
Fumava (2) maços por dia.	以前は一日（２）箱吸っていた。 Izen wa ichi nichi (futa) hako sutte ita.
É o único vício que tenho agora.	私にとって唯一止められない事なんです。 Watashi ni totte yuiitsu yamerarenai koto nan desu.

Pela bagunça da casa	家が散らかっている理由 **Ie ga chirakatte iru riyuu**
É a folga da empregada hoje.	今日はお手伝いさんが休みなんです。 Kyoo wa otetsudai san ga yasumi nan desu.
Ando tão ocupado que nem dá tempo de limpar nada.	忙しくて掃除する時間がなかったんです。 Isogashikute, sooji suru jikan ga nakattan desu.
É geralmente mais em ordem.	何時もはもっと綺麗なんですけど。 Itsumo wa motto kirei nandesu kedo.

Pelo carro sujo	車が汚れている理由 **Kuruma ga yogorete iru riyuu**
Não deu tempo de mandar lavar.	車洗う時間がなかったんです。 Kuruma arau jikan ga nakatta node.
Estou querendo deixar para lavar.	後で洗おうと思っているんです。 Atode araoo to omotte irun desu.
Não tive tempo.	時間がなかったんです。 Jikan ga nakattan desu.
Nunca deixo meu carro assim.	何時もはこんなに汚くないんだけど。 Itsumo wa konna ni kitanaku nain dakedo.

Por algo quebrado	故障したままの理由 **Koshoo shita mama no riyuu**
Estou querendo arrumar.	修理しようと思っているんです。 Shuuri shiyoo to omotte irun desu.
Estou juntando um dinheiro para consertar.	修理代を貯めているんです。 Shuuridai o tamete irun desu.
Não vale a pena consertar.	修理しても仕方がない。 Shuuri shitemo shikata ga nai.
Vou vender mesmo.	直ぐ売ろうと思っているんです。 Sugu uroo to omotte irun desu.

Por guardar algo velho	古い物を持っている理由 **Furui mono o motte iru riyuu**
Não consigo jogar fora.	捨ててしまうのが惜しくて。 Sutete shimau noga oshikute.
Tem (muito) valor sentimental.	（色々）想い出があるんです。 (Iroiro) omoide ga arun desu.
Pode valer alguma coisa um dia.	その内値が出るかも。 Sono uchi ne ga deru kamo.
Traz muitas lembranças.	たくさん想い出があるんですよ。 Takusan omoide ga arundesu yo.
Era do (meu avô).	(祖父）の物なんです。 (Sofu) no mono nan desu.
A moda pode voltar.	その内流行が戻るかも。 Sono uchi ryuukoo ga modoru kamo.

Por se esquecer do nome de alguém	名前を忘れた時 **Namae o wasureta toki**
Sou péssimo com nomes.	人の名前が覚えられないんです。 Hito no namae ga oboerarenain desu.
Nunca fui bom para guardar nomes.	名前を覚えるのが苦手なんです。 Namae no oboeru no ga nigate nan desu.
Às vezes até esqueço do meu nome.	自分の名前さえ忘れそうです。 Jibun no namae sae wasure soo desu.
Estou perdendo a memória.	記憶力が落ちているんです。 Kiokuryoku ga ochite irundesu.
Mas nunca me esqueço de um rosto.	顔は覚えているんですけど、… Kao wa oboete irundesu kedo,…

Por dizer algo insensível	不本意な言葉 **Fuhonina kotoba**
Saiu errado, não é isso.	そんなつもりじゃなかったんです。 Sonna tsumori ja nakattan desu.
Não foi isso que eu quis dizer.	上手い言葉が見つからないんです。 Umai kotoba ga mitsukaranain desu.
Não é nada pessoal.	個人的な意味じゃないんです。 Kojin tekina imi ja nain desu.
Desculpe-me. Estou tendo um dia péssimo.	すみません、今日は一寸疲れているんです。 Sumimasen, kyoo wa chotto tsukarete irun desu.

Por dizer algo insensível	不本意な言葉 **Fuhonina kotoba**
Não quis descontar em você.	悪く言うつもりじゃなかったんです。 Waruku iu tsumiori ja nakattan desu.
Estou naqueles dias.	今日はどうも適当な言葉が見つからないんです。 Kyoo wa doomo tekitoona kotoba ga mitsukaranain desu.

Por recusar um convite	招待をお断る時 **Shootai o kotowaru toki**
Tenho outro compromisso.	一寸用事がありますので。 Chotto,yooji ga aimasu node.
Vou estar fora.	旅行する予定なんです。 Ryokoo suru yotei nandesu.
Não vou poder a essa hora.	今回はどうしても無理なんです。 Konkai wa doo shitemo muri nan desu.
Agora não é uma boa hora.	今は都合が悪いんです。 Ima wa tsugoo ga waruin desu.

Por cancelar um compromisso	約束をキャンセルする **Yakuoku o cancele* suru**
Surgiu um imprevisto.	予定外の用事が出来たんです。 Yoteigai no yooji ga dekitan desu.
Algo surgiu no último minuto.	急に用事が出来たんです。 Kyuuni yooji ga dekitan desu.
Me esqueci de outro compromisso que eu tinha.	約束を一つ忘れていたんです。 Yakusoku o hitotsu wasurete itan desu.
Surgiu um problema no trabalho e não dá para escapar, infelizmente.	急に仕事の問題が起こったので、残念ながら、今出かけられないんです。 Kyuuni shigoto no mondai ga okotta node, zannen nagara ima dekakerare nain desu.

Por comprar algo caro	高価な物を買う理由 **Kookana Mono o kau riyuu**
Estava em promoção/liquidação.	丁度セール中だったので。 Choodo sale* chuu data node.
Foi uma pechincha.	安くなっていたので。 Yasuku natte ita node.

Por comprar algo caro	高価な物を買う理由 **Kookana Mono o kau riyuu**
Não resisti.	買わずにはいられなかったんです。 Kawazu niwa irare nakattan desu.
É um investimento.	いい投資なんです。 Ii tooshi nan desu.
Eu vejo como um investimento.	投資のつもりなんです。 Tooshi no tsumori nan desu.
Valeu a pena.	価値があるんです。 Kachi ga arun desu.
Gosto de coisas caras.	高い物が好きなんです。 Takai mono ga sukinan desu.

Por não gastar	お金を無駄遣いしない理由 **Okane no mudazukai shinai riyuu**
Estou me controlando agora.	今無駄遣いしない様にしているんです。 Ima mudazukai shinaiyoo ni shiteirun desu.
Tudo vai se somando.	塵も積もれば山となる Chiri mo tsumoreba yama to naru.
Estou com o orçamento apertado.	今は予算が厳しいので。 Ima wa yosan ga kibishii node.
Estou economizando para...	…のために貯めているんです。 … no tameni tamete irun desu.

Por não comprar alguma coisa para alguém	他の人のために買わない言い訳 **Hoakno hito no tame ni kawanai iiwake**
Não sabia seu tamanho.	あなたのサイズが分からなかったので。 Anata no saizu ga wakaranakatta node.
Seu presente está em casa.	あなたへのプレゼントは家にあるんです。 Anata e no present* wa uchi ni arun desu.
Estou guardando para lhe dar no seu aniversário.	あなたの誕生日に上げようと思っているんです。 Anata no tanjoobi ni ageyoo to omotte irun desu.

Por ser infiel	不信な関係 **Fushinna kankei**
Ele/Ela é só um amigo.	彼/彼女はただの友達なんです。 Kare/Kanojo wa tada no tomodachi nan desu.

Por ser infiel	不信な関係 Fushinna kankei
Estamos numa fase muito difícil agora.	今二人は難しい時期なんです。 Ima futari wa muzukashii jiki nan desu.
Não deixo a coisa ficar séria.	真剣な付き合いじゃないんです。 Shinkenna tsukiai ja nain desu.
Vou terminar tudo. (Eu só preciso de um pouco de tempo.)	もう終わろうと思っているんです。 Moo owaroo to omotte irun dsu. （しばらく時間を置きたいんです。） (Shibaraku jikan o okitain desu.)
Só estou me divertindo.	一寸した遊びなんです。 Chotto shita asobi nan desu.
Eu sou humano.	私も一人の人間ですから。 Watashi mo hitori no ningen desu kara.

Por fazer algo que não deveria	してはならない事をした時 Shite wa naranai koto o shita toki
Sei lá. A vida é uma só.	とに角、人生は一度だもん。 Tonikaku, jinnsei wa ichido da mon.
Quem vai descobrir?	誰にも気付かれないでしょう。 Dare nimo kizukarenai deshoo.
Não deu para evitar.	止められなかったんですよ。 Yamerare nakattan desu.
Não tive escolha.	仕方がなかったんです。 Shikata ga nakattan desu.
Uma coisa levou a outra...	次から次に悪い事が起こる。 Tsugi kara tsugi ni warui koto ga okoru.
Aqui (no Brasil) todo mundo faz.	ここ（ブラジル）では普通ですよ。 Koko(Brazil) dewa futsuu desu yo.
Até parece que você nunca fez nada errado na vida.	冗談じゃない、君は何も悪い事をした事がないみたい。 Joodan ja nai, kimi wa naimo warui koto o shitakoto ga nai mitai.

Doença	病気 **Byooki**

Esta seção trata apenas de doenças menos graves, portanto os comentários são correspondentes. Para tratar de situações mais sérias, veja as seções de “Emoções”, “Empatia” e “Novidades”.

Antes	前兆 **Zenchoo**
Acho que estou pegando alguma coisa.	少し気分が悪いんです。 Sukoshi kibun ga waruin desu.
Está todo mundo pegando.	周りの人も調子が悪そうなんです。 Mawari no hito mo chooshi ga waru soo nan desu.
Acho que estou pegando um resfriado.	一寸風邪気味なんです。 Chotto kaze gimi nan desu.
Estou tentando não pegar um resfriado.	風邪を引かない様に気を付けているんです。 Kaze o hikanai yoo ni ki o tsukete irun desu.
Você está bem?	大丈夫ですか？ Daijoobu desu ka?
Você não está com uma cara muito boa.	どこか悪いんじゃないんですか。 Dokoka waruin ja nain desu ka.
Você está um pouco pálido.	顔色が悪いですよ。 Kao iro ga warui desu yo.
Acho melhor você ir para casa.	家へ帰った方がいいんじゃないんですか。 Uchi e kaetta hoo ga iinja nain desu ka.
Vá para casa e descanse.	家へ帰って休んだ方がいいですよ。 Uchi e kaette yasunda hoo ga ii desu yo.

Durante	病気中 **Byoukichuu**
Estou doente.	私は病気なんです。 Watashi wa byooki nan desu.
Não estou me sentindo muito bem.	気分が良くないんです。 Kibun ga yoku nain desu.
Estou com...	…の様です。 … no yoo desu.
Estou péssimo.	気分が悪いんです。 Kibun ga waruin desu.

Durante	病気中 **Byoukichuu**
Soube que você não está se sentindo muito bem.	身体の調子が悪かったそうですね。 Karada no chooshi ga warukatta soo desu ne.
Fiquei sabendo que você tem...	…だったそうですね。 … datta soo desu ne.
O que você tem?	どこが悪いんですか？ Doko ga waruin desu ka?
Posso fazer alguma coisa?	何かお手伝いしましょうか？ Nanika otetsudai shimashoo ka?
O que você tem de fazer é...	あなたがすべき事は…です。 Anata ga subeki koto wa… desu.
A melhor coisa é...	一番いいのは…です。 Ichiban ii nowa … desu.
Como é que você está?	ご気分はどうですか？ Gokibun wa doo desu ka?
Eu sei como você está se sentindo.	ご気分が悪そうですね。 Gokibun ga waru soo desu ne.
Odeio isso.	大嫌いなんです。 Dai kirai nan desu.
Posso imaginar como você está se sentindo.	ご気分が悪そうなのが分かります。 Gokibun ga waru soo na noga wakarimasu.
Pegue leve.	気楽に。 Kirakuni.
Só precisa descansar.	休んだ方がいいですよ。 Yasunda hoo ga I desu yo.
Espero que se sinta melhor.	お大事に Odaiji ni.
Estimo suas melhoras.	お元気になって下さい。 Ogenki ni natte kudasai.
Se precisar de alguma coisa, é só me ligar.	何時でもお電話下さい。 Itsu demo odenwa kudasai.

Depois	病後 **Byoo go**
Estou saindo de um resfriado.	風邪が良くなっている所なんです。 Kaze ga yokunatte iru tokoro nan desu.

Depois	病後 **Byoo go**
Você está se sentindo melhor?	ご気分はよろしいんですか？ Gokibun wa yorooshiin desu ka?
Você está com uma cara melhor.	お元気そうですね。 Ogenki soo desu ne.
Que bom que você está se sentindo melhor.	良くなって良かったですね。 Yokunate yokatta desu ne.

Novidades — ニュース — News*

Querendo saber de novidades	消息を聞く **Shoosoku o kiku**
Então, alguma novidade?	お変わりありませんか？ Okawari arimasen ka?
Você tem notícias de...?	…について何かご存知ですか？ …ni tsuite,nanika gozonji desu ka?
Alguma novidade sobre...?	何か変わった事がありませんか？ Nanika kawatta koto arimasen ka?

Dando boas notícias (geral)	嬉しいニュースを知らせる（一般） **Ureshii news o shiraseru(ippan)**
Tenho boas notícias.	嬉しい知らせがあるんです。 Ureshii shirase ga arun desu.
Tenho ótimas notícias.	いい知らせです！ Ii shirase desu!
Ah, adivinhe!	何か分かる？ Nanika wakaru?

Reagindo às boas notícias (geral)	嬉しいニュースに答える（一般） **Ureshii news ni koteru(ippan)**
Nossa, que ótimo!	わあ、それは素晴らしい！ Waa, sore wa subarashii!
Fico contente.	私も嬉しい。 Watashi mo ureshii.
Parabéns!	おめでとうございます！ Omedetoo goziamsu!

Dando más notícias (geral)	悪いニュースを知らせる（一般） **Warui news o shiraseru(ippan)**
Tenho más notícias.	悪い知らせがあるんです。 Warui shiarase ga arun desu.
Lamento dizer...	残念ですが… Zannen desu ga,…
Sinto muito em lhe dizer, mas...	残念ながら… Zannen nagara,…
Gostaria de poder lhe dar notícias melhores.	余り良くないお知らせなんですが。 Amari yokunai oshirase nan desu ga.
Odeio ter de lhe dizer isso.	お伝え難いお知らせなんですが。 Otsutae nikui oshirse nan desu ga,

Reagindo a más notícias	悪いニュースに答える **Warui news ni kotaeru**
Ah, não!	わあ、残念！ Waa, zannen!
Você está brincando!	冗談でしょう！ Joodan deshoo!
Sinto muito.	大変残念です。 Taihen zannen desu.

Dando boas e más notícias	いいニュースと悪いニュース **Ii news to warui news**
Eu tenho duas notícias: uma boa e uma má.	いいお知らせと、悪いお知らせがあるんですが。 Ii oshirase to warui oshirase ga arun desu ga.
Qual você quer primeiro? (A boa ou a má)?	どちらからお知らせしましょうか？（いい方？、悪い方？） Dochira kara oshirase shimashoo ka? (Ii hoo? Waruihoo?)
A boa notícia é que.../A má notícia é que...	いい/悪いお知らせは… Ii / Warui oshirase wa...

Reagindo a notícias sobre um novo relacionamento	新しい対人関係の言葉 **Atarashii taijin kankei no kotoba**
Qual é o nome dele/dela?	彼/彼女の名前は？ Kare/kanojo no namae wa?
Como ele/ela é?	彼/彼女はどんな感じの人？ Kare/Kanojo wa donna kanji no hito?

Reagindo a notícias sobre um novo relacionamento	新しい対人関係の言葉 **Atarashii taijin kankei no kotoba**
Ele é bonito? Ela é bonita?	男前？ 美人？ Otokomae?/Bijin?
Onde você o/a conheceu?	彼/彼女とどこで知り合ったの？ Kare/Kanojo to dokode shiriatta no?
O que ele/ela faz?	彼/彼女は何をする人？ Kare/Kanojo wa nani o suru hito?
Está ficando sério?	真面目な関係？ Majimena kankei?

Reagindo a notícias sobre um noivado	婚約の知らせを聞く **Konyaku no shirase o kiku**
Quando é o grande dia?	婚約発表はいつ？ Kon yaku happyoo wa itsu?
Quem é o/a felizardo/a?	幸運な男性/女性は誰？ Kooun na dansei/josei wa dare?
Como ele/você lhe pediu em casamento?	彼/あなたからのプロポーズはどうだったの？ Kare/Anata kara no propose* wa doo datta no?
Já estava na hora!	丁度いい時期だった！ Choodo ii jiki datta!
Já estão pensando em filhos?	子供は何人ぐらい？ Kodomo wa nan nin gurai?
Para onde vocês vão na lua de mel?	新婚旅行はどちらへ？ Shinkon ryokoo wa dochira e?

Reagindo a notícias sobre uma gravidez	妊娠の知らせ **Ninshin no shirase**
Quando você ficou sabendo?	いつ妊娠が分かったんですか？ Itsu ninshin ga wakattan desu ka?
Você está de quantos meses?	妊娠何ヶ月ですか？ Ninshin nanka getsu desu ka?
Nossa, não está nem mostrando.	まだ全然分からないんです。 Mada zenzen wakaranain desu.
Para quando é?	予定日はいつですか？ Yoteibi wa itsu desu ka?
É um menino ou menina?	男/女の子？ Otoko/ onna no ko?

Reagindo a notícias sobre uma gravidez	妊娠の知らせ **Ninshin no shirase**
Já pensou em algum nome?	もう名前考えたんですか？ Moo namae kangaetan desu ka?
É seu primeiro filho?	初めてのお子さん？ Hajimete no okosan?

Reagindo a notícias sobre um novo emprego	新しい仕事の知らせ **Atarashii shigoto no shirase**
Quando você começa?	いつから仕事始めるんですか？ Itsu kara shigoto hajimerun desu ka?
Você está animado?	張り切っていますね？ Harikitte imasu ne?
Você vai ganhar bem?	給料はどうなの？ Kyuu ryoo wa doo nano?
Você está progredindo!	頼もしいですね！ Tanomoshii desu ne!

Reagindo a notícias sobre uma nova casa	新しい家について **Atarashii uchi ni tsuite**
Onde fica?	住所はどちらですか？ Juusho wa dochira desu ka?
Quantos dormitórios?	寝室はいくつですか？ Shin shitsu wa ikutsu desu ka?
Tem (piscina)?	プールがあるんですか？ (Pool*) ga arun desu ka?
Você vai dar uma festinha?	新しい家の披露パーティーをしますか？ Atarashii uchi no hiroo party* o shimasu ka?

Reagindo a notícias sobre um falecimento na família	死亡の知らせを受けて **Shiboo no shirase o ukete**
Sinto muito.	お悔やみ申し上げます。 Okuyami mooshi agemasu.
Fiquei triste com a notícia.	悲しいお知らせで残念です。 Kanashii oshirase de zannen desu.
Como aconteceu?	原因は何ですか？ Genin wa nan desu ka?
Se precisar de alguma coisa pode contar comigo.	何なりとお申し付け下さい。 Nan nari to omooshi tsuke kudasai.

Reagindo a notícias sobre um falecimento na família	死亡の知らせを受けて **Shiboo no shirase o ukete**
Me avise se houver algo que possa fazer.	何か出来る事があれば、お知らせ下さい。 Nanika dekiru koto ga areba,oshirase kudasai.
Vou/Vamos sentir muita falta dele/dela.	彼/彼女がいなくなり、寂しくなりましたね。 Kare/Kanojo ga inakunari, sabishiku narimasu ne.
Meus pêsames.	心よりお悔やみ申し上げます。 Kokoro yori okuyami mooshi agemasu.

Reagindo a notícias sobre a perda de um emprego	失業の知らせを受けて **Shitsugyou no shirase o ukete**
Não se preocupe. Vai aparecer outra coisa bem melhor.	余り気を落とさないで。又直ぐいい事がありますよ。 Amari ki o otosa naide,mata sugu ii koto ga arimasu yo.
É só por um tempo.	しばらくの間でしょうから。 Shibaraku no aida deshoo kara.
Isso acontece a toda hora.	よくあることですから。 Yoku aru koto desu kara.
Eles perderam um ótimo funcionário.	いい社員を失った。 Ii shain o ushinatta.
Eles não mereciam você.	あなたの為には良かったんでは。 Anata no tame niwa yokattan dewa.

Reagindo a notícias sobre um divórcio ou fim de um relacionamento	離婚や別れの知らせを受けて **Rikon ya wakare no shirase o ukete**
Estou aqui se precisar de mim.	私が必要なら、ここにいますので。 Watashi ga hitsuyoo nara,koko ni imsu node.
Vai ser bem melhor para você.	あなたの為には良かったでしょう。 Anata no tame niwa yokatta deshoo.
Talvez seja bem melhor assim.	これで良かったんでは。 Korede yokattan dewa.
Ele/Ela não merecia você.	彼/彼女はあなたには合わない。 Kare/Kanojo wa anata niwa awanai.
Dava para perceber que tinha alguma coisa errada.	上手く行かないと思った。 Umaku ikanai to omotta.
Você vai superar isso.	直ぐ立ち直れるよ。 Sugu tachi naoreru yo.

O estado de sua situação financeira	あなたの経済状態 **Anata no keizai jootai**

Esta seção tem vários propósitos. Um deles é o simples ato cotidiano de reclamar ou falar de sua situação econômica. Outro, talvez mais útil, é falar de sua péssima situação a fim de desmotivar uma pessoa ou empresa que está pedindo dinheiro a você ou da mesma maneira falar bem da sua economia com o fim de impressionar.

Bom	良好 **Ryookoo**
Estou indo bem (em termos de dinheiro).	（お金）のことは大丈夫。 (Okane) no koto wa daijoobu.
Não estou tão mal (em termos de dinheiro).	(お金）のことは余り問題ない。 (Okane) no koto wa amari mondai nai.
Acho que estou até bem.	今の所大丈夫です。 Ima no tokoro wa daijoobu desu.
Estou bem satisfeito com a minha situação financeira agora.	自分の経済状態には満足している。 Jibun no keizai jootai niwa manzoku shite iru.
As coisas vão bem, financeiramente.	自分の経済状態は良好です。 Jibun no keizai jootai wa ryookoo desu.
Financeiramente, vou bem.	経済的には問題ない。 Keizai teki niwa mondai nai.
Não posso reclamar.	不満はない。 Fuman wa nai.
Eu estou bem de vida.	恵まれた生活している。 Megumareta seikatsu shite iru.
Tenho tido sorte.	幸運に恵まれている。 Kooun ni megumarete iru.

Ruim	悪い状態 **Warui jootai**
Poderia estar melhor.	一寸苦しい状態です。 Chotto kurushii jootai desu.
Não estou indo muito bem financeiramente.	経済的には少し苦しいんです。 Keizaiteki niwa sukoshi kurushiin desu.
Estou tendo problemas com dinheiro.	お金がなくて困っている。 Okane ga nakute komatte iru.
Estou totalmente quebrado.	全く破産状態だ。 Mattaku hasan jootai da.

Ruim	悪い状態 **Warui jootai**
Nunca tive jeito com dinheiro.	お金に恵まれた事がない。 Okane ni megumareta koto ga nai.
As coisas andam meio apertadas agora.	今少しお金に困っているんです。 Ima sukoshi okane ni komatte irun desu.
Tenho muita conta para pagar.	支払予定がたくさんあるんです。 Shiharai yotei ga takusan arun desu.
Quero quitar minha dívida com meu(s) cartão(ões) de crédito.	クレジット・カードで支払を清算したい。 Credit card* de shiharai o seisan shitai.
Tudo que entra sai.	お金が右から左へ出て行くんです。 Okane ga migi kara hidari e dete ikun desu.
Antes mesmo de receber, já gastei tudo.	入る前に出てしまうんです。 Hairu mae ni dete shimaun desu.
Estou endividado.	借金があるんです。 Shakkin ga arun desu.
Estou atolado em dívidas.	借金で首が回らないんです。 Shakkin de kubi ga mawaranain desu.

2 Japonês Geral 2
日本語一般 2
Nihongo ippan 2

A Linguagem da Conversação
会話表現
Kaiwa hyoogen

Brincando	冗談を言う **Joodan o iu**
Estou brincando.	冗談なんです。 Joodan nan desu.
Brincadeira.	冗談、冗談 Joodan,joodan
Não me leve muito a sério.	本気にしないで下さい。 Honki ni shinaide kudasai.
Estou querendo encher (você).	一寸驚かしただけです。 Chotto odorokashita dake desu.
Estou querendo provocar (você).	一寸ふざけただけです。 Chotto fuzaketa dake desu.

Falando sério	真面目に **Majime ni**
Agora é sério...	正直なところ Shoojikina tokoro···
Estou falando sério.	本当なんです。 Hontoo nan desu.
Eu não estou brincando.	冗談じゃないんです。 Joodan ja nain desu.
Mas, falando sério...	正直に言って Shoojiki ni itte.
Não é bem brincadeira.	冗談じゃないよ。 Joodan ja nai yo.

Mostrando que está ouvindo	相槌を打つ **Aizuchi o utsu**
Mm-hmm.	へえ、ふうん Hee, fuun
Isso.	そう Soo.
Sei.	あ、そう A,soo.
É verdade.	本当なんです。 Hontoo nan desu.
Certo.	そう。 Soo.
Tá bom.	はい。 Hai.
Claro.	その通り Sono toori.
É mesmo?	そうですか？ Soo desu ka?
Ah, é?	そうー？ Soo o?
Interessante.	まあ、面白い Maa, omoshiroi.
M.M.M.	ふうーん。 Fuun.

Expressando interesse	興味を示す **Kyoomi o shimesu**
Ah, é?	へえ、そう？ Hee, soo?
É mesmo?	そうですか？ Soo desu ka?
Interessante.	まあ、面白い Maa, omoshiroi.
Que ótimo.	すごい Sugoi.
Legal.	素晴らしい Subarashii.
De verdade?	本当？ Hontoo?

Expressando interesse	興味を示す **Kyoomi o shimesu**
Sério?	真面目なんですか？ Majimenan desu ka?
Jura?	本当に？ Hontoo ni?

Compreendendo	理解 する **Rikai suru**

Mostrando compreensão	理解出来た時 **Rikai dekita toki**
Entendi.	分かった。 Wakatta.
Entendo o que está dizendo.	おっしゃる通りです。 Ossharu toori desu.
Entendo perfeitamente.	良く分かりました。 Yoku wakarimashita.
Tá. Agora entendi.	なるほど Naruhodo.
Ah, entendi.	なるほど Naruhodo.

Falta de compreensão	理解出来ない時 **Rikai dekinai toki**
Desculpe, não entendi.	ごめんなさい、よく分からないんですが。 Gomennasai, yoku wakaranain desu ga.
Não sei se entendi.	よく理解出来ないんですが。 Yoku riaki dekinain desu ga.
Como assim?	どう言う意味でしょうか？ Doo iu imi deshoo ka.?
(Ainda) não entendi direito.	もう一つはっきり分からないんですが。 Moo hitotsu hakkiri wakaranain desu ga.
Ah, desculpe. Eu entendi (tudo) errado.	ごめんなさい、（完全に）誤解していました。 Gomen nasai, (kanzen ni) gokai shite imashita.
Ah, tá! Eu tinha entendido...	ああ、あなたが…と言ったと思ったんです。 Aa, anata ga …to itta to omottan desu.

Falta de compreensão	理解出来ない時 **Rikai dekinai toki**
Desculpe-me. Você me confundiu.	すみません、よく理解出来ないんですが。 Sumimasen,yoku rikai dekinain desu ga.
Desculpe-me. Estou devagar hoje.	すみません、今日は頭がは働かないんです。 Sumimasen, kyoo wa atama ga hataraka nain desu.
Desculpe-me. Sou meio devagar.	すみません、一寸、鈍いので。 Summasen,chotto nibui node.

Confirmando se entendeu	理解度を確認する **Rikaido o kakunin suru**
Tá, então...	そう、じゃあ… Soo, ja…
Ou seja...	すなはち… Sunawachi…
Você quer dizer que...?	あなたの言いたい事は…? Anata no iitai koto wa…?
Deixe-me ver se eu entendi...	…と言う意味でしょうか? … to iu imi deshoo ka?
É isso?	そうですか? Soo desu ka?

Confirmando se o ouvinte entendeu	他の人の理解度を確認する **Hoka no hito no rikaido o kakunin suru**
Sabe?/Entende?	分かりました? Wakarimashita?
Você está me entendendo?	私の言う事が分かりますか? Watashi no iu koto ga awakarimasu ka?
Você me entendeu? Você me entende?	私の言う事が分かるでしょう? Watashi no iu koto ga wakarudeshoo?
Você entendeu o que eu quis dizer?	私の言いたい事が分かりますか? Watashi no iitai koto ga wkarimasu ka?
Acho que eu não estou sendo muito claro.	もっとはっきり言った方がいいかも知れない。 Motto hakkiri itta hoo ga iikamo shirenai.

O previsível	予見する **Yoken suru**
Tinha que ser.	そう思った。 Soo omotta.
Tinha certeza.	当然だと思った。 Toozen da to omotta.
Eu sabia.	そうだと思った。 Soo dato omotta.
Claro.	もちろん Mochiron.
Típico.	典型的な Tenkeitekina.
É sempre assim.	何時も通り。 Itsumo doori.
Já era de se esperar.	そうなると思った。 Soo naru to omotta.
Não me surpreende.	当然だと思う。 Toozen da to omou.
Quem mais?	誰か他にいる？ Dareka hokani iru?
Como sempre.	何時もの様に Itsumo no yoo ni.
Eu já deveria saber, né?	へえ、知らなかった。 Hee, shiranakatta.
Era disso que eu tinha medo.	そうじゃないかと心配だった。 Soo ja naika to shinpai data.
Não é sempre assim?	知らなかったの? Shiranakatta no?

Mudando de assunto	話題を変える **Wadai o kaeru**
Por falar em...	…について言えば、 …ni tsuite ieba.
Por falar nisso...	そう言えば… Soo ieba…
Mudando um pouco de assunto...	ところで… Tokoro de…
Isso não tem nada a ver com o que nós estamos falando agora, mas...	話は違うんですが、… Hanashi wa chigaun desu ga...
Antes que eu me esqueça...	忘れない内に Wasurenai uchi ni.

Mudando de assunto	話題を変える **Wadai o kaeru**
Vamos mudar de assunto.	話題を変えましょう Wadai o kaemashoo.
Vamos falar sobre outra coisa.	他の事を話しましょう Hoka no koto o hanashimashoo.
Esta conversa está ficando um pouco (deprimente).	話題が一寸（つまらなくなった） Wadai ga chootto (tsumaranakunatta)
Acho melhor mudarmos de assunto.	話題を変えた方がいい Wadai o kaeta hoo ga ii desu.

Lembrando	思い出す **Omoidasu**

Tentando se lembrar	思い出そうとする **Omoida soo to suru**
Não me lembro.	覚えていないんですが。 Oboete inain desu ga.
Me lembro vagamente.	かすかに覚えているんですが。 Kasuka ni oboete irun desu ga.
Assim de cabeça, não.	直ぐには思い出せないんですが。 Sugu niwa omoi dasenain desu ga.
Que eu lembre, não.	私の記憶とは違うんですが。 Watashi no kioku towa chigaun desu ga.
Deixe-me ver...	そうですね。 Soo desu ne.
Ah, sim!/Agora lembrei!	ああ、その通り！/今思い出した！ Ah, so no toori! / Ima omoi dashita!
Como pude me esquecer.	どうして忘れられますか？ Dooshite wasure rare masu ka?
Está fresco na memória.	まだ記憶に新しい。 Mada kioku ni atarashii.
Está na ponta da língua.	今口から出る所だった。 Ima kuchi kara deru tokoro datta.
Bom, agora que você falou...	今になってあなたの口から… Ima ni natte anata no kuchi kara···

Lembrando uma pessoa de algo	思い出させる **Omoi dasaseru**
Você se lembra?	覚えている？ Oboete iru?
Você não se lembra?	覚えてない？ Oboete nai?

Coisas que fazem você se lembrar	思いでの事柄 **Omoide no kotogara**
Isso me lembra (de)...	あれは…を思い出させる。 Are wa … o moidasaseru.
Toda vez que eu... Eu penso em...	私が…する時はいつも、…を思い出す。 Watashi ga …suru toki wa itsumo , …o omoidasu.
Isso me traz tantas lembranças.	それは色々な事を思い出させる。 Sore wa iroirona koto o omi dasaseru.
Nunca vou me esquecer de quando...	…の時の事を決して忘れない。 …no toki no koto o kesshite wasurenai.
Você me lembra (de) um amigo....	あなたを見ると、友達を思い出す。 Anata o miru to tomodachi o omoidasu.
Aliás, (eu tenho de...)	…しなければならない事を）思い出した！ (…shinakereba naranai koto o) omoi dashita!

Fofoca	うわさ話 **Uwasa banashi**
Você soube o que aconteceu?	何があったか聞いた？ Nani ga atta ka kiita?
Você não vai acreditar no que aconteceu...	…があったか信じられないでしょう？ … ga atta ka shinji rarenai deshoo.
Você pode guardar um segredo?	秘密が守れる？ Himitsu ga mamoreru?
Cá entre nós...	あなたと私二人だけの秘密。 Anata to watashi, futari dake no himitsu.
Ninguém pode saber.	誰にも知らせないで。 Dare nimo shirase naide.
Não se preocupe. Não vou abrir a boca.	心配しないで、秘密は守るから。 Shinpai shinai de, himitsu wa mamoru kara.
Pelo que ouvi...	…を聞いた所によると。 …o kiita tokoro ni yoruto.

Fofoca	うわさ話 **Uwasa banashi**
Não sei. Foi o que disseram.	分からないけど、人に聞いただけ。 Wakaranai kedo,hito ni kiita dake.
Estão falando que...	…だそうだけど。 …da soo da kedo.
Desculpe, não deu para não ouvir a conversa...	ごめんなさい、一寸小耳にはさんだんだけど。 Gomenasai, chotto komimi ni hasandan dakedo.
Olha, isso é meio em “off”...	内緒ですよ。 Naisho desu yo.
Olha, não falei nada...	私は…なんて言った事ないけど。 Watashi wa …nante itta koto nai kedo.

Expressões sobre fofoca	うわさに関しての表現 **Uwasa ni kanshite no hyoogen**
espalhar um boato	うわさを広める Uwasa o hiromeru.
falar pelas costas de alguém	陰口を言う Kage guchi o iu.
contar um segredo	秘密を告げる Himitsu o tsugeru.
ser intrometido	知りたがり/うわさ好き Shiritagari./Uwasazuki.

Chegando ao assunto	核心を就く **Kakushin o tsuku**
Bem, ...	それで… Sorede,…
Bom, enfim...	とに角… Tonikaku,…
A questão é...	要点は… Yooten wa …
O mais importante é...	要するに… Yoosuruni,…
A questão principal é...	肝心な事は… Kanjinna koto wa …
Esse é o “x” da questão.	最低でも… Saiteidemo,…

Chegando ao assunto	核心を就く **Kakushin o tsuku**
O que interessa é...	面白いのは… Omoshiroi nowa…
O que interessa é o seguinte:	面白いのは次の事… Omoshiraoi nowa tugi no koto…
No final...	最後に… Saigo ni,…
A questão é...	実は… Jitsu wa…
O que importa mesmo aqui é...	本当に言いたい事は… Hontoo ni iitai koto wa…
O que eu sei é que...	私が知っている事は… Watashi ga shitte iru koto wa…
O que estou dizendo é que...	私が言っている事は… Watashi ga itte iru koto wa…
O que estou querendo dizer é que...	私が言いたい事は… Watashi ga iitai koto wa…
Eu só estou querendo dizer que...	要するに… Yoosuru ni….
Não importa como você enxerga isto...	あなたの見方がどうであろうとも… Anata no mikata ga doode aroo tomo...

Concordando	同意する **Dooi suru**
É verdade.	その通り。 Sono toori.
Eu concordo.	同感です。 Dookan desu.
Eu também acho.	私もそう思う。 Watashi mo soo omou.
Eu também.	私も… Watashi mo….
Eu também não./Nem eu.	私も…ない。 Watashi mo …nai.
Eu concordo plenamente.	全く同感です。 Mattaku dookan desu.
Concordo 100%.	100パーセント賛成。 100 percent*sansei.
Com certeza.	確かに Tashika ni.

Concordando	同意する **Dooi suru**
Claro.	もちろん Mochiron.
Sem dúvida.	最もだ。 Mottomo da.

Discordando	反対する **Hantai suru**
Eu não concordo.	反対です。 Hantai desu.
Eu não acho.	そうは思わない。 Soo wa omowanai.
Eu não vejo assim.	そんな風には思わない。 Sonna fuu ni wa omowanai.
Eu entendo o que você está tentando dizer, mas...	あなたの言いたい事は分かるんだが、… Anata no iitai koto wa wakarun daga,…
Concordo que ____, mas...	それには賛成なんですが、… Sore niwa sansei nan desu ga,…
Concordo até certo ponto.	一部賛成です。 Ichibu sansei desu.

Em cima do muro	態度を決めかねる **Taido o kime kaneru**
Não estou dizendo que concordo ou não.	賛成か反対かまだ分からない。 Sansei ka hantai ka mada wakaranai.
Entendo (isso).	分かりました。 Wakari mashita.
Sei o que está dizendo.	あなたが言う事は分かります。 Anata ga iu koto wa wakarimasu.
Entendo o que está dizendo.	あなたが言っている事は分かります。 Anata ga iu koto wa wakarimasu.
É uma maneira interessante de ver (isso).	(それ)も一つの見方ですね。 (Sore) mo hitotsu no mikata desu ne.
Nunca pensei nisso desta forma.	その様に考えた事がなかった。 Sono yoo ni kangaeta koto ga nakatta.
Bem, sim e não.	そうですね、どちらとも言えない。 Sodesu ne, Dochira tomo ienai.

Perguntando se as pessoas concordam	賛成かどうかを聞く **Sansei ka doo ka o kiku**
Você não acha?	そう思わない？ Soo omowanai?
Você não acha que...?	…だと思わない？ … dato omowanai?
Concorda comigo?	賛成しない？ Sansei shinai?

Surpresa	驚き **Odoroki**
Nossa!	わあ！ Waa!
Meu Deus!	なんとまあ！ Nan to maa!
Jura?	本当？ Hontoo!
Não acredito!	信じられない！ Sinjirarenai!
Está falando sério?	正気なの？ Shookina no?
Está brincando!	冗談でしょう！ Joodan desho!
Não dá para acreditar!	信じられる！ Sinji rareru!
Mesmo?	そうなの？ Soo na no?
Quem diria!	そんなはずない？ Sonna hazu nai?
Tem certeza?	確かなの？ Tashika nano?

Descrevendo uma surpresa	驚きの表現 **Odoroki no hyoogen**
Foi uma total surpresa.	全く驚いた。 Mattaku odoroita.
Não estava (mesmo) esperando isso.	(全く)意外だった。 (Mattaku) Igai datta.
Me pegou de surpresa.	驚かされた。 Odoroka sareta.

Descrevendo uma surpresa	驚きの表現 **Odoroki no hyoogen**
Nunca teria imaginado...	…の事は想像もしなかった。 …no koto wa soozoo mo shite inakatta.
Essa é a última coisa que eu imaginaria.	全く想像も出来なかった。 Mattaku soozoo mo dekinakatta.
Nunca sonhei...	夢にも思わなかった。 Yume nimo omowanakatta.
Levei um susto.	ビックリした。 Bikkuri shita.
Demorou para eu aceitar.	理解するまで時間が掛かった。 Rikai suru made jikan ga kakatta.
Fiquei chocado.	ビックリさせられた。 Bikkuri saserareta.
Sempre acontece quando você menos espera.	意外な時に起こる。 Igaina toki ni okoru.
Veio do nada.	突然だった。 Totsuzen datta.

Aceitando um acontecimento ou notícia desagradável	不愉快な事を受け入れる **Fuyukaina koto o ukeireru**
Pois é.	ああ、そう。 Aa, soo.
Grande coisa.	大したことじゃない。 Taishita koto ja nai.
Faz parte.	そんな事もある。 Sonna koto moaru.
É a vida.	それも人生の内。 Sore mo jinsei no uchi.
Fazer o quê, né?	仕方がない。 Shikata ga ani.
Não dá para ter tudo perfeito.	何時も上手く行くとは限らない。 Itsumo umaku iku towa kagiranai.
Não é o fim do mundo.	世界が終わる訳じゃない。 Sekai ga owaru wake janai.
Acontece.	よくあること。 Yoku aru koto.

Tranquilizando	慰める Nagusameru
Não se preocupe.	心配しないで。 Shinpai shinai de.
Vai dar tudo certo./Tudo vai dar certo.	全て上手く行くでしょう。 Subete umaku ikude shoo.
Isso não é nada.	大した事じゃない。 Taishita kotoja nai.
Não deixe isso lhe afetar.	気にしない方がいい。 Kini shinai hoo ga ii.
Estas coisas sempre acontecem.	よくあることです。 Yoku aru koto desu.
Se eu fosse você não me preocuparia.	気にしないくてもいい。 Ki ni shinakute mo ii.
Tenho certeza de que não é nada.	何でもない。 Nandemo nai.
Se serve de consolo...	それで気が楽になるなら… Sorede ki ga raku ni naru nara…
Quando você menos imagina...	意外な時に… Igaina toki ni.
As coisas sempre acabam se resolvendo.	なる様になる。 Naru yoo ni naru.
No final, dá tudo certo.	最後はきっと上手く行く。 Saigo wa kitto umaku iku.
Nós vamos dar um jeito nisso.	何とかなるでしょう。 Nantoka naru deshoo.
Poderia ser bem pior.	もっと悪かったかも知れない。 Motto warukatta kamo shirenai.
Eu sei exatamente o que você está passando.	あなたが大変な事は分かるんですが。 Anata ga taihenna koto wa wakarun desu ga.
Já passei por isso.	私にも経験があるんです。 Watashi nimo keiken ga arun desu.
Bom, pelo menos...	最低でも… Saitei demo…
Ainda bem que você...	…まだいい方ですよ。 … mada ii hoo desu yo.

Emoções	感情 **Kanjoo**
Necessidades físicas	生理的欲求 **Seiriteki yokkyuu**
Está com fome?	お腹が空いた？ Onaka ga suita ?
Estou com fome.	お腹が空いた。 Onaka ga suita.
Estou morrendo de fome.	お腹が空いて死にそう。 Onaka ga suite shinisoo.
Está com sede?	喉が渇いた？ Nodo ga kawaita?
Estou com sede.	喉が渇いた。 Nodo ga kawaita.
Preciso ir ao banheiro.	トイレへ行きたい。 Toire e ikitai.
Tenho que fazer xixi.	トイレへ行きたい。 Toire e ikitai.
Está com frio/calor?	寒い/暑い？ Samui/atsui?
Está com (malha)?	(セーター) 持っている？ (Seetaa) motte iru?
Estou com frio/calor.	寒い！ Samui !
Estou congelando.	凍えそう。 Kogoe soo.
Estou derretendo.	暑くて溶けそう。 Atsukute toke soo.
Você não está com calor?	寒いですか？ Samui desu ka?
Por que não tira a (malha)?	(セーター) を脱げばいいのに？ (Seetaa) o nugeba ii noni?
Por que não coloca a (malha)?	(セーター) を着ればいいのに？ (Seetaa) o kireba ii noni.?

Alegria	喜び **Yorokobi**
Que ótimo!	素晴らしい！ Subarashii.

Alegria	喜び **Yorokobi**
Que bom que você (gostou).	(気に入ってくれて）嬉しい。 (Ki ni itte kurete) ureshii.
Que bom que deu tudo certo.	上手く行ってよかった。 Umaku itte yokatta.
Estou indo bem.	上手く行ってる。 Umaku itte iru.
Nunca estive tão feliz na minha vida.	今までの人生の中で一番幸せ。 Ima made no jinsei no naka de ichiban shiawase.

Tristeza	悲しみ **Kanashimi**
Você está bem?	大丈夫？ Dijoobu?
Parece meio desanimado.	元気がないようだけど。 Genki ga naiyoo dakedo.
Que pena.	それは残念。 Sore wa zannen.
Fiquei arrasado.	参ってしまった。 Maitte shimatta.
Estou me sentindo meio desanimado.	少し面白くないんだけど。 Sukoshi omoshiroku nain da kedo.
Não estou me sentindo muito bem.	気分がよくないんです。 Kibun ga yokunain desu.
Estou passando por uma fase meio difícil agora.	今一寸厳しい状況なんです。 Ima chotto kibishii jookyoo nan desu.
Ando meio esquisito esses dias.	この所調子が悪いんです。 Kono tokoro chooshi ga waruin desu.

Nojo	不愉快 **Fuyukai**
Que nojo!	嫌になる。 Iyani naru.
Credo!	嫌だ！ Iyada!
Não quero nem ouvir isso.	聞きたくもない Kikitaku mo nai.

Saudades	懐かしく思う気持ち **Natsukashiku omou kimochi**
Que saudades!	懐かしい!/さびしい！ Natsukashii!/Sabishii!
Sinto (tantas) saudades dela/dele/disso.	彼女/彼/それがいなくて寂しく思う Kanojo /kare/sore ga inakute sabishiku omou.
Faz tanto tempo que eu não...	…してから、しばらく …shite kara, shibaraku.

Tédio	退屈な **Taikutsuna**
Estou sem assunto.	なんだかつまらない Nan daka tsumaranai.
Você está entediado/cansado?	退屈ですか？ Taikutsu desu ka?
Estou cansando você?	退屈に感じますか？ Taikutsu ni kanji masu ka?

Emoção	興奮する **Koofun suru**
Está animado?	張り切っていますね？ Harikitte imasu ne.?
Não vejo a hora!	待ち遠しい！ Machi dooshii!
Que emocionante!	興奮させる！ Koofun saseru!

Decepção	失望する **Shitsuboo suru**
Estou um pouco decepcionado.	一寸失望した。 Chotto shitsuboo shita.
Não é o que eu imaginei.	当てが外れた。 Ate ga hazureta.
Fazer o quê?	仕方がない？ Shikata ga nai.
Eu esperava mais de...	予想外だったけど… Yosoo gai datta kedo,…

Gostar	好き **Suki**
Você gosta?	(それ)が好きですか？ (Sore) ga suki desu ka?
Gosto muito.	大好きです。 Dai suki desu.
Adoro.	大好きです。 Dai suki desu.
Acho ótimo.	最高です。 Saikoo desu.

Não gostar	嫌い **Kirai**
Não acho grande coisa.	大した事じゃないと思う。 Taishita koto ja nai to omou.
Não sou (muito) chegado em...	…は大した事じゃない。 … wa taishita koto ja nai.
Não gosto muito.	余り好きじゃない。 Amari suki ja nai.
Não suporto (isso).	我慢ならない Gaman naranai.
Não faz falta nenhuma.	別に、無くてもいい。 Betsuni nakutemo ii.

Culpa	罪悪感 **Zaiaku kan**
Não se sinta mal.	気にしなくてもいい。 Ki ni shinakutemo ii.
Sinto-me mal.	申し訳ない。 Mooshi wake nai.
Sinto-me péssimo.	恐縮している。 Kyooshuku shite iru.
Sinto-me tão culpado.	罪悪感を感じる。 Zaiakukan o kanjiru.
Não é culpa sua.	あなたの責任じゃない。 Anata no sekinin ja nai.

Amor	愛 **Ai**
Eu te amo tanto.	とても愛している。 Totemo aishiteru。
Você é tudo para mim.	あなたは私の全てなんです。 Anata wa watashi no subete nan desu.
Você não sabe o que eu sinto por você.	私がどれほど愛しているか知らないでしょう。 Watashi ga dorehodo aishite iru ka shiranai deshoo.

Lealdade	信頼 **Shinrai**
Posso confiar em você?	あなたを信じてもいい？ Anata o shinjitemo ii?
Sua confiança significa muito para mim.	信じてくれてとても嬉しい。 Shijite kurete totemo ureshi.
Pode contar comigo.	任せて下さい。 Makasete kudasi.
Faria qualquer coisa para (você).	（あなた）のためなら、何でもします。 (Anata) no tame nara nandemo shimasu.
Nunca vou abandonar (você).	見捨てる様な事はしない。 misuteru yoona koto wa shinai.

Indiferença	複雑な気持ち **Fukuzatsuna kimochi**
Não estou nem aí.	私の知った事ではない。 Watashi no shitta koto dewa nai.
Tanto faz.	どうでもいい。 Doodemo ii.
Não faz a mínima diferença para mim.	私にはどちらでもいい。 Watashi niwa dochira demo ii.

Desespero	絶望 **Zetsuboo**
(A essa altura) eu faço qualquer negócio.	(こうなったら)何でもする。 (Koonattara) nan demo suru.
Não tenho muita escolha.	仕方がない。 Shikata ga nai.
Por favor, o que você puder fazer.	何とかして下さい。 Nan toka shite kudasai.

Pena	同情 **Doojoo**
Sinto pena dele/dela/deles.	彼/彼女/彼らが可哀相。 Kare/Kanojo/Karera ga kawaisoo.
Eu entendo você.	大変ですね。 Taihen desu ne.
Coitado.	可哀相に。 Kawai soo ni.
Queria poder ajudar você.	何か私に出来る事がありますか。 Nanika watashi ni dekiru koto ga arimasu ka.

Autopiedade	自嘲 **Jichoo**
Pare de sentir pena de si mesmo.	自分を責めても仕方が無い。 Jibun o semete mo shika ga ani.
Por que comigo?	どうして私が？ Dooshite watashi ga?
O que eu fiz para merecer isso?	どうしてこんな事になったんだろうか？ Dooshite konna koto ni nattan daroo ka?
Que foi que eu fiz de errado?	何が間違ったんだろうか？ Nani ga machigattan daroo ka?

Otimismo	楽観的 **Rakkan teki**
Não se preocupe. As coisas vão melhorar.	心配ない、どうにかなる。 Shinpai nai,doonika naru.
Tenho certeza de que vai dar tudo certo no final.	きっと全て上手く行く。 Kitto subete umaku iku.
Estou certo de que as coisas vão melhorar.	きっとよくなるでしょう。 Kitto yoku naru deshoo.

Pessimismo	悲観的 **Hikan teki**
(Na verdade) não está nada bom.	(実際は)余り良くないね。 (Jissaiwa) amari yokunai ne.
Não teria muita esperança, não.	余り期待できない。 Amari kitai dekinai.

Raiva	怒り **Ikari**
Isso é um absurdo!	なんてことだ！ Nante koto da!
Não estou nada feliz com isso!	こんな事嬉しくない。 Konna koto ureshikunai!
Estou com muita raiva agora.	今頭に来ている。 Ima atama ni kite iru.
Convicção	信頼 **Shinrai**
Eu acredito firmemente...	…を確かに信じている。 … o tashika ni shinjite iru.
De uma coisa tenho certeza...	一つだけ確かなことは… Hitotsu dake tashikana koto wa…
Estou convencido de que...	…に納得している。 … ni nattoku shite iru.
Inveja	嫉妬 **Shitto**
Você/Ele/Ela tem tanta sorte!	あなた/彼/彼女は大変ラッキーですね! Anata/Kare/Kanojo wa taihen lucky*desu ne!
Odeio ele/ela/você.	彼/彼女/あなたが憎らしい。 Kare/Kanojo/Anata ga nikurashii.
Por que ele/ela/você ____ e eu não?	彼/彼女/あなたは…なのに、どうして私はダメなんだろう? Kare/Kanojo/Anata wa …nanoni, dooshite watashi wa dame nan daroo?
Tem gente que tem sorte, né?	本当に運のいい人がいる。 Hontoo ni un no ii hito ga iru.
Ambição	野心 **Yashin**
Não exagere.	やり過ぎない様に。 Yarisuginai yoo ni.
Isso é só o começo.	これからです。 Korekara desu.
Para que ficar só no...?	どうしてそればっかりに執着すんですか？ Dooshite … bakkari ni shuuchaku surun desu ka?

Vergonha	恥ずかしい **Hazukashii**
Estou tão envergonhado.	とても恥ずかしい。 Totemo hazukashii.
Eu fico sem jeito.	恥ずかしかった。 Hazukashikatta.
Não acredito que fiz isso.	どうしてそんな事したのか分からない。 Dooshite sonna koto shita noka wakaranai.
Eu não faço essas coisas.	そんな事してない。 Sonna koto shite nai。 .
Onde eu enfio minha cara?	穴があったら入りたい。 Ana ga attara hairitai.

Modéstia	謙遜 **Kenson**
Não é grande coisa.	大した事じゃない。 Taishita koto ja nai.
Não sou ninguém.	大した者じゃないんです。 Taishita mono ja nain desu..
Sou uma pessoa como qualquer outra.	皆と同じです。 Minna to onaji desu.
Eu me acho uma pessoa normal.	普通の人間です。 Futuu no ningen desu。

Arrependimento	後悔 **Kookai**
Eu (acho que) eu deveria ter...	…すべきだった。 …subeki datta.
Eu (acho que) eu não deveria ter...	…しなければ良かった。 …shinakereba yokatta.
Não acredito que eu (fiz isso).	…ことが信じられない。 …koto ga shinjirarenai.
Já deveria saber.	もっと良く知っておくべきだった。 Motto yoku shitte oku beki datta.
Não costumo fazer isso.	何時もはそんな事しないんだけど。 Itsumo wa sonna koto shinain dakedo.
Me sinto muito mal (com...)	…については申し訳ない … ni tsuite wa mooshiwakenai.
Nunca vou me perdoar (por...)	自分自身を許すことが出来ない。 Jibun jishin o yurusu koto ga dekinai.

Arrependimento	後悔 **Kookai**
Eu tinha que falar, né?	言うべき事は言わないと。 Iu beki koto wa iwanai to.
O que é que deu em mim?	自分ながら何を考えていたんだろうか？ Jibun nagara nani o kangaete itan daroo ka?
É isso que dá...	結局、結果は… Kekkyoku,kekka wa…
Se eu pudesse voltar atrás, eu...	もう一度やり直しが出来るのなら Moo ichido yarinaoshi ga dekiru no nara.
Se eu tivesse outra chance faria tudo diferente.	もし出来るなら、やり直したい。 Moshi dekiru nara yari naoshitai.
Queria poder voltar atrás e tentar tudo de novo.	一からやり直したい。 Ichi kara yari naoshitai.
Agora eu sei.	今なら分かるんだけど。 Ima nara wakarun dakedo.
Se eu soubesse naquela época o que eu sei hoje...	今知っている事をあの当時知っていれば、 Ima shitte iru koto o ano tooji shitte ireba.
Que pena que eu...	…で残念。 … de zannen.
É uma pena eu...	…で残念です。 … de zannen desu.
Olhando para trás...	… を反省している。 … o hansei shite iru.
Gostaria de ter (estado aí)...	(そこに）私がいたなら。 (Soko ni) watashi ga itanara.

Empatia	同情 **Doojoo**
Eu odeio isso.	憎らしい。 Nikurashii!
Odeio quando isso acontece.	そんな事になると嫌になる。 Sonna koto ni naruto to iyani naru.
Eu sei o que você quer dizer.	あなたの言いたい事は分かるけど。 Anata no iitai koto wa wakaru kedo.
Posso imaginar.	想像出来る。 Soozoo dekiru.
Eu sei o que é isso.	気持ちは分かりますよ Kimochi wa wakarimasu yo.

Empatia	同情 **Doojoo**
Eu sei pelo que você está passando.	あなたが今どんな気持ちなのか分かりますよ。 Anata ga ima donna kimochi nanoka wakarimasu yo.
Sei que não deve estar sendo fácil.	それは簡単じゃないでしょう。 Sore wa kantan ja nai deshoo.
Não é horrível isso?	いやな事ですね? Iyana koto desu ne?
Deve ter sido (horrível).	(大変な)ことだったでしょう。 (Taihenna) koto datta deshoo.
Eu sei, pode acreditar.	信じてもいいよ。 Shinjitemo ii yo.
Somos dois.	似た者同士。 Nita mono dooshi.
Você não está sozinho.	一人ぼっちじゃないよ。 Hitori bocchi ja nai yo.

Desejos e sonhos	希望と願望 **Kiboo to ganboo**
Bem que eu gostaria de (ir...)	出来れば、…(へ行きたいん)だが。 Dekireba,…(e ikitain)daga.
Bem que eu gostaria de ter (visto...)	(会えていたら) よかったんだが。 (Aete itara) yokattan daga.
Queria (ser...)	…になりたかった。 … ni naritakatta.
Você não gostaria de poder...?	…出来たら、いいのにと思わない？ … dekitara ii noni to omowanai?
Seria ótimo se pudéssemos...., não é?	もし、私/私達が…出来たらいいのになあ。 Moshi watashi/watashitachi ga …dekitara ii noni naa.
Quem me dera ao menos uma vez...	一度でいいから。 Ichido de iikara .
Quem me dera!	そう願いたい！ Soo negaitai!
Só sonhando mesmo!	夢だね！ Yume da ne!
Quem sabe um dia.	いつかきっと。 Itsuka kitto.

Desejos e sonhos	希望と願望 **Kiboo to ganboo**
Se ao menos...	そうだったらいいのに。 Soo dattara ii noni.
O que eu gostaria mesmo de fazer é...	私が本当にしたい事は… Watashi ga hontoo ni shitai koto wa···
Uma coisa que eu sempre quis fazer é...	私が何時もしたいと思っていた事は… Watashi ga itsumo shitai to omotte ita koto wa···
Sempre sonhei (poder...)	(…出来る)事を何時も夢見ていた。 (··· dekeiru) koto o itsumo yumemite ita.
Um dia ainda (vou...)	近い内に（私は…） Chikai uchi ni (watashi wa···)
Vou torcer.	祈っている。 Inotte iru.
É só torcer.	祈るしかない Inoru shika nai.

Parabenizando	お祝い **Oiwai**
Parabéns!	おめでとうございます。 Omedetoo gozaimasu!
Parabéns por...	…おめでとうございます。 ··· omdetoo gozaimasu.
Fiquei sabendo (da promoção...)	（昇進）されたそうですね。 (Shooshin) sareta soo desu ne.
Me disseram que você...	あなたは…だそうですね。 Anata wa ···da soo desu ne.
Que ótimo!	それは素晴らしい！ Sore wa subarashii!
Deve estar orgulhoso.	自慢出来ますね。 Jiman dekimasu ne.
Você merece.	当然ですよ。 Toozen desu yo.
Sabia que iria conseguir.	きっと成功するだろうと思った。 Kitto seikoo suru daroo to omotta.
Fico muito contente por você.	私もとても嬉しい。 Watashi mo totemo ureshii desu!
Bem, já estava na hora!	時期到来ですね！ Jiki toorai desu ne!

Incentivando	元気付ける Genki zukeru
Vai fundo!	頑張れ！ Ganbare!
Você não tem nada a perder.	ダメでもともと。 Damede moto moto.
O que você tem a perder?	ダメでもともとでしょう？ Damede moto moto deshoo?
Você vai conseguir.	大丈夫ですよ。 Daijoobu desu yo.
Vale a pena tentar.	やってみる価値がある。 Yatte miru kachi ga aru.
O momento é agora.	今がその時です。 Ima ga sono toki desu.
É agora ou nunca.	今しかない。 Ima shika nai.
É moleza.	簡単な事。 Kantanna koto.
Faça o melhor possível./Dê o melhor de si.	頑張って下さい。 Ganbatte kudasai.
Se você não tentar você nunca vai saber.	やって見なければ、分からない。 Yatte minakereba wakaranai.
Só existe uma maneira de saber.	唯一の方法です。 Yuitsu no hoohoo desu.
Você tem a mesma chance que eles.	みんな同じ条件です。 Minna onaji jooken desu.
Você tem meu apoio.	応援しますよ。 Ooen shimasu yo.
Eu lhe dou total apoio nisso.	100パーセント信じています。 100(hyaku) percent* shinjite imasu.

Desencorajando	やる気をそぐ Yaruki o sogu
Acho que não deve...	…するべきじゃないと思う。 … surubeki ja nai to omou.
Não acho que seja uma boa ideia.	余りいい考えじゃないね。 Amari ii kangae ja nai ne.
Eu pensaria bem se fosse você.	私だったら、考え直すけど。 Watashi dattara kangae naosu kedo.

Desencorajando	やる気をそぐ **Yaruki o sogu**
Imploro para você repensar isso.	考え直した方がいい。 Kangae naoshita hoo ga ii.
Não vai ser uma boa ideia.	いい考えだとは思えない。 Ii kangae da to wa omoenai.
Isto não está me cheirando muito bem.	何か嫌な感じがする。 Nanika iyana kanji ga suru.
Estou lhe dizendo isso como um amigo...	友達として、忠告すれば。 Tomodachi toshite, chuukoku sureba.

Conselhos	助言 **Jogen**

Dando um conselho	助言を与える **Jogen o ataeru**
Por que você não...?	どうして…しないの？ Dooshite … shinai no?
Talvez você deva/possa...	多分…した方がいいんじゃない。 Tabun …shita hoo ga ii desu yo.
Você deveria...	…すべきでしょう。 … subeki deshoo.
É melhor (ir a...)	(…へ行った)方がいいんじゃない。 (…e itta) hoo ga iin ja nai.
Você poderia...	…出来たでしょうに。 … dekita deshoo ni.
Sabe o que você poderia fazer?	あなたがすべき事が分かりますか？ Anata ga subeki koto ga wakarimasu ka?
Talvez seja uma boa ideia (ir...)	(…へ行く）方がいいでしょう。 (… e iku) hoo ga ii deshoo.
Se eu fosse você, eu...	私だったら、… Watashi dattara, …
Eu acho que você deve...	…すべきだと思うけど。 … subeki dato omou kedo.
Acho que seria interessante você (fazer...)	(…する)方がいいと思うけど。 (…suru) hoo ga ii to omou kedo.
Sabe o que eu acho...	…だと思うけど。 … da to omou kedo.
Bom, o que eu faço é...	私だったら、…するけど。 Watashi dattara,…suru kedo.

Dando um conselho	助言を与える **Jogen o ataeru**
Bom, eu tenho um amigo que...	…の友達がいるけど。 … no tomodachi ga iru kedo.
Você tem de fazer o que for melhor para você.	一番いい方法を取るべきでしょう。 Ichiban ii hoohoo o torubeki deshoo.
Ninguém pode decidir por você.	自分の事は自分で決めなければ。 Jibun no koto wa jibun de kimenakereba.

Recebendo um conselho	助言を受ける **Jogen o ukeru**
Talvez você tenha razão.	多分それが正しいでしょう。 Tabun sore ga tadashii deshoo.
Talvez seja interessante isso.	恐らくそれはいい考えでしょう。 Osoraku sore wa ii kangae deshoo.
Boa ideia.	いい考えですね。 Ii kangae desune.
Eu sei.	分かっている。 Wakatte iru。
Não sei...	知らない。 Shiranai.
Vou pensar.	考えてみる。 Kangaete miru.
É, talvez.	そう、多分。 Soo, tabun.
Vamos ver.	様子を見ましょう。 Yoosu o mima shoo.
Eu vou dar um jeito.	何とかしてみる。 Nantoka shite miru.

Avisos	警告 **Keikoku**
Você não deveria...	…すべきじゃなかった。 … subeki ja nakatta.
Se eu fosse você, não...	私だったら、…しなかった。 Watashi dattara … shinakatta.
Talvez não seja bom...	…は余り良くないと思う。 … wa amari yokunai to omou.
Talvez não deva...	恐らく…すべきじゃない。 Osoraku … subeki janai.

Avisos	警告 **Keikoku**
Confie em mim, não...	私を信じて、…しない方がいいと思う。 Watashi o shinjite, … shinai hoo ga ii to omou.
Um conselho: ...	助言を一つ… Jogen o hitotsu…

Conselhos tardios	遅すぎた警告 **Ososugita keikoku**
Que pena que não...	…しなかったのは残念。 … shinakatta nowa zannen.
Você deveria ter...	…すべきだった。 … subeki data.
Por que não (foi...)?	どうして（…へ行かなかった）の？ Dooshite (… e ika nakatta) no?
Olhando para trás, você/eu deveria ter (dito...)	今思えば、あなた/私は（…を言うん）じゃなかった。 Ima omoeba,, anata/watashi wa (…o iun) ja nakatta.
Da próxima vez, você tem de...	次の時は、…すべきでしょう。 Tsugi no toki wa, … subeki deshoo.
Eu avisei.	そう言ったでしょう。 Soo itta deshoo.

Convites — 招待 Shootai

Convidando	招待する **Shootai suru**
Vou dar (uma festa).	パーティーをします。 (Party*) o shimasu.
Vai ter (uma festa).	パーティーがあります。 (Party*) ga arimasu.
Tem um...	…があります。 … ga arimasu.
Vou...	…をします。 … o shimasu.
Você gostaria de vir?	いらっしゃいませんか？ Irasshai masen ka?

Convidando	招待する **Shootai suru**
Adoraria que viesse.	是非、お越し下さい。 Zehi, okoshi kudasai.
Por que não vem?	どうしていらっしゃらないんですか？ Dooshite irasshara nain desu ka?
Você pode trazer alguém, se quiser.	よろしかったら、お友達と一緒にどうぞ。 Yoroshi kattara, otomodachi to isshoni doozo.
Traga o (John).	（ジョンさん）も一緒にどうぞ。 (John san) mo isshoni doozo.
...ou também nós poderíamos...	…してもいいんだが… …shitemo iin daga…
Você que sabe.	よろしい様に。 Yoroshii yoo ni.

Aceitando um convite	招待を受ける **Shootai o ukeru**
Parece legal.	楽しそう。 Tanoshi soo.
Não perderia isso por nada.	絶好の機会ですね。 Zekkoo no kikai desu ne.
A que horas?	何時から？ Nanji kara?
O que eu devo levar?	何か持って行きましょうか？ Nanika motte ikimashoo ka?
Que roupa é para usar?	何を着ようか？ Nani o kiyoo ka?
Posso levar um amigo?	友達を連れて行ってもいいんですか。 Tomodachi o tsurete ittemo iin desu ka?

Recusando um convite	招待を断る **Shootai o kotowaru**
Me desculpe, mas não dá. Tenho que...	すみません、一寸用事があるんです。 Sumimasen,chotto yooji ga arun desu.
Adoraria, mas (tenho que...)	残念ですが… Zannen desu ga…
Bem que eu queria.	行けたらいいのですが。 Iketara ii no desu ga.
Quem sabe na próxima.	又、次の機会にお願いします。 Mata tsugi no kikai ni onegai shimasu.

Recusando um convite	招待を断る Shootai o kotowaru
Deixa para a próxima.	次の機会に伺います。 Tsugi no kikai ni ukagaimasu.
Se tivesse me dito antes...	もっと早く話していてくれたなら… Motto hayaku hanashite ite kureta nara…
Se fosse outra hora eu iria, mas...	今回だけは一寸… Konkai dake wa chotto,…
Vamos deixar marcado para a próxima?	次回に予定していてもいいですか？ Jikai ni yotei shite itemo ii desu ka?

Horas e Datas	日時 Nichiji

Não é costume ver horas no Japão em tempo militar (14 horas, 22 horas). Normalmente se fala das horas usando *gogo* ou *gozen; gogo depois do meio-dia e gozen antes.*

Que horas são?	何時ですか？ Nanji desu ka?
Você tem horas?	すみません、今何時でしょうか？ Sumimasen,Ima nanji deshoo ka?
Desculpe-me, estou sem relógio.	時計持っていないんです。 Tokei motte inain desu.
Meu relógio está um pouco (atrasado/adiantado).	私の時計は少し（遅れて/進んで）いるんです。 Watashi no tokei wa sukoshi (okurete/susunde) irun desu.
De acordo com meu relógio, são...	私の時計では…時です。 Watashi no toki dewa … ji desu.
São (dez) horas.	(10)時です。 (Juu) ji desu.
São (dez) e quinze.	(10)時15分です。 (Juu) ji juu go fun desu.
São (dez) e meia.	(10)時半です。 (Juu) ji han desu.
São (dez) horas em ponto.	丁度、(10)時です。 Choodo (juu) ji desu.
Mais ou menos (dez) horas.	(10)時ごろです。 (Juu) ji goro desu.
São quase (dez) horas.	(10)時前です。 (Juu) ji mae desu.

Horas e Datas	日時 **Nichiji**
Passou um pouquinho das (dez) horas.	(10)時一寸過ぎです。 (Juu) ji chotto sugi desu.
Às (dez) horas.	(10)時に (Juu) ji ni.
Às (dez) e pouco.	(10)時ごろに。 (Juu) ji goro ni.
Por volta das (dez).	(10)時前後に。 (Juu) ji zengo ni.
Daqui a (uma hora).	今から(1時間)後。 Ima kara (ichi jikan) ato.
Das dez às onze.	10時から11時まで。 Juu ji kara juu ichi ji made.
Faz (uma hora)./(Uma hora) atrás.	(1時間)前。 (Ichi jikan) mae.
O dia todo./A noite toda.	一日中/一晩中。 Ichinichi juu/ Hitoban juu.
Bem cedo/tarde.	とても早く/遅く Totemo hayaku/osoku.
Logo cedinho	早朝に。 Soochoo ni.
Logo de manhã	朝早く Asa hayaku.
De manhã	午前中に Gozen chuu ni.
No final da manhã	朝遅く Asa osoku.
Ao meio-dia	正午に Shoogo ni.
No começo da tarde	午後早い内に Gogo no hayai uchi ni.
No final da tarde	午後遅く Gogo osoku.
No comecinho da noite	夕方 Yuugata.
De/à noite	夕方/夜 Yuugata/yoru.
Tarde da noite	夜遅く Yoru osoku.

Horas e Datas	日時 **Nichiji**
À meia-noite	夜中に Yonaka ni.
Quando o sol nascer	日の出の時間 Hinode no jikan
Quando o sol se pôr	日が沈む時間 Hi ga shizumu jikan
Ao amanhecer	夜明け Yoake
Ao nascer do sol	日が昇る時 Higa noboru toki.
No crepúsculo	夕暮れ時 Yuugure doki
Ao pôr-do-sol	日暮れ時 Higure doki
Em plena luz do dia	日の明るい内に Hi no akarui uchi ni
De madrugada/No meio da noite	真夜中に Mayonaka ni
Que dia é hoje?	今日は何日？ Kyoo wa nan nichi?
Hoje é dia (vinte e quatro).	今日は(24日) Kyoo wa (ni juu yokka).
Todo dia.	毎日 Mainichi.
Dia sim, dia não.	一日おきに Ichi nichi oki ni.
De (doze) em (doze) horas.	(12)時間おきに (juu ni) jikan oki ni.
Hoje de manhã.	今朝 Kesa.
Hoje à tarde.	今日の午後 Kyoo no gogo.
Hoje à noite.	今晩 Konban.
Amanhã de manhã/à tarde/à noite	明日の朝/午後/夜 Ashita no asa/gogo/yoru.
Anteontem.	おととい Ototoi.

Horas e Datas	日時 **Nichiji**
Ontem de manhã.	昨日の朝 Kinoo no asa.
Ontem à tarde.	昨日の午後 Kinoo no gogo.
Ontem à noite.	昨日の晩 Kinoo no ban.
Depois de amanhã.	明後日 Asatte.
Toda (quinta-feira).	毎週(木曜日) Maishuu (mokuyoobi).
Às (quintas).	(木曜日)に (Mokuyoobi) ni.
De (segunda) a (sexta).	(月曜日)から(金曜日)まで (Getsuyoobi) kara (kinyoobi) made.
Na (sexta-feira).	(金曜日)に (Kinyoobi) ni.
Nesta (sexta-feira).	この(金曜日) Kono (kinyoobi).
Esta (sexta-feira) que vem.	次の(金曜日) Tsugi no (kinyoobi).
Não esta (sexta-feira), a outra.	今週じゃなくて、その次の(金曜日) Konshuu janakute,sono tsugi no (kinyoobi).
Nos dias de semana.	平日に Heijitsu ni.
No finais de semana.	週末に Shuu matsu ni.
Este final de semana.	この週末に Kono shuu matsu.
A semana que vem.	次の週末に Tsugi no shuu matsu.
A semana passada.	先週 Senshuu.
O mês/ano/verão passado.	先月/去年/この前の夏 Sengetsu/Kyonen/ Kono mae no natsu.
Faz uma semana.	一週間前 Isshuu kan mae.
No fim do mês.	月末に Getsu matsu ni.

Horas e Datas	日時 **Nichiji**
Ao longo de/No decorrer de	ずうーと Zuutto.
(3 dias) seguidos	(3日)連続で (mikka) renzoku de
Às vezes sim, às vezes não.	その時による。 Sono toki ni yoru
Agora mesmo.	たった今 Tatta ima
Imediatamente.	直ぐに Sugu ni
Assim que possível.	出来るだけ早く Dekiru dake hayaku
Até (as dez horas).	(10時)までに (Juu ji) made ni
Não mais tarde do que...	遅くても… Osoku tomo…

Etapas	経過 **Keika**
Anterior a isso...	その前に… Sono mae ni…
Antes de começar...	始める前に… Hajimaru mae ni…
Primeiro...	最初に…/まず… Saisho ni…/Mazu…
No começo...	初めに… Hajime ni…
No início...	まず… Mazu…
Demorou um pouco para começar, mas...	遅くなりましたが… Osoku narimashita ga…
...assim que pegamos o ritmo...	それから、順調になった… Sore kara, junchoo ni natta…
Começou...	…が始まりました。 … ga hajimarimashita.
Depois...	その後で、… Sono atode…

Etapas	経過 **Keika**
Com o passar do tempo...	…の経過に従って、 … no keika ni shitagatte.
Mais tarde...	もっと後で… Motto atode…
Depois de um tempo...	少ししてから… Sukoshi shite kara…
Um tempo mais tarde...	少し後で… Sukoshi atode…
No final...	結局は… Kekkyoku wa…
No meio...	途中では… Tochuu dewa…
Finalmente...	最後には… Saigo niwa…
Nas fases finais...	最終段階で… Saishuu dankai de…
No final de tudo...	最後に… Saigo ni…
Depois disso...	その後で… Sono atode…
Já progredimos muito.	相当進んだ。 Sootoo susunda.
Está chegando lá.	目的に近づいている。 Mokuteki ni chikazuite iru.
Falta muito ainda.	まだまだ、遠い/果てしない Mada mada tooi./Hateshinai.

Tendências	傾向 **Keikoo**
Tendências positivas	良い傾向 **Yoi kekoo**
Não poderia ser melhor.	これ以上良い事はあり得ない。 Kore ijoo yoi koto wa arienai.
As coisas vão bem.	全て上手く行っている。 Subete umaku itte iru.
Melhorou/Melhoramos bastante.	比較的良くなっている。 Hikakuteki yokunatte iru.

Tendências positivas	良い傾向 **Yoi kekoo**
Fez/Fizemos grandes progressos.	相当進歩した。 Sootoo shinpo shita.
Está/Estamos no caminho certo.	正しい道を進んでいる。 Tadashii michi o susunde iru.
Está/Estamos chegando lá.	目的に近づいている。 Mokuteki ni chikazuite iru.
Ainda não chegou/chegamos lá, mas...	目的にはまだ遠いが… Mokuteki niwa mada tooi ga…
Está a meio caminho andado.	まだまだ、途中だ。 Mada mada tochuu da.
Já dá para ver uma luz no final do túnel.	トンネルの向こうに明かりが見て来た。 Toneru no mukoo ni akari ga miete kita..
Houve progresso (significativo) nos últimos (2 anos).	この(2年間)で(相当)進歩した。 Kono (2 nenkan) de (sootoo)shinpo shita.

Tendências negativas	悪い傾向 **Warui keikoo**
Chegamos/Chegou no fim do poço.	最悪の状態。 Saiaku no jootai.
As coisas não poderiam ser piores.	最悪です。 Saiaku desu.
As coisas não vão indo muito bem.	上手く行ってない。 Umaku itte nai.
Vejo uma leve queda (em...)	調子が一寸下がり気味。 Chooshi ga chotto sagari gimi.
Ainda temos/tem muito o que fazer.	まだまだ、道のりは遠い。 Mada mada michi nori wa tooi.
É uma coisa atrás de outra.	次から次に問題が起こる Tsugi kara tsugi ni mondai ga okoru.
Chegamos/Cheguei/Chegou num ponto em que...	…の所まで来た。 … no tokoro made kita.
Está chegando num ponto em que...	…の所に近づきつつある … no tokoro ni chikazuki tsutsu aru.
Do jeito que as coisas vão...	なる様にしか成らない Naru yooni shika naranai.
Está tudo desmoronando.	全てが遅れている。 Subete ga okurete iru.

Supondo	推測 **Suisoku**
Bom, não tenho certeza, mas...	確かじゃないんですが… Tashika janain desu ga…
O que poderia ser é...	…だったかも知れない。 … data kamo shirenai.
Imagino que...	私が想像するに… Watahi ga soozoo suru ni…
É só um chute/palpite/suposição.	想像ですが… Soozoo desu ga…
Por experiência...	経験に基づいて… Keiken ni motozuite…
É difícil dizer, mas...	言い難いのですが… Ii nikui no desu ga…
É só um palpite, mas...	単なる推測ですが… Tannaru suisoku desu ga…
Talvez...	恐らく…/多分… Osoraku…/ Tabun…
Eu acho que...	…と思います。 … to omoimasu.
Mais ou menos...	まあ、まあ… Maa maa…

Solicitações	丁寧なお願い **Teineina onegai**
Você poderia...?	…して頂けますか？ … shite itadake masu ka?
Você pode...?	…出来ますか？ … dekimasu ka?
Você me (traria...)?	(持って来て)頂けますか？ (Motte kite) itadakemasu ka?
Deixe-me lhe perguntar uma coisa...	お尋ねしてもよろしいですか… Otanzune shitemo yoroshii desu ka…
Você poderia por acaso...?	ひょっとして、…していただけますか？ Hyotto shite,…shite itadakemasu ka?
Sabe do que eu preciso...	私の望みをご存知の様で… Watashi no nozomi o gozonji no yoo de…
Você se importaria se eu...?	…をしても構いませんか？ … shitemo kamaimasen ka?
Você se importa se eu...?	…してもよろしいですか？ … shitemo yoroshii desu ka?

Solicitações	丁寧なお願い **Teineina onegai**
Tudo bem se eu...?	…してもいいですか？ … shitemo ii desu ka?
Eu gostaria...	…したいのですが？ … shitai no desu ga.
Talvez se você pudesse...	…して頂けませんか？ … shite itadakemasen ka.
...agradeceria (muito).	(本当に)感謝いたします。 (Hontoo ni) kansha itashimasu.
Será que seria possível...?	…(する事)が可能でしょうか？ …(suru koto) ga kanoo deshoo ka?

Pedindo um favor	善意を求める **Zen i o motomeru**

Pedindo	お願いする **Onegai suru**
Você poderia por acaso...?	…して頂けますか？ … shite itadakemasu ka?
Preciso lhe pedir um favorzinho/um grande favor.	よろしくお願いしたいんですが？ Yoroshiku onegai shitain desu ga.
Seria demais pedir para você...?	…お願いしたら、ご迷惑でしょうか？… onegai shitara, gomeiwaku deshoo ka?
Se não puder, tudo bem.	ご迷惑だったら、構いませんので。 Gomeiwaku dattara, kamaimasen node.
Não quero incomodar.	ご迷惑お掛けしたくないんですが。 Gomeiwaku okake shitakunain desu ga.
Não quero atrapalhar.	ご迷惑にならなければ、よろしいのですが。 Gomeiwaku ni naranakereba yoroshii nodesu ga.
Você tem certeza de que não tem problema?	ご迷惑ではありませんか？ Gomeiwaku dewa arimasen ka?

Aceitando fazer um favor	求めを受け入れる **Motome o ukeireru**
Ah, claro.	ああ、いいですよ。 Aa, ii desu yo.

Aceitando fazer um favor	求めを受け入れる **Motome o ukeireru**
Sem problemas.	大丈夫です。 Daijoobu desu.
É um prazer.	喜んで。 Yorokonde.
Para que servem os amigos?	そのための友達でしょう？ Sono tame no tomodachi deshoo?
Que é isso? É o mínimo que eu posso fazer.	大した事はできませんが。 Taishita koto wa dekimasen ga.
Não se preocupe com isso.	心配いりませんよ。 Shinpai irimasen yo.
Não é incômodo algum.	迷惑じゃありませんよ。 Meiwaku ja arimasen yo.
Seria um prazer para mim.	ええ、喜んで。 Ee, yorokonde.

Recusando fazer um favor	求めを断る **Motome o kotowaru**
Olha, sabe...	一寸今は…? Chotto ima wa…?
É que...	実は… Jitsu wa…
Infelizmente...	残念ながら… Zannen nagara…
Se fosse (outra hora), eu poderia (mas amanhã)	(他の時)なら大丈夫ですが、（明日）は一寸… (Hoka no toki) nara daijoobu desu ga,(ashita) wa chotto.
Me desculpe, mas eu não posso.	すみません、私には一寸。 Sumimasen,watashi niwa chotto.
Eu tenho de...	…しなければ、ならないんです。 … shinakereba naranain desu.
Bem que gostaria de ajudar.	お手伝い出来ればいいのですが。 Otetsudai dekireba ii nodesu ga.
Desculpe-me mesmo.	本当に申し訳ないんですが。 Hontoo ni mooshi wake nain desu ga.

Confissões	告白 **Kokuhaku**
Tem uma coisa que estou querendo lhe dizer.	是非、お伝えしたい事があるんですが。 Zehi otsutae shitai koto ga arun desu ga.
Estava esperando a hora certa de lhe dizer isto:	お話出来る時期を待っていたんです。 Ohanashi dekiru jiki o matte itan desu.
Acho que é a melhor hora para lhe dizer isto...	…お話するのは今だと思ったんです。 … o ohanashi suru nowa ima dato omottan desu.
Tem uma coisa que está me incomodando.	胸の内を明かしたいんです。 Mune no uchi o akashitain desu.
Tenho uma coisa que preciso lhe dizer.	お話したい事があるんですが。 Ohanashi shitai koto ga arun desu ga.
Tenho de confessar uma coisa.	告白しなければならないんです。 Kokuhaku shinakereba naranain desu.

Disfarçando ignorância	無知を装う **Muchi o yosoou**
Não estou familiarizado com (isso).	(それ)に付いてよく分からないんです。 (Sore) ni tsuite yoku wakaranain desu.
Não sei se estou familiarizado com (isso).	(それ)に付いて余り詳しくないんです。 (Sore) ni tsuite amari kuwashiku nain desu.
Não me lembro de ter (ouvido) disso/dele/dela.	それ/彼/彼女に付いて聞いた事がないんです。 Sore/Kare/Kanojo ni tsuite kiita koto ga nain desu.
Tenho uma vaga memória disso.	はっきり覚えていないんです。 Hakkiri oboete inain desu ga.
Não estou muito por dentro de...	私は…に直接関係していないんです。 Watashi wa… ni chokusetsu kankei shite inain desu.
Acho que já ouvi falar (nele/nela) em algum lugar.	(彼/彼女)の事はどこかで聞いた記憶があるんです。 (Kare/Kanojo) no koto wa dokokade kiita kioku ga arun desu.

Analisando	分析する **Bunseki suru**
Por um lado.../Por outro...	一方では… Ippoo dewa…

Analisando	分析する **Bunseki suru**
A vantagem é.../A desvantagem é...	いい事は/不利な事は… Ii koto wa…/Furina koto wa…
Se você analisar...	よく考えれば… Yoku kangaereba…
Aparentemente parece...	表面的には… Hyoomen teki niwa…
Se você for fundo no negócio...	詳しく検討してみたら… Kuwashiku kentoo shite mitara…
Se você considerar...	…を良く考えて見たら、 … o yoku kangaete mitara.
Levando em consideração...	…を良く検討して見る。 … o yoku kentoo shite miru.
Do ponto de vista de...	…の見方では。 … no mikata dewa.
(Estatisticamente) falando...	(統計的)に言えば… (Tookei teki) ni ieba…
Do ponto de vista puramente (científico)...	純粋に（科学的な）見方では。 Junsuini (kagakutekina) mikata dewa.
Acho que tem (2) lados:	(二つ)の方法があると思います。 (Futatsu) no hoohoo ga aru to omoimasu.

Questionando a análise de alguém	他の人の分析を聞く **Hoka no nito no bunseki o kiku**
Mas você já pensou em...?	しかし、…に付いて考えたことある？ Shikashi, … ni tsuite kangaeta kota aru?
Você já considerou...?	…を深く考えて見た？ … o fukaku kangaete mita?
Você já levou em consideração...?	…を詳しく検討して見たことある？ … o kuwashiku kentoo shita koto aru?
É, mas, por outro lado...	ええ、しかし、一方では… Ee,shikashi, ippoo dewa…
Eu acho que você tem que também levar em consideração...	…に付いてもっと深く検討した方がいいと思うけど。 … ni tsuite motto fukaku kentoo shita hoo ga ii to omou kedo.

Decidindo	決定する **Kettei suru**
É difícil decidir.	決めるのが難しい。 Kimeru noga muzukashii.
Não consigo me decidir.	中々決められないんです。 Naka naka kimerare nain desu.
Já me decidi.	既に、決めたんです。 Sudeni kimetan desu.
Não me decidi (ainda).	(まだ)決めてないんです。 (Mada) kimete nain desu.
Ainda estou decidindo.	まだ考えているところなんです。 Mada kangaete irun tokoro nan desu.
Estou (caindo) mais para...	…に傾きつつあるんですが。 … ni katamuki tsutsu arun desu ga.
É uma decisão difícil.	難しい決定なんです。 Muzukashii kettei nan desu.
Tanto faz na verdade.	実際はどちらでもいいんですけど。 Jisssai wa, dochira demo iin desu kedo.
Estava querendo ficar com...	…側に着こうかと決めたんですけど。 … gawa ni tsukoo ka to kimetan desu kedo.
Qual você escolheria?	どちらを選びますか？ Dochira o erabimasu ka?
Se fosse escolher um, ficaria com...	どちらか一つを選ぶなら、私は… Dochiraka hitotsu o erabunara,watashi wa….
Para mim, tanto faz.	私にはどちらでもいい。 Watashi niwa dochira demo ii.
Você é quem sabe.	あなた次第です。 Anata shidai desu.
Por que você não decide?	どうして自分で決めないんですか？ Dooshite jibun de kimenain desu ka?
Confio no seu bom-senso.	あなたの判断にお任せします。 Anata no handan ni omakase shimasu.
Escolha à vontade.	お好きな様に。 Osukina yoo ni.
Escolha o que quiser.	お好きな方を選んで下さい。 Osukina hoo o erande kudasai.
Pode escolher qualquer um destes (três).	これら(三つ)の中から選んで下さい。 Korera (mittsu) no naka kara erande kudasai.
O que você quiser.	ご自由に。 Gojiyuu ni.

Decidindo	決定する **Kettei suru**
Você decide.	お任せします。 Omakase shimasu.
Posso dar uma sugestão?	一つ提案してもよろしいですか？ Hitotsu teian shitemo yoroshii desu ka?

Comparando	比較する **Hikaku suru**
São (exatamente) iguais.	(全く)同じです。 (Mattaku) onaji desu.
São muito parecidos.	よく似ている。 Yoku nite iru.
São mais ou menos iguais.	殆んど同じです。 Hotondo onaji desu.
A diferença é muito pequena.	違いは殆んどない。 Chigai wa hotondo nai.
Quase não tem diferença (entre os dois).	(二つの間で)違いは殆んどない。 (Futatsu no aida de)Chigai wa hotondo nai.
Só mesmo um expert saberia distingui-los.	専門家しか違いは分からない。 Senmonka shika chigai wa wakaranai.
Eu não vejo diferença.	私には違いが見分けられない。 Watashi niwa chigai ga miwake rarenai.
Eu não sei distingui-los.	その違いが分からない。 Sono chigai ga wakaranai.
São um pouco diferentes.	僅かな違いです。 Wazukana chigai desu.
São bastante diferentes.	大きな違いです。 Ookina chigai desu.
São totalmente diferentes.	完全に違います。 Kanzen ni chigaimasu.
Uma coisa não tem nada a ver com a outra.	それらの間に共通点はない。 Sorera no aida ni kyoo tsuu ten wa nai..
Eu os separo em duas categorias bem diferentes.	それらは完全に別々の種類だと思う。 Sorera wa kanzen ni betsu betsu no shurui dato omou.
Um é (barato) e o outro é (mais útil).	一方は（安い）、そして、もう一方は（使い易い）。 Ippoo wa (yasui),soshite,moo ippoo wa (tsukaiyasui) .

Comparando	比較する **Hikaku suru**
(X) é maior que (Y).	(X) は(Y)より大きい。 (X) wa (Y) yori ookii.
(X) é mais (caro) do que (Y).	(X) は(Y)より（高い）。 (X) wa (Y) yori (takai) .
(X) é bem (mais barato) do que (Y).	(X) は(Y)より（安い）。 (X) wa (Y) yori (yasui) .
(X) tem mais (espaço).	(X) の 方がより（広い）。 (X) no hoo ga yori (hiroi).
(X) tem uma (infraestrutura) melhor.	(X) の方が（施設）がいい。 (X) no hoo ga (shisetsu) ga ii.
(X) não é tão (interessante) quanto (Y).	(X) は(Y)ほど（面白く）ない。 (X) wa (Y) hodo (omoshirokunai.)
(X) é (bonito), mas (Y) é (mais bonito) ainda.	(X)は（綺麗）です、しかし、(Y)はもっと(綺麗)です。 (X) wa (kirei) desu,shikashi (Y) wa motto (kirei) desu.
(X) é o (mais bonito).	(X) が一番(綺麗)でしょう。 (X) ga ichiban (kirei)deshoo.
(X) é o mais (comum).	(X) が最も（普通）でしょう。 (X) ga mottomo (futsuu) deshoo.
(X) é o menos (caro).	(X) はそんなに（高く）ない。 (X) wa sonnani (takaku) nai.
(X) é de longe o (mais interessante) ...e (Y) é (melhor) ainda.	(X) はかなり（面白い）が、 (Y) の方が(もっと)いい。 (X) wa kanari (omoshiroi) ga, (Y) no hoo ga (motto)ii.
Não tem comparação: (X) é o (melhor).	(X)より（優れた）ものはない。 (X) yori (sugureta) mono wa nai.

Querendo saber mais em uma entrevista	面会での更なる質問 **Meikai deno saranau shitumon**
Poderia me dizer mais sobre...?	**…**に付いてもっと話して頂けますか？ … ni tsuite motto hanashite itadakemasu ka.?
Gostaria de saber mais sobre...	…に付いてもっと伺いたいんですが。 … ni tsuite motto ukagai tain desu ga.

Querendo saber mais em uma entrevista	面会での更なる質問 **Meikai deno saranau shitumon**
Será que você poderia discorrer mais sobre...	…に付いてもっと詳しく話して頂けませんか？ … ni tsuite motto kuwashiku hanashite itadakemasen ka.
Qual é sua opinião sobre...?	…に付いてどう思いますか？ … ni tsuite doo omimasu ka?
Você mencionou ____. O que você quis dizer exatamente com isso?	…と仰いましたが、はっきり言ってどう言う意味でしょうか？ … to osshai mashita ga, hakkiri itte doo iu imi deshoo ka?
Será que você poderia dizer mais sobre...	…に付いてもっと詳しく話して頂けませんか？ … ni tsuite motto kuwashiku hanashite itadake masen ka.
Ainda não ficou bem claro...	…まだ良く分からないんですが。 … mada yoku wakara nain desu ga.
Você poderia me esclarecer sobre...	…に付いて明確に説明して頂けませんか？ … ni tsuite meikakuni setsumei shite itadakemasu ka.

Tendo cuidado com o que diz	注意深く話す **Chuui bukaku hanasu**
Se não estiver errado...	もし、間違っていなければ。 Moshi machigatte inakereba,…
Eu posso estar errado.	間違っているかも知れないんですが。 Machigatte iru kamo shirenain desu ga,
Não tenho certeza, mas...	確かではないんですが。 Tashika dewa nain desu ga,…
Não sou muito entendido.	詳しくは分からないんですが。 Kuwashiku wa wakaranain desu ga,…
Até onde eu sei...	私が知っている限りでは… Watashi ga shitte iru kagiri dewa,…
Pelo que eu me lembro...	私の記憶では… Watashi no kioku dewa…
Pelo que eu sei...	私の記憶によると… Watashi no kioku ni yoru to…
Tudo o que eu sei é...	私が知っている全ては… Watashi ga shitte iru subete wa…

Tendo cuidado com o que diz	注意深く話す **Chuui bukaku hanasu**
É o que as pessoas dizem.	皆さんが言っている事ですが。 Mina san ga itte iru koto desu ga.
Aparentemente.../Pelo jeito...	見た所… Mita tokoro, …
Olha, eu não falei nada...	私は何も言っていません… Watashi wa nanimo itte imasen…
Não dá para dizer com certeza...	確かとは言えないんですが… Tashika towa ienain desu ga,…

Provérbios e Citações	ことわざと引用句 **Kotowaza to inyooku**

Usando provérbios e citações	ことわざと引用句を使って **Kotowaza to inyooku o tsukatte**
Como diz o ditado...	ことわざにもある様に… Kotowaza nimo aru yooni,…
É como as pessoas dizem: ...	一般に言われる事は… Ippan ni iwareru koto wa…
Você sabe o que dizem: ...	皆が何と言っているか知っていますか？ Minna ga nanto itte iru ka shitte imasu ka…
Eu sempre digo: ...	私がいつも言っている様に… Watashi ga itsumo itte iru yooni…
Isso mostra que...	明確な事は… Meikakuna koto wa…
Tem um velho ditado: ...	古いことわざによると… Furui kotowaza ni yoruto,…
Tem um ditado em português: ...	ポルトガルのことわざによると。 Porutogaru no kotowaza ni yoru to,…
Meu (pai) sempre dizia: ...	(父)はいつも言っていた… (Chichi) wa itsumo itte ita…
Acho que foi (Sócrates) quem disse que...	(ソクラテス)が言った言葉なんですが… (Socrates) ga itta kotoba nan desu ga,…
Tem uma frase famosa: ...	有名な言葉があるんですが… Yuumeina kotoba ga arun desu ga,…

Usando provérbios e citações	ことわざと引用句を使って **Kotowaza to inyooku o tsukatte**
Alguém disse uma vez que...	誰かが一度言ったことですが… Dareka ga ichido itta koto desu ga,…
Não me lembro quem foi que disse: ...	誰が言ったか忘れたんですが… Dare ga itta ka wasuretan desu ga…

Alguns ditados que existem tanto em japonês como em português	日本語とポルトガル語に共通ことわざ **Nihongo to porutogaru-go ni kyootsuu kotowaza**
As aparências enganam.	見かけ倒し Mikake daoshi.
Quem ri por último ri melhor.	最後に笑った者が勝ち。 Saigoni waratta mono ga kachi.
A cavalo dado não se olham os dentes.	あらを探すな。 Ara o sagasuna.
A galinha do vizinho é sempre mais gorda.	隣の芝は良く見える Tonari no shiba wa yoku mieru.
A pressa é inimiga da perfeição.	急いては事を仕損じる Seite wa koto o shisonjiru.
Amanhã é outro dia.	明日は明日の風が吹く。 Ashita wa ashita no kaze ga fuku.
Amigos, amigos. Negócios à parte.	公私混同はしない Kooshi kondoo wa shinai.
Melhor que nada.	無いよりはまし。 Nai yori wa mashi.
Antes tarde do que nunca.	遅くともしないよりまし。 Osokutmo shinai yori mashi
Dos males, o menor.	不幸中の幸い。 Fukoo chuu no saiwai.
Há males que vêm para o bem.	災い転じて福となす。 Wazawai tenjite fuku to nasu.
Não adianta chorar o leite derramado.	覆水盆に帰らず。 Fukusui bon ni kaerazu.
Não deixe para amanhã o que você pode fazer hoje.	今日出来る事は明日に延ばすな。 Kyoo dekiru koto wa asuni nobasuna.
Não faça com os outros o que não quer que façam a você.	自分の嫌いな事は他人にもするな。 Jibun no kiraina koto wa hito nimo suruna.

Alguns ditados que existem tanto em japonês como em português	日本語とポルトガル語に共通ことわざ **Nihongo to porutogaru-go ni kyootsuu kotowaza**
O importante não é a idade e sim como você se sente.	大切なのは年ではなく、気の持ち様。 Taisetsuna nowa toshi dewa naku,ki no mochi yoo.
Não cuspa no prato em que comeu.	恩を仇で返す。 On o ada de kaesu.
A prática leva à perfeição.	習うより慣れよ。 Narau yori nare yo.
Ver para crer.	百聞は一見にしかず。 Hyakubun wa ikken ni shikazu.
Se quiser benfeito faça você mesmo.	自分の事は自分でしろ。 Jibun no koto w jibun de shiro.
O dinheiro fala mais alto.	お金がものを言う。 Okane ga mono o iu.
Duas cabeças pensam melhor do que uma.	三人寄れば、文殊の知恵。 San nin yoreba, Monju no chie.
Mais vale um pássaro na mão do que dois voando.	二兎を追う者は一兎も得ず Ni to o oumono wa I to mo ezu.
Falar é fácil.	言うは易し。 Iu wa yasushi.
É melhor prevenir do que remediar.	転ばぬ先の杖。 Korobanu saki no tsue.
Querer é poder.	精神一到何事か成らざらん。 Seishin itoo nani gotoka narazaran .
Não conte com o ovo antes da galinha.	捕らぬ狸の皮算用。 Toranu tanuki no kawazanyoo.
Uma mão lava a outra.	魚心あれば、水心あり。 Uo gokoro areba, mizu gokoro ari.
Se você não pode vencê-los, junte-se a eles.	長いものには巻かれろ。 Nagai mono niwa makarero.
Quem espera sempre alcança.	石の上にも三年。 Ishi no ue nimo san nen.
Quando o gato sai, o rato faz a festa.	鬼のいぬ間に洗濯。 Oni no inu mani sentaku.
Os olhos são o espelho da alma.	目は心の窓。 Me wa kokoro no mado.
Não julgue um livro pela capa.	見かけで判断するな。 Mikake de handan suru na.

Alguns ditados que existem tanto em japonês como em português	日本語とポルトガル語に共通ことわざ **Nihongo to porutogaru-go ni kyootsuu kotowaza**
O amor é cego.	愛は盲目。 Ai wa moomoku.
Não ponha o carro na frente dos bois.	本末転倒。 Honmatsu tentoo.
Não ponha todos os seus ovos num único cesto.	全資産を一つの事業にかけるな。 Zenshisan o hitotsu no jigyoo ni kakeru na.
Não faça tempestade em um copo d'água.	針小棒大 Shin shoo boo dai.
Não há recompensa sem esforço.	苦は楽の種。 Ku wa raku no tane.
O que os olhos não veem, o coração não sente.	知らぬが仏 shiranu ga hotoke.
Longe dos olhos, perto do coração.	遠ざかる程思いが募る。 Toozakaru hodo, omoi ga tsunoru.

3

Japonês Comercial e Profissional
商用と職業の日本語
shooyoo to shokugyo no nihongo

Seu currículo	履歴 **Rireki**
Eu estudei na...	私は…で勉強しました。 Watashi wa … de benkyoo shimashita.
Me formei em (Economia) pela (USP).	(USP)では（経済学）を専攻しました。 (USP) dewa (keizaigau) o senkoo shimashita.
Me especializei em...	私の専門は… Watashi no senmon wa….
Eu me formei em...	私は…を卒業した。 Watashi wa … o sotsugyoo shita.
Também fiz cursos em/de...	… の学校へも行った。 … no gakoo emo itta.
Acabei fazendo vários cursos em/de...	…の色々な勉強をした。 … no iroirona benkyoo o shita.
Enquanto estava na (USP), tive a oportunidade de trabalhar para/com...	(USP)にいた時、…で働く機会があった。 (USP) ni ita toki,… de hataraku kikai ga atta.
Eu fiz um estágio na (Compaq) como (assistente de marketing).	(Compaq)で(販売助手)の研修をした。 (Compaq) de (hanbai joshu) no kenshuu o shita.
Também fiz trabalho voluntário como...	…として、奉仕活動をした事もあります。 … toshite hooshi katsudoo o shita koto mo arimasu.

Seu currículo	履歴 **Rireki**
Eu fiz meu mestrado em ____ na (Universidade da Califórnia).	(カリフォルニア大学)で、…の修士課程を修めました。 (California daigaku) de ….no shuushi katei o osamemashita.
Quase todo o meu estudo de pós-graduação consistia em...	大学院での研究は殆んど…に付いてでした。 Daigakuin deno kenkyuu wa hotondo … ni tsuite deshita.
Defendi tese em...	私の卒業論文は…に付いてでした。 Watashi no sotsugyoo-ronbun wa …ni tsuite deshita.
Minha tese consistia em...	私の卒業テーマは…でした。 Watashi no sotsugyoo-teema wa …deshita.
Já publiquei trabalhos em...	… に論文を発表しました。 … ni ronbun o happyoo shimashita.
Meu trabalho já foi publicado em...	… に私の論文が掲載されました。 … ni watashi no ronbun ga keisai saremashita.
Já morei fora por (dois anos).	外国に(2年間)住んでいました。 Gaikoku ni (2 nenkan) sunde imashita.
Eu morei em...	私は…に住んでいました。 Watashi wa …ni sunde imashita.
Eu trabalhei/estudei em (Boston).	私は(ボストン)で働き/勉強しました。 Watashi wa (Boston) de hatarakimashita/ benkyoo shimashita.
Em (1997) comecei a trabalhar para...	(1997年)に…で働き始めました。 (1997nen) ni … de hataraki hajimemashita.
Fui contratado para...	… で雇われました。 … de yatoware mashita.
Fui contratado como...	… として雇われました。 … toshite yatoware mashita.
Era o (diretor comercial).	(営業部長)でした。 (Eigyoo buchoo) deshita.
Na descrição do meu trabalho incluía...	仕事では…も担当しました。 Shigoto dewa … mo tantoo shimashita.
Era encarregado de...	… の担当でした。 … no tantoo deshita.
Era responsável pelo desenvolvimento que envolvia...	… の開発責任者でした。 … no kaihatsu sekininsha deshita.

Seu currículo	履歴 **Rireki**
Colaborei com a implementação de um novo.	新しい…の設立に携わりました。 Atarashii … no setsuritsu ni tazusawarimashita.
Tinha que trabalhar com...	…と働かなければならなかった。 … to hatarakanakereba naranakatta.
Adquiri muita experiência com...	…で色々経験が出来ました。 … de iroiro keiken ga dekimashita.
Fiquei muito bom em (comunicação em japonês).	(日本語会話)が上手になりました。 (Nihongo kaiwa) ga joozu ni narimashita.
Quase diariamente tinha que...	殆んど毎日、…しました。 Hotondo mainichi,…shimashita.
Fui logo/afinal promovido a...	私は直ぐ/最後には昇進しました。 Watashi wa sugu/saigoniwa shooshin shimashita.
Eu saí da ____ porque...	… の理由で..を止めました。 … no riyuu de …o yame mashita.
Não fosse pela (mudança), eu teria ficado na...	もし、(転勤)がなければ、…を止めなかったでしょう。 Moshi (tenkin) ga nakereba,… o yame nakatta deshoo.
Senti que tinha chegado num ponto onde...	… が限界だと感じました。 … ga genkai dato kanji mashita.
Tinha chegado a hora de crescer.	そろそろ変わりたいと思っていました。 Sorosoro kawaritai to omotte imashita.
Aí, então, fui trabalhar para...	それで、…で働く事になったのです。 Sorede,… de hataraku koto ni natta nodesu.
Minha experiência mais recente tem sido...	… が最後の仕事でした。 … ga saigo no shigoto deshita.
Tenho larga experiência em quase todas as áreas de...	… の分野ではかなりの経験があります。 … no bunya tewa kanari no keiken ga arimasu.

A entrevista de trabalho	面接試験 **Mensetsu shiken**
Perguntas e comentários do entrevistador	求人側からの質問と答え **Kuyuujin gawa kara no shitsumon to kotae**
Obrigado por ter vindo.	お越し頂きまして有り難うございます。 Okoshi itadaki mashite arigatoo gozaimasu.
Deixe-me falar um pouco sobre nós.	我が社に付いて簡単に説明させて頂きます。 Wagasha ni tsuite kantan ni setsumei sasete itadakimasu.
Deixe-me falar um pouco sobre o que fazemos aqui.	我が社の仕事内容を簡単に説明させて頂きます。 Wagasha no shigoto naiyoo o kantan ni setsumei sasete itadaki masu.
Queremos alguém que...	… の出来る方を探しております。 … no dekiru kata o sagashite orimasu.
De preferência alguém com experiência em (administração)...	(経営管理)に経験のある方が必要なのです。 (Keiei kanri) ni keiken no aru kata ga hitsuyoo nano desu.
Oferecemos...	私どもの条件は…です。 Watashi domo no jooken wa …desu.
O cargo requer...	我が社として必要な職種は… Wagasha toshite hitsuyoona shokushu wa…
Estamos dispostos a...	是非、喜んで… Zehi yorokonde …
Por que não me fala um pouco sobre sua formação?	それでは、ご自身の経歴について簡単にお話して頂けますか。 Soredewa, gojishin no keireki ni tsuite kantan ni ohanashi shite itadake masu ka?
Me fale sobre sua experiência na/em...	… での経験をお話いただけますか？ … deno keiken o ohanashi itadake masu ka.?
Por que você saiu da...?	どうして、…を止められたんですか？ Dooshite … o yameraretan desu ka?
O que foi que o/a atraiu a este cargo?	我が社にご応募された理由はなんでしょうか？ Wagasha ni go-obo sareta riyuu wa nandeshoo ka?

Perguntas e comentários do entrevistador	求人側からの質問と答え **Kuyuujin gawa kara no shitsumon to kotae**
Fez algum curso de ____ na faculdade?	大学で何か専門の____を勉強しましたか？ Daigaku de nanika senmon no ___o benkyoo shimashita ka?
Você precisava (trabalhar com estrangeiros) na ____?	(外国人と一緒に仕事をした)ことがありますか。 (Gaikoku jin to isshoni shigoto o shita) koto ga arimasu ka.
Você conhece (HTML)?	(HTML)をご存知ですか？ (HTML) o gozonji desu ka?
Você tem conhecimentos de ____?	何か特技がございますか？ Nanika tokugi ga gozaimsu ka.?
Você tem experiência em ____?	… の経験がありますか？ … no keiken ga arimasu ka?
Como você se sente em relação a (trabalhar em equipe)?	(グループでの仕事)はお好きですか？ (Guruupu deno shigoto)wa osuki desu ka?
Estaria disposto a...?	… の仕事に異存はございませんか？ … no shigoto ni izon wa gozaimasen ka?
Qual era sua faixa salarial na ____?	… での給料は如何ほどだったんでしょうか？ … deno kyuuryoo wa ikahodo dattan deshoo ka?
Que faixa salarial você tem em mente?	給料に関して、何かご希望がございますか？ Kyuuryoo ni kanshite nanika gokiboo ga gozaimasu ka?
Isso está dentro...	それでしたら、恐らく大丈夫でしょう。 Sore deshitara osoraku daijoobu deshoo.
Acho que é mais do que podemos oferecer no momento.	私どもの予定とはかなり差がありますね。 Watashi domo no yotei towa kanari sa ga arimasu ne.
Bom, tivemos uma boa impressão de você e de sua experiência.	お宅のお人柄と経験には感銘を受けました。 Otaku no ohitogara to keiken niwa kanmei o ukemashita.

Perguntas e comentários do entrevistador	求人側からの質問と答え **Kuyuujin gawa kara no shitsumon to kotae**
Você aceita trabalhar conosco?	我が社に入社して頂けますか。 Wagasha ni nyuusha shite itadake masu ka?
Gostaríamos de oferecer um cargo aqui.	私どもの方で適切な地位を用意いたします。 Watashi domo no hoode tekisetsuna chii o yooi itashimasu.
Quando pode começar?	何時から仕事を始められますか？ Itsu kara shigoto o hajimeraremasu ka?
Bem, obrigado por nos incluir.	我が社にご応募して頂き有り難うございます。 Wagasha ni go-obo shite itadaki arigatoo gozaimasau.
Agradecemos seu interesse.	ご応募頂き有り難うございます。 Go-obo itadaki arigatoo gozaimasu.
Entramos em contato.	後日連絡いたしますので。 Gojitsu renraku itashimasu node.
Não estamos precisando de ninguém em ____ no momento.	現在、…の分野では募集しておりません。 Genzai … no bunya dewa boshuu shite orimasen.
Vamos manter seu currículo em nossos arquivos caso apareça algo.	それでは、念のために履歴書をお預かりさせて頂きます。 Soredewa, nen no tame ni rirekisho o oazukari sasete itadakimasu.
Infelizmente a vaga para ____ já foi preenchida.	申し訳ありません、既に、…の仕事は埋まりました。 Mooshiwake arimasen ga, sudeni …no shigoto wa umarimashita.

Perguntas e comentários do entrevistado	応募者からの質問と答 **Oobosha kara no shitsumon to kotae**
Senti-me atraído por esta companhia porque acho...	… と思いましたので、応募させて頂きました。 … to omoimashita node, oobo sasete itadaki mashita.
Estou no momento procurando um cargo em...	… の仕事を探しております。 … no shigoto o sagashite orimasu.

Perguntas e comentários do entrevistado	応募者からの質問と答 **Oobosha kara no shitsumon to kotae**
De preferência, gostaria de um cargo que envolvesse...	出来れば、…の仕事を希望しております。 Dekireba, … no shigoto o kiboo shite orimasu.
Acredito que me enquadro bem nesse cargo porque...	… ですので、私にぴったりだと思います。 … desu node, watakushi ni pittari dato omoimasu ga.
Sou (dedicado)...	一生懸命に頑張りますので。 Isshoo kenmei ni ganbarimsu node.
Acho que meus pontos fortes são...	私の得意は…です。 Watashi no tokui wa … desu.
Você pode ver no meu currículo que eu...	履歴書を見て頂ければ分かると思いますが、私は… Rirekisho o mite itadakereba wakaruto omoimasu ga,watashi wa….
Tenho larga experiência em...	… には長い経験があります。 … niwa nagai keiken ga arimasu.
Tenho alguma experiência em...	… に多少の経験があります。 … ni tashoo no keiken ga arimasu.
Acho que me saio bem em situações que envolvem...	… に関しての仕事に精通しております。 … ni kanshite no shigoto ni seitsuu shite orimasu.
Você verá que eu...	… にご満足頂けると思います。 … ni gomazoku itadakeru to omoimasu.
Anexei algumas referências de empregadores anteriores em meu currículo.	前の会社の推薦状を添付しております。 Mae no kaisha kara no suisenjoo o tenpu shite orimasu.
Aprendi muito com minha experiência na ____ porque...	… では色々な経験を積みました。 … dewa iroirona keiken o tsumi mashita.
Já trabalhei com...	… と一緒に働いた事があります。 … to isshoni hataraita koto ga arimasu.
No meu cargo anterior estava recebendo ____ mais ____.	前の会社では…と手当てが…ほど頂いておりました。 Mae no kaishia dewa …to teate ga … hodo itadaite orimashita.
É uma proposta interessante.	ご親切に有り難うございます。 Goshinsetsu ni arigatoo gozaimasu.

Perguntas e comentários do entrevistado	応募者からの質問と答 **Oobosha kara no shitsumon to kotae**
(Tá) certo. É na verdade menos do que estava esperando.	そうですか、私の希望より低いですね。 Soo desu ka, watashi no kiboo yori hikui desu ne.
Posso dar uma resposta (no começo da semana)?	(来週の初め)にお返事させて頂いてよろしいでしょうか？ (Raishuu no hajime) ni ohenji sasete itadaite yoroshii dehoo ka?
Posso começar (já).	(直ぐ)始められますが。 (Sugu) hajimerare masu ga.

Falando do seu japonês e outros idiomas	外国語能力に関して **Gaikoku go nooryoku ni kanshite**
Eu falo ____ fluentemente.	… 語は充分に話せます。 … -go wa juubun ni hanasemasu.
Peço desculpas pelo meu japonês.	日本語が出来なくて、申し訳ありません。 Nihongo ga dekinakute mooshi wake ari masen.
Meu japonês está um pouco enferrujado.	日本語を長い間使っておりません。 Nihongo o nagai aida tsukatte orimasen.
Eu sou bilíngue em ____ e ____.	… 語と…語が話せます。 … go to …go ga hanasemasu.
Tenho alguns conhecimentos de ____.	… 語の会話は少し出来ます。 … go no kaiwa wa sukoshi dekimasu.
Eu falo um pouco de ____.	… 語は少し話せます。 … go wa sukoshi hanasemasu.
Eu me viro em ____.	… 語は多少出来ます。 … go wa tashoo dekimasu.
Em japonês eu praticamente só falo.	会話なら少し出来ます。 Kaiwa nara sukoshi dekimasu.
Eu sei ____ em japonês.	日本語を…事が出来ます。 Nihongo o … koto ga dekimasu.
Eu sei usar japonês na maioria das situações (comerciais).	(仕事)での日本語は大体分かります。 (Shigoto) deno nihongo wa daitai wakari masu.
Falo bem em japonês.	日本語の会話は充分に出来ます。 Nihongo no kaiwa wa juubun ni dekimasu.

Falando do seu japonês e outros idiomas	外国語能力に関して **Gaikoku go nooryoku ni kanshite**
Já me falaram que tenho um sotaque bom.	皆さんから私の発音は結構いいと言われました。 Mina san kara watashi no hatsuon wa kek koo ii to iware masu.
Eu entendo mais do que eu falo.	話すのは苦手ですが、理解は出来ます。 Hanasu nowa nigate desu ga, rikai wa deki masu.
Não sou exatamente fluente, mas sei...	流暢ではありませんが、…は出来ます。 Ryuuchoo dewa arimasen ga, … wa deki masu.
Sei que tenho sotaque.	少し発音にくせがあるんですが。 Sukoshi hatsuon ni kuse ga srun desu ga.

Networking	ネットワーク **Network***
Então, soube que você mexe com (computadores).	それでは、(コンピューター)には詳しそうですね。 Soredewa, (computer*) niwa kuwashii soo desu ne.
Então, você mexe com (computadores).	それでは、(コンピューター)の操作は大丈夫なんですね。 Soredewa,(computer*) no soosa wa daijoobu nandesu ne.
Então, como está o mercado de ____?	それで、商売の方はどうですか？ Sorede, shoobai no hoo wa doo desu ka?
E então, está gostando de trabalhar para...?	それで、…の仕事はどうですか？ Sorede,… no shigoto wa doo desu ka?
E que tal?	それで、どうですか？ Sorede, doo desu ka?
Você está gostando?	仕事の具合はどうですか？ Shigoto no guai wa doo desu ka?
Você conhece o (John Hoffsis)?	(ジョン　ホフシス　さん)をご存知ですか？ (John Hoffsis san) o gozonji desu ka?
Deixe-me dar meu cartão...	どうぞよろしく、私の名刺です。 Doozo yoroshiku watashi no meishi desu.
Eu trabalho com...	… と一緒に働いています。 … .to isshoni hataraite imasu.

Networking	ネットワーク **Network***
Quem sabe eu/você não queira...	ひょっとしたら、私/あなたにとって興味がある事かもしれません。 Hyootto shitara, watashi/anata ni totte kyoomi ga aru koto kamo shiremasen.
Você tem um cartão?	名刺を頂けますか？ Meishi o itadakemasu ka?
Vamos (tomar um café) uma hora dessas...	その内（コーヒー）でもご一緒にいかがですか。 Sono uchi (coffee*) demo goissho ni ikaga desu ka.
Se for ao Brasil, dê um alô.	ブラジルへいらっしゃる時、お電話下さい。 Brazil e irassharu toki, odenwa kudasai.

Falando do seu trabalho	自分の仕事に付いて話す **Jibun no shigoto ni tsuite hanasu**
Eu sou ____ na ____.	私は____の____です。 Watakushi wa ____ no ____ desu.
Você conhece?	良くご存知ですか？ Yoku gozonji desu ka?
Eu trabalho na...	… で働いています。 … de hataraite imasu.
Você já ouviu falar?	わが社の事はご存知でしょうか？ Wagasha no koto wa gozonji deshoo ka?
É uma companhia de _____ pequena/grande.	小さな/大きな会社です。 Chiisana/Ookina kaisha desu.
Minha companhia está sediada em...	本社は…です。 Honsha wa … desu.
Temos filiais em/por todo...	全…に支店がございます。 Zen … ni shiten ga gozaimasu.
Eu trabalho de ...	… の仕事をしています。 … no shigoto o shite imasu
Sou uma espécie de...	私の専門は…関係です。 Watashi no senmon wa … kankei desu.

Falando do seu trabalho	自分の仕事に付いて話す **Jibun no shigoto ni tsuite hanasu**
Basicamente, eu...	主に私は… Omo ni watashi wa…
Eu trabalho em...	… の仕事をしています。 … no shigoto o shite imasu.
Eu trabalho com...	… と働いています。 … to hataraite imasu.
No geral, o que eu faço é...	普通私がする事は… Futsuu watashi ga suru koto wa…
Meu trabalho consiste basicamente em...	私の仕事は主に…に関係しています。 Watashi no shigoto wa omo ni… ni kankei shite imasu.
Eu gosto muito.	大好きなんです。 Daisuki nan desu.
É bem (interessante).	とても(面白い)です。 Totemo (omoshiroi) desu.
É um pouco estressante às vezes.	時々ストレスがたまりますけど。 Tokidoki stress* ga tamarimasu kedo.
Nunca é chato.	飽きる事がありません。 Akiru koto ga arimasen.
Comecei a trabalhar lá em (1998).	(1998年)以来あちらで働いています。 (1998nen) irai achihra de hataraite imasu.
Eu tenho (9) anos lá.	(9年間)あちらで働いています。 (9nen kan) achira de hataraite imasu.
Comecei a trabalhar lá por...	… が理由であちらで働き始めたんです。 … ga riyuu de achira de hataraki hajimetan desu.
Gosto das pessoas com quem trabalho.	素晴らしい同僚に恵まれているんです。 Subarashii dooryoo ni megumarete irun desu.
As pessoas com quem trabalho são bem...	同僚は皆…なんです。 Dooryoo wa minna … nan desu.

Fazendo perguntas sobre o trabalho de alguém	他の人に仕事について聞く **Hoka no nito ni shigoto ni tsuite kiku**
O que você faz?	それで、お仕事は何をなさっているんですか。 Sorede, oshigoto wa nani o nasatte irun desu ka?

Fazendo perguntas sobre o trabalho de alguém	他の人に仕事について聞く **Hoka no nito ni shigoto ni tsuite kiku**
O que você faz exatamente?	お仕事の内容はどんな事なんですか。 Oshigoto no naiyoo wa donna koto nandesu ka?
Onde você trabalha?	お勤めはどちらですか？ Otsutome wa dochira desu ka?
Onde (isso) fica?	所在地はどちらですか？ Shozaichi wa dochira desu ka?
É uma companhia grande/pequena?	大きい/小さい会社ですか？ Ooki/Chiisai kaisha desu ka?
Como você começou a trabalhar lá?	そちらにお勤めになったのはどの様な動機だったんでしょうか？ Sochira ni otsutome ni natta nowa dono yoona dooki dattan deshoo ka?
Você está gostando?	お仕事は気に入っているんですか？ Oshigoto wa kini itterun desu ka?
Trabalha muito?	お仕事は大変ですか？ Oshigoto wa taihen desu ka?
Está ganhando bem?	お給料はどんな具合ですか？ Okyuuryo wa donna guai desu ka?
Quanto tempo você tem lá?	そちらにはどの位お勤めになっていますか？ Sochira niwa donokurai otsume ni natte imasu ka?
Sempre foi...?	何時も…だったんですか？ Itsumo … dattan desu ka?
É bastante (competitivo)?	(競争)は激しいんですか？ (kyoosoo) wa hageshiin desu ka?
Precisa (viajar muito)?	(よく旅行を)しますか？ (yoku ryokoo o) shimasu ka?

Descrevendo o estado da sua empresa	あなたの会社・仕事について話す **Anata no kaisha, shigoto ni tsuite hanasu**

Bom	良好な状態 **Ryookoona jootai**
As coisas vão muito bem.	仕事は上手く行っています。 Shigoto wa umaku itte imasu.

Bom	良好な状態 **Ryookoona jootai**
A companhia está deslanchando.	会社は業績がいいです。 Kaisha wa gyooseki ga ii desu.
Tivemos um ano muito bom (no ano passado).	(去年)業績がいい年でした。 (Kyonen) gyooseki ga ii toshi deshita.
Este ano tem sido muito bom.	今年は好調です。 Kotoshi wa koochoo desu.
As vendas estão se aquecendo.	販売が好調です。 Hanbai ga koochoo desu.
Percebemos um crescimento constante.	我が社は確実に成長しています。 Wagasha wa kakujitsuni seichoo shite imasu.
Estamos melhores do que esperávamos.	予想よりいい業績です。 Yosoo yori ii gyooseki desu.
Estamos muito satisfeitos.	皆喜んでいます。 Minna yorokonde imasu.

Ruim	悪い状態 **Warui jootai**
As coisas não vão muito bem.	余り上手く行ってないんです。 Amari umakuitte nain desu.
Não tão bem como esperávamos.	予想以上に悪いですね。 Yosoo ijooni warui desu ne.
As coisas estão um pouco devagar agora.	今は一寸暇です。 Ima wa chotto hima desu.
Os negócios estão um pouco devagar.	仕事は一寸暇な状態です。 Shigoto wa chotto himana jootai desu.
As vendas estão abaixo do esperado.	販売が予想以上に落ちています。 Hanbai ga yosoo ijooni ochite imasu.
Tem sido um ano bem difícil.	今年は本当に厳しい年です。 Kotoshi wa hontoo ni kibishii toshi desu.
Na verdade, um pouco decepcionante.	実際、少し失望しています。 Jissai, sukoshi shitsuboo shite imasu.
Bem, as coisas devem melhorar.	恐らく良くなると思っているんですが。 Osoraku yokunaru to omotte irun desu ga.

Destacando pontos positivos de sua empresa/companhia	あなたの仕事/会社を売り込む **Anata no kaisha o urikomu**
Lideramos o mercado de...	この業界の最大手です。 Kono gyookai no sai oote desu.

Destacando pontos positivos de sua empresa/companhia	あなたの仕事/会社を売り込む **Anata no kaisha o urikomu**
No ano passado fomos votados...	昨年、我が社は…に選ばれました。 Sakune wagasha wa … ni erabare mashita.
Somos (a provedora de internet) número um no Brasil.	我が社はブラジルで一番いい（インターネットサーバー）です。 Wagasha wa Brasil de ichiban ii (internet server*) desu.
Somos o número um em (satisfação do cliente).	我が社は（お客様の満足度）が一番である事を誇っています。 Wagasha wa(okyakusama no manzokudo)ga ichiban de aru koto o hokotte imasu.
Temos o melhor ____ em termos de...	我が社は…に関しては一番です。 Wagasha wa … ni kanshite wa ichiban ___ desu.
Fomos o primeiro no Brasil em...	我が社はブラジルで一番初めの…です。 Wagasha wa Brasil de ichiban hajime no … desu.
Desde 1997, ...	1997年より、我々は… 1997 nen yori, wareware wa…
Ninguém mais no Brasil tem...	我が社以外ブラジルには…がありません。 Wagasha igai Brasil niwa … ga arimasen.
Somos os ____ exclusivos de ____ no Brasil.	我が社はブラジルに於ける独占権を持っています。 Wagasha wa Brasil ni okeru dokusenken o motte imasu.
Somos o maior...	我が社が最も…です。 Wagasha ga mottomo … desu.
Temos a maior rede de...	我が社は最大のネットワークを持っています。 Wagasha wa saidaino network* o motte imasu...
O nome ____ é conhecido e respeitado em todo o Brasil como o ____ em ____ .	我が社の名前__はブラジル国内で__に関して有名です。 Wagasha no namae ___ wa Brasil kokunai de ___ ni kanshite yuumei desu.

Como dizer um endereço de e-mail em japonês	電子ネールアドレスを日本語で言う **Denshi mail address* o nihongo deiu**
É Ricardo.	リカルドです。 *Ricardo* desu.

Como dizer um endereço de e-mail em japonês	電子ネールアドレスを日本語で言う **Denshi mail address* o nihongo deiu**
...uma palavra só	区切り無しの言葉です… Kugiri nashi no kotoba desu.....
...tudo minúscula	全て小文字です。 Subete komoji desu.
...tudo maiúscula	全て大文字です。 Subete oomoni desu.
arroba...	アットマーク。 Atto maaku.
...commerce ponto com	…ドットコンドットｊｐ … dot com dot jp
...commerce barra department ponto com	… .会社名スラッシュ部署ドットコン … kaisha mei slash busho dot com

Primeiro contato	最初のコンタクト **Saisho no contact**
Oi, eu sou...	初めまして、私…と申します。 Hajime mashite, Watakushi…to mooshi masu.
Trabalho na ____ do Brasil.	ブラジルの…で働いています。 Brasil no ___ de hataraite imasu.
Peguei seu nome de...	… でお名前を拝見いたしました。 … de onamae o haiken itashi mashita.
Você me foi indicado pelo...	… 様からご紹介頂きました。 … sama kara goshookai itadaki mashita.
Estou entrando em contato porque...	… についてご連絡差し上げております。 … ni tsuite gorenraku sashiagete orimasu.
Estou lhe escrevendo porque...	… についてこのメール差し上げております。 … ni tsuite kono mail* sashiagete orimasu.
Eu trabalho na...	私は…に勤めております。 Watakushi wa… ni tsutomete orimasu.

Procurando um contato	連絡を取る **Renraku o toru**
Oi, aqui é... da...	ご無沙汰致しております。…の…です。 Gobusata shite orimasu. …no…desu.
Talvez você não se lembre de mim...	私を覚えていらっしゃらないかも知れませんが。 Watakushi o oboete irassharanai kamo shire masen ga.

Procurando um contato	連絡を取る **Renraku o toru**
A gente chegou a se conhecer...	実は、一度お目に掛かった事があります。 Jitsuwa, ichido omeni kakatta koto ga arimasu.
A gente se conheceu em/na...	… でお会いした事があります。 … de oaishita koto ga arimasu.
Sou eu que...	… だったのは私でした。 … data nowa watakushi deshita.
Você me foi recomendado pelo (Sérgio).	(セルジオ)様よりご紹介頂いております。 (Sergio) sama yori goshookai itadaite orimasu.
O (Sérgio) me recomendou a você.	(セルジオ)様よりお宅をご紹介して頂きました。 (Sergio) sama yori otaku o goshookai shite itadaki mashita.

Agendando um horário	面会の日取りを決める **Menkai no hidori o kimeru**

Propondo um horário ou lugar	時間と場所を提案する **Jikan to basho o teian suru**
Que dia é bom para você?	何時がご都合よろしいでしょうか？ Itsu ga gotsugoo yoroshii deshoo ka?
Posso marcar para (sexta-feira)?	(金曜日)に決めてもよろしいでしょうか？ (Kinyoobi) ni kimetemo yoroshii deshoo ka?
Que tal (a sexta-feira)?	(金曜日)はご都合いかがですか？ (Kinyoobi) wa gotsugoo ikaga desu ka?
E (a segunda-feira)?	(月曜日)いかがですか？ (Getsuyoobi) wa ikaga desu ka?
Que tal um almoço?	お昼をご一緒にどうですか？ Ohuiru o goissho ni ikaga desu ka?
Por que não nos encontramos (no lobby)?	(ロビー)でお会いしましょう？ (Lobby) de oai shimasen ka?

Propondo um horário ou lugar	時間と場所を提案する **Jikan to basho o teian suru**
Umas (8:00)?	(8時)はいかがですか？ (8 ji) wa ikaga desu ka?

Propondo um horário ou lugar	時間と場所を提案する **Jikan to basho o teian suru**
Se por algum motivo não der, é só me ligar (no celular).	もし、何かご都合が悪ければ、(携帯)にお電話下さい。 Moshi, nanika gotsugoo ga warukereba, (keitai) ni odenwa kudasai.

Dizendo que não pode	断りの言葉 **Kotowari no kotoba**
Acho que está um pouco apertado. Que tal...?	一寸無理なんですが、…ではいかがでしょうか？ Chotto muri nan desu ga,… dewa ikaga deshoo?
Não posso/Não dá	申し訳ありません。 Mooshi wake arimasen.
Eu tenho que...	一寸用事がありますので。 Chotto yooji ga arimasu node.
Eu tenho ____ na (sexta-feira).	(金曜日)には____がありますので。 (Kinyoobi) niwa ___ ga arimasu node.
Eu estou lotado (esta semana).	(今週)は予定が一杯なんです。 (Konshuu) wa yotei ga ippai nandesu.
Tenho mil coisas para fazer.	今一寸手が離せないんです。 Ima chotto te ga hansenain desu.
Tenho que checar minha agenda.	一寸予定を確認します。 Chotto yotei o kakunin shimasu.
Posso ligar para você?	お電話してもよろしいですか？ Odenwa shitemo yoroshii desu ka?

Aceitando	受け入れる **Uerireru**
Está ótimo.	それで、結構です。 Sorede,kekoo desu.
Ótimo/Perfeito, até lá então.	それでは、その時に。 Soredewa, sono toki ni.

Cancelando	キャンセルする **Cancel* suru**
Escuta, eu vou precisar cancelar nosso encontro na (sexta-feira).	申し訳ありません、(金曜日)の会議をキャンセルしなければなりません。 Mooshi wake arimasen, (Kinyoobi) no kaigi o cancel shinakereba narimasen.

Cancelando	キャンセルする **Cancel* suru**
Surgiu um imprevisto.	急用が出来ましたので。 Kyuuyoo ga dekimashita node.
Desculpe-me.	申し訳ありません。 Mooshi wake arimasen.
Não tive como escapar.	一寸抜け出せそうもありません Chotto nukedase soomo arimasen.
Espero que você entenda.	よろしくご了承下さい。 Yoroshiku goryooshoo kudasai.
Vamos marcar para (semana que vem)?	(来週）お会いできないでしょうか？ (Raishuu) oai dekinaide shoo ka?

Marcando um horário	面会の約束を取る **Menkai no yakusoku o toru**

A telefonista/recepcionista	電話交換手/受付 **Denwa kookanshu/uketsuke**
O senhor gostaria de marcar um horário?	面会時間は何時がよろしいでしょうか？ Menkai jikan wa itsu ga yoroshii deshoo ka?
(Esta semana) está muito corrida.	(今週)は真に多忙を極めておりますが。 (Konshuu) wa makotoni taboo o kiwamete orimasu ga.
Sinto muito, mas (a quarta-feira) já está cheia.	恐れ入ります、(水曜日)は予定が入っております。 Osore irimasu,(Suiyoobi) wa sudeni yotei ga haitte oriamsu.
Pode ser na (quinta-feira)?	(木曜日)ではいかがでしょうか？ (Mokuyoobi) dewa ikagade shoo ka?
Que tal na (sexta-feira)?	(金曜日)はいかがですか？ (Kinyoobi) wa ikaga desu ka?
(Sexta-feira) fica melhor para você?	(金曜日)の方がご都合よろしいでしょうか？ (Kinyoobi) no hoo ga gotsugoo yoroshii deshoo ka?

A telefonista/recepcionista	電話交換手/受付 **Denwa kookanshu/uketsuke**
Se houver algum cancelamento, eu entro em contato.	もし、キャンセルが出ましたら、ご連絡致します。 Moshi cancel ga demashi tara, gorenraku itashi masu.

A telefonista/recepcionista	電話交換手/受付 **Denwa kookanshu/uketsuke**
Posso fazer um encaixe para (hoje à tarde).	(今日の午後)ならお時間をお取りできますが。 (Kyoo no gogo) nara ojikan o otori dekimasu ga.
Qual horário seria melhor para o senhor: a parte da manhã ou a parte da tarde?	午前と午後、どちらがよろしいでしょうか？ Gozen to gogo, dochira ga yoroshii deshoo ka?
Tudo bem às (10:00)?	(10時)はいかがでしょうか？ (10 ji) wa ikaga deshoo ka?
Então posso marcar para as (10:00)?	では、（10時）に予定致しましょうか？ Dewa,(10 ji) ni yotei itashimashoo ka?
Então fica para (sexta-feira) às (10:00).	では、（金曜日）に予定を入れておきます。 Dewa,(Kinyoobi no 10 ji) ni yotei o irete okimasu.
Mais alguma coisa?	他にご用はございませんか？ Hokani goyoo wa gozaimasen ka?
Então até (sexta-feira).	それでは、（金曜日）に,失礼します。 Soredewa,(Kinyoobi) ni,shitsurei shimasu.

Quem marca um horário	面会の時間を決める **Menkai no jikan o kimeru**
Oi, gostaria de marcar um horário (com...).	すみません，（…さんにお会いする）時間を頂きたいのですが、 Sumimasen,(… san ni oai suru) jikan o itadakitai no desu ga.
Você tem algum horário na (sexta-feira) às (10:00)?	(金曜日)の（10時）はいかがでしょうか？ (Kinyoobi) no (10 ji) wa ikaga deshoo ka?
(Quinta) é um dia ruim.	(木曜日)は都合が悪いんですが。 (Mokuyoobi) wa tsugoo ga waruin desu ga.
Será que teria um encaixe para hoje?	何とか今日、ご都合がつきませんか？ Nantoka kyoo, gotsugoo ga tsukimasen ka?

Indo direto ao assunto	仕事の話に入る **Shigoto no hanashi ni hairu**
Bom, enfim...	それで、とに角… Sorede, tonikaku…
Então, vamos direto ao assunto?	では、早速仕事の話ですが。 Dewa,sassoku shigoto no hanashi desu ga?
Vamos ao que interessa?	さて、仕事の話なんですが。 Sate, shigoto no nahashi nan desu ga.
O motivo de nos reunirmos aqui hoje é...	本日お会いしたかった訳は…です。 Honjitsu oaishitakatta wake wa…desu.
Tenho uma proposta para você.	ご提案したい事があるのですが。 Goteian shitai koto ga aruno desu ga.
Tenho uma proposta de negócio para você.	取引に関してのお話があるんですが。 Torihiki ni kanshite no ohanashi ga arun desu ga.
O que você acharia de...?	… に付いてどの様にお考えですか？ … ni tsuite donoyoo ni okangae desu ka?

Falando do andamento de um projeto	進行状況を話す **Shin koo jokyoo o hanasu**
Está em andamento.	予定通り進んでいます。 Yoteidoori susunde imasu.
Está se sucedendo/progredindo bem.	上手く進んでいます。 Umaku susunde iamsu.
Está começando a deslanchar.	いよいよ実行に掛かります。 Iyoiyo jikoo ni kakarimasu.
Estou/Estamos progredindo.	上手く行っています。 Umaku itte imasu.
Estou/Estamos adiantados.	予定以上に進んでいます。 Yotei ijoo ni susunde imasu.
Estou/Estamos um pouco atrasados.	予定より少し遅れています。 Yotei yori sukoshi okurete imasu.
Está meio caminho andado.	予定の半分まで進んでいます。 Yotei no hanbun made susunde imasu.
Vai acabar a qualquer momento.	もう直ぐ終わります。 Moo sugu owarimasu.
Acho que não vai demorar.	そんなに長くは掛からないでしょう。 Sonnani nagaku wa kakaranai deshoo.
Estamos quase chegando lá.	殆んど終わりに近づいています。 Hotondo owari ni chikazuite imasu.

Falando do andamento de um projeto	進行状況を話す **Shin koo jokyoo o hanasu**
Só faltam alguns detalhes finais e já acabei/acabamos.	最後の所が終われば、終わります。 Saigo no tokoro ga owareba, owarimasu.
Estou/Estamos na reta final agora.	既に、最終段階です。 Sudeni saishuu dankai desu.
Estou/Estamos trabalhando nisso ainda.	まだ続けています。 Mada tsuzukete imasu.
Está chegando lá.	終わりに近づいています。 Owarini chikazuite imasu.
Está demorando um pouco mais do que esperávamos.	予定より少し遅れています。 Yotei yori sukoshi okurete imasu.
Pode demorar (mais um pouco).	もう少し長く掛かりそうです。 Moo sukoshi (nagaku) kakari soo desu.
Já andamos bastante.	もうかなり進んでいます。 Moo kanari susunde imasu.
Ainda tenho/temos muito o que fazer.	まだ相当掛かります。 Mada sootoo kakarimasu.
Estamos atingindo nossas metas.	目標を達成しました。 Mokuhyoo o tassei shimashita.
Acho que vamos conseguir fechar abaixo do orçamento.	予算以下で終わりそうです。 Yosan ika de owari soo desu.

Falando de problemas — 問題について話す **Mondai ni tsuite hanasu**

Minimizando a importância de um problema	問題を過小に話す **Mondai o kashoo ni hanasu**
Tá bom, não tem problema.	大丈夫です、問題ありません。 Daijoobu desu, mondai arimasen.
Tudo bem, não faz mal.	大丈夫です、大した事ないでしょう。 Daijoobu desu, taishita koto naideshoo.
Bem, não é nada que não esteja ao nosso alcance.	大丈夫です、何とかなるでしょう。 Daijoobu desu,nantoka naru deshoo.
Podemos encarar isso.	上手く処理出来るでしょう。 Umaku shori dekiru deshoo.
É apenas um contratempo.	一寸した手違いです。 Chotto shita techigai desu.
Essas coisas acontecem.	よくある事です。 Yoku aru koto desu.

Ressaltando a importância de um problema	問題を過大に話す **Mondai o kadai ni hansu**
Isso é sério/complicado.	それは大変です。 Sore wa taihen desu.
Temos que fazer alguma coisa.	直ぐに何とかしなければ。 Sugu ni nantoka shinakereba.
Isso exige nossa atenção imediata.	直ぐに対処しなければ。 Suguni taisho shinakereba.
Isso é assunto sério.	それは重大事項です。 Sore wa juudai jikoo desu.
Não podemos tratar disso de maneira delicada.	簡単に扱う事ではないでしょう。 Kantan ni atsukau koto dewa naideshoo.

Decisões de negócios	取引上の決定 **Torihiki joo no kettei**

Resolvendo entrar em negócios	取引を進める決定 **Torihiki o susumeru kettei**
Pensei/Pensamos nisso, e...	その事に付いて既に考えております、そして… Sono koto ni tsuite sudeni kangaete orimasu, soshite···.
Decidi/Decidimos ir adiante.	進めて行くことに決定しました。 Susumete iku kotoni kettei shimashita.
Gostei/Gostamos da proposta/contrato/ideia.	ご提案/契約/ご意見が気に入りました。 Goteian/keiyaku/goiken ga kini irimashita.
Parece interessante/legal.	いいお話の様ですね。 Ii ohanashi no yoo desu ne.
Ainda temos que falar sobre detalhes...	… の詳細に付いて話す必要があります。 … no shoosai ni tusite hanasu hitsuyoo ga arimasu.
Precisamos ainda discutir os termos...	… に付いてまだ話し合う必要があるようです。 … ni tsuite mada hanashiau hitsuyoo ga aru yoodesu.
Precisamos ainda resolver algumas coisas, mas...	まだ、少し問題がある様ですが。 Mada,sukoshi mondai ga aru yoo desu ga,···
Acredito que seja uma coisa boa.	上手く行く事を信じています。 Umaku iku koto o shinjite imasu.
Estamos contentes de poder fazer um negócio com vocês.	お宅と取引できる様になり、嬉しく思っております。 Otaku to torihiki dekiru yoo ni nari, ureshiku omotte oriamsu.

Resolvendo não entrar em negócios	取引しない事に決定 **Torihiki shinai koto ni kettei**
Pensei/Pensamos bem e...	詳しく検討致した結果、…となりました。 Kuwashiku kentoo itashimashita kekka, … to narimashita.
Achei/Achamos que agora não é o momento certo.	現時点では一寸無理だと決定いたしました。 Genjiten dewa chotto muri dato kettei itashi mashita.
Tenho/Temos alguns receios.	多少不明な点があります。 Tashoo fumeina ten ga arimasu.
Preciso/Precisamos pensar mais a respeito.	更に検討して見たいと思っておりります。 Sarani kentoo shite mitai to omotte orimasu.
Ainda tenho/temos algumas questões/ receios/dúvidas.	まだ、少し不明な点があるんですが。 Mada sukoshi fumeina ten ga arun desu ga.
Gostaria/Gostaríamos de ver mais valores.	もう少しご配慮頂ければと願っております。 Moo sukoshi goahiryo itadakereba to negatte orimasu.
Isso não é nada relacionado com você ou sua companhia, apenas...	お宅に問題があるのではなくて、ただ…です。 Otakuni mondai ga aru no dewa nakute,tada… desu.

Resolvendo não entrar em negócios	取引しない事に決定 **Torihiki shinai koto ni kettei**
Quem sabe mais para frente...	将来又お付き合いさせて頂きたいと願っております。 Shoorai mata otsukiai sasete itadakitai to negatte oriamsu.
No momento teremos que dizer "não", infelizmente.	残念ながら、現時点では、お断りさせて頂きます。 Zannen nagara,genjiten dewa okotowari sasete itadaki masu.
Mas agradecemos sua atenção e esperamos poder fazer algo no futuro.	この度は有り難うございました、次の機会によろしくお願い致します。 Konotabi wa arigatoo gozaimashita, tsugi no kikai ni yoroshiku onegai itashimasu.

Pesquisando preços	価格を調べる **Kakaku o shiraberu**
Estou pesquisando preços de...	… の価格を調べているところです。 … no kakaku o shirabete iru tokoro desu.
Gostaria de saber o preço e disponibilidade do seu...	… の価格と条件について知りたいのですが。 … no kakaku to jooken ni tsuite shiritai nodesu ga.
Você pode me dar uma previsão de tempo sobre isto?	それの予定時間はどの位掛かりますか？ Sore no yoteijikan wa donokurai kakarimasu ka?
Quanto você(s) cobra(m) para...?	… の価格はいくらでしょうか？ … no kakaku wa ikura deshoo ka?
Você poderia me dar uma ideia aproximada?	大体の価格をお知らせ頂けますか？ Daitai no kakaku o oshirase itadakemasu ka?
Tem uma taxa a mais para...?	… の別途費用はありませんでしょうか？ … no betto hiyoo wa arimasen deshoo ka?
Tá, e isso inclui...?	それで、それも含まれているんでしょうか？ Sorede,sore mo fukumarete irun deshoo ka?
Você tem isso em estoque?	在庫はございますか？ Zaiko wa gozaimasu ka?
Em quanto tempo vocês podem entregar?	どの位で配達頂けますか Dono kuraide haitatsu itadake masu ka?
Quais são as condições de pagamento?	支払条件はどの様になっているんでしょうか？ Shiharai jooken wa donoyoo ni natte irun deshoo ka?
Dá para parcelar isso?	分割払いが可能でしょうか？ Bunkatsu barai ga kanoo deshoo ka?
Vocês fazem em quantas vezes?	分割払いは何回まで可能でしょうか？ Bunkatsu barai wa nankai made kanoo deshoo ka?
Tá ótimo. Só estou checando preços.	ああ、そうですか、今価格を調べている所なんです。 Aa,soo deu ka,ima kakaku o shirabete iru tokoro nan desu.
Tá, e com quem eu falei?	分かりました、もう一度お名前を頂けますか？ Wakari mashita, moo ichido onamae o itadake msau ka?

Falando de dinheiro	お金に関しての会話 **Okane ni kanshite no kaiwa**
Solicitando valores	価格を尋ねる **Kakaku o tazuneru**
De quanto estamos falando aqui?	価格はいかほどでしょうか？ Kakaku wa ikahodo deshoo ka?
Em termos de (dólares), estamos falando de quanto?	(USドル)ではいかほどになりますか？ (US Dollars)dewa ikahodoni narimasu ka?
Você poderia me dar um valor aproximado de...?	おおよその価格をお知らせ頂けますか？ Ooyoso no kakaku o oshirase itadake masu ka?
Você tem um valor exato?	正確な価格がわかりますか？ Seikakuna kakaku ga wakarimasu ka?
Como você chegou a esse valor?	この価格の算定はどうなっているんでしょうか？ Kono kakaku no santei wa doonatte irun deshoo ka?
Isso inclui...?	… も含まれていますか？ … mo fukumarete imasu ka?
Solicitando valores	価格を尋ねる **Kakaku o tazuneru**
Isso leva em conta...?	… も計上されるんでしょうか？ … mo keijoo sarerun deshoo ka?
Você concordaria que...?	… に同意出来ますか？ … ni dooi dekimasu ka?
Dando números	金額を示す **kingaku o shimesu**
Por cima, uns...	大まかに言えば、…ほどです。 Oomakani ieba,…hodo desu.
Na faixa de.../Por volta de...	… の前後です。 … no zengo desu.
Em dólares, mais ou menos...	USドルでは、…位です。 US Dollar dewa, … gurai desu.
Estamos falando de (pelo menos)...	(最低)…位です。 (Saitei)… gurai desu.
____, para ser preciso.	厳密に言えば、___,です。 Genmitsu ni ieba,____ ,desu.
Este valor é baseado em...	… に基づいた価格です。 … ni motozuita kakaku desu.
Este valor não inclui...	… を含まない金額です。 … o fukumanai kingaku desu.

Comprando e vendendo	売買 **Baibai**

Comprando	購入 **Koonyu**
Como poderia comparar seu ____ com ____ em termos de ____ ?	＿＿に関してお宅の＿＿と＿＿をどの様に比較出来るのでしょうか？ ___ ni kanshite otaku no ___ to ___ o donoyooni hikaku dekiru no deshoo ka?
Na sua opinião, quais são as principais vantagens do seu ____ ?	お宅の＿＿のいい所はなんでしょうか？ Otaku no ___ no ii tokoro wa nan desu ka?
Você(s) seria(m) flexíveis para...?	… にはどの位の幅があるんでしょうか？ … niwa donokurai no haba ga arun desu ka?
Qual é a pegadinha?	利益幅はいくらでしょうか？ Rieki haba wa ikura deshoo ka?

Comprando	購入 **Koonyu**
Podemos contar com você(s) para...?	… はお宅にお任せ出来ますか？ … wa otakuni omakase dekimasu ka?
Em quanto tempo você(s) poderia(m)...?	どの位の期間で…出来るんでしょうか？ Dono kurai no kikan de … dekirun deshoo ka?
Que termos vocês oferecem?	どの様な条件でしょうか？ Dono yoona jooken deshoo ka?
Que garantia vocês nos dão de que...?	… にはどの様な保障が頂けるんでしょうか？ … niwa dono yoona hoshoo ga itadakerun deshoo ka?
Você(s) poderia(m) garantir...?	… の保障が出来ますか？ … no hoshoo ga dekimasu ka?
Você(s) poderia(m)...?	… が可能でしょうか？ … ga kanoo deshoo ka?
Se quiséssemos ____ , seria possível...?	もし、私どもが…を希望すれば、…は可能でしょうか？ Moshi watashidomo ga … o kiboo sureba, …, wa kanoo deshoo ka?

Vendendo	販売 **Hanbai**
O que você acha de...?	… に付いてどの様なお考えですか？ … ni tsuite dono yooni okangae desu ka?
O que impede você?	躊躇する理由は何でしょうか？ Chuucho suru riyuu wa nan deshoo ka?
Eu lhe dou um ____ de brinde.	… を進呈します。 … o shintei shimasu.
Se você ____ , eu ____ .	もし、…だったら、…しましょう。 Moshi … dattara, … shimashoo.
É o melhor ____ que poderia ____ .	____出来れば、一番____なのですが。 ____dekireba, ichiban___nano desuga .
Você está perdendo um ótimo negócio.	この機会をお見逃しなく。 Kono kikai o ominogashi naku.
O momento é agora.	今が一番いい機会ですよ。 Ima ga ichiban ii kikai desu yo.
Se esperar, não posso garantir...	この機会を逃せば、…の保障が出来ません。 Kono kikai o nogaseba,… no hoshoo ga dekimasen.
É uma oportunidade única.	これは一生に一度のいい機会ですよ。 Kore wa isshoo ni ichido no ii kikai desu yo.
Se eu fosse você, eu...	もし、私があなただったら、…するでしょう。 Moshi watashi ga anata dattara, … suru deshoo.
Já mencionei...?	お話しましたか？ Ohanasih shimashita ka?
Sou flexível.	多少の幅はあります。 Tashoo no haba wa arimasu.
Estaria disposto a...	喜んで…しましょう。 Yorokonde … shimashoo.
Que tal você me fazer uma proposta?	金額を提示して頂けますか。 Kingaku no teiji shite itadakemasu ka?
Não posso oferecer menos do que ($50.000).	(5万ドル)以下には出来ません。 (50,000 doru) ika niwa dekimasen.
Isto está fora de questão.	それでは話になりません。 Sore dewa hanashi ni narimasen.
Parece razoável.	最もでしょう。 Mottomo deshoo.
É uma promoção por tempo limitado.	限定期間中の特別価格です。 Gentei kikan chuu no tokubetu kakaku desu.

Vendendo	販売 **Hanbai**
Eu não quero pressionar nem nada disso.	無理をお願いする積もりはありませんので。 Muri o onegai suru tsumori wa arimasen node.
Dê uma pensada e aí você me dá um alô.	ご検討の上、またご連絡下さい。 Gokentoo no ue mata gorenraku kudasai.
O que você acha?/O que lhe parece?	いかがですか？ Ikaga desu ka?
Por que você não tira uns dias para pensar um pouco sobre o assunto?	この件に付いて2,3日ご検討して見てはいかがでしょか？ Kono ken ni tsuite 2,3 nichi gokentoo shite mite wa ikaga deshoo ka?
Não tem pressa.	急ぐ必要はありません。 Isogu hitsuyoo wa arimasen?
Tome todo o tempo que precisar.	どうぞごゆっくりご検討下さい。 Doozo goyukkuri gokentoo kudasai.

Negociando uma ideia	アイデアを売り込む **Idea*o urikomu**

Vendendo a ideia	アイデアを売る **Idea* o uru**
Eu realmente acho que esta ideia é ótima.	これはいい考えだと思います。 Kore wa ii kangae da to omoimasu.
Eu sinceramente acho que pode dar certo.	これはきっと上手く行くと思います。 Kore wa kitto umaku iku to omoimasu.
Faz todo o sentido do mundo.	全て道理に適っている様です。 Subete doori ni kanatte iru yoo dsu.
Pense bem!	良く考えて見て下さい。 Yoku kangaete mite kudasai!
Estou muito entusiasmado com isso.	これには大いに期待しています。 Kore niwa ooini kitai shite imasu.

Compreendendo uma ideia	アイデアを理解する **Idea* o rikai suru**
Deixe-me só ver se eu entendi...	… が十分理解が出来ているか自分でも考えて見ます。 … ga juubun rikai dekite iru ka jibun demo kangaete mimasu.

Compreendendo uma ideia	アイデアを理解する **Idea* o rikai suru**
Então, o que você estaria propondo é...	それで、お宅の提案はどの様な物でしょうか？ Sorede, otaku no teian wa dono yoona mono deshoo ka?
Certo, então você está dizendo que...	では、お宅がおっしゃるのは… Dewa,otaku ga ossharu nowa…
E como você (faria)...?	さて、どの様に(します)か？ Sate, dono yooni (shimasu) ka?
Certo, acho que estou entendendo seu raciocínio.	そうですか、お宅の考え方がやっと分かりました。 Soo desu ka, otakuno kangae kata ga yatto wakari mashita.

"Comprando" uma ideia	アイデアを買う **Idea o kau**
Interessante.	それは面白いですね。 Sore wa omoshiroi desu ne.
Me interessei sobre isso.	興味を持ちました。 Kyoomi o mochimashita.
Acho que teve uma sacada.	何か面白そうですね。 Nanika omoshiro soo desu ne.
Eu gosto./Gostei.	気に入りました。 Ki ni irimashita.
Eu acho que daria certo.	上手く行くと思います。 Umaku iku to omoimasu.
Isso é brilhante!	それは素晴らしい。 Sore wa subarashii!

Expressando reservas sobre uma ideia	アイデアを嫌う **Idea o kirau**
Não sei...	一寸分かりませんが… Chotto wakarimasen ga...
Bom, para ser sincero, eu...	どうも、正直な所… Doomo , shoojikina tokoro…
Eu acho uma ideia legal, só que...	面白い考えだと思うんですが、… Omoshiroi kangae dato omoun desu ga,…
Talvez se você fizesse algumas mudanças.	多少変更していただければ。 Tashoo henkoo shite itadakereba.

Respondendo a um pedido	要求に答える **Yookyuu ni kotaeru**
Concedendo	同意する **Dooi suru**
Claro.	もちろんです。 Mochiron desu.
Pode deixar.	お任せ下さい。 Omakase kudasai.
Já vou fazer.	直ぐ、取り掛かります。 Sugu tori kakari masu node.
Estará pronto para você para (amanhã).	(明日)までには出来上がりますので。 (Ashita) made niwa dekiagari masu node.
É rapidinho.	直ぐ、終わりますので。 Sugu owarimasu node.
Sem problemas.	大丈夫です。問題ありません。 Daijoobu desu. Mondai arimasen.
Aceitando com reservas	条件付きの同意 **Jooken tsuki no dooi**
Bom, isso depende...	そうですね、…次第です。 Soo desu ne,…shidai desu.
Tudo bem, contanto que...	… である限りは結構です。 … de arukagiri wa kekkoo desu.
Tudo bem, assim que...	早いほど、結構です。 Hayai hodo kekoo desu.
Tá, e o que eu ganho com isso?	それで、私どもへの利益はどの様なものでしょうか？ Sorede,watashi domo e no rieki wa dono yoona mono deshoo ka?
A troco de quê?	そして、交換条件は何でしょうか？ Soshite kookan jooken wa nan deshoo ka?
"Talvez"	あいまいな言い方 **Aimaina ii kata**
Vou dar um jeito./Vou ver o que dá para fazer.	何が出来るか考えて見ます。 Nani ga dekiru ka kangaete mimasu.
Não posso garantir nada, mas...	何もお約束は出来ませんが… Nanimo oyakusoku wa dekimasen ga,…
Vou fazer o possível.	出来る限りの事はしましょう。 Dekiru kagiri no koto wa shimashoo.

Recusando	拒否する **Kyohi suru**
Infelizmente (agora mesmo) não dá.	残念ながら、(今)は一寸… Zannen nagara, (ima) wa chotto···.
Estou (meio) ocupado agora mesmo.	今は一寸手が離せないんですが。 Ima wa chotto te ga hanase nain desu ga.
Você se importa se eu fizer mais tarde?	少し遅くなっても構いませんか？ Sukoshi osokunattemo kamaimasen ka?
É para quando?	何時までなんでしょうか？ Itsu made nan deshoo ka?
Estou muito ocupado estes dias.	この所、予定が詰っているんですが。 Kono tokoro yotei ga tsumatte irun desu ga.
Bem que eu queria lhe ajudar.	お役に立てれば、いいのですが。 Oyakuni tatereba ii no desu ga.

Lidando com atrasos	遅れを促す **Okure o unagasu**
Tem como adiantar isso?	何とか早くして頂けないでしょうか？ Nantoka hayaku shite itadakenai deshoo ka?
Tem previsão de...?	どの位掛かるか分かりますか？ Dono kurai kakaru ka wakarimasu ka?
Eu/Nós gostaríamos de ter isso antes, se for possível.	出来るだけ、早くして欲しいんですが。 Dekiru dake hayaku shite hoshiin desu ga.
Se você(s) puder(em) de alguma forma (mandar antes), eu ficaria muito agradecido	何とか(早く送って頂ければ)ありがたいんですが。 Nantoka (suguni okutte itadakereba), arigatain desu ga.
Se você(s) puder(em) enviar isso (hoje), seria ótimo.	(今日)にも送って頂ければ、嬉しいんですが。 (kyoo) nimo okutte itadakereba, ureshii no desu ga.
Acho que vou precisar disso antes (que isso).	(それ)より早く欲しいんですが。 (Sore) yori hayaku hoshiin desu ga.
Não gostaria de estar (vendo) isso em outro lugar.	他に頼みたくないんですが。 Hoka ni tanomitaku nain desu ga.

Pedindo desculpas	許しを乞う **Yurushi o kou**
Nós pedimos imensas desculpas.	真に申し訳ございません。 Makoto ni mooshi wake gozaimasen.

Pedindo desculpas	許しを乞う **Yurushi o kou**
Isso não vai se repetir novamente.	二度とこの様なご迷惑はお掛け致しませんので。 Nido to kono yoona gomei waku wa okakei tashimasen node.
A causa do problema já foi processada.	問題の原因をただ今調査しております。 Mondai no genin o tadaima choosa shite orimasu.
Queremos continuar sendo seu...	今後ともご贔屓に預かります様お願い致します。 Kongo tomo gohiiki ni azukarimasu yoo onegai itashimasu.

Descrevendo o estado da economia	経済状態を話す **Keizai jootai o hanasu**
Bom	良好 **Ryookoo**
A economia está crescendo rápido.	経済はいい状況です。 Keizai wa ii jookyoo desu.
A economia está forte agora.	今は景気がいいです。 Ima wa keiki ga ii desu.
O futuro desta economia é promissor.	経済の将来はとても明るいと思います。 Keizai no shoorai wa totemo akarui to omoimasu.
Acredito que a economia esteja em ótima fase.	経済はいい状態だと信じています。 Keizai wa ii jootai dato shinjite imasu.
É uma economia em crescimento.	経済は発展しています。 Keizai wa hatten shite imasu.
Ruim	悪い状況 **Warui jookyoo**
A economia está instável no momento.	経済は今停滞しています。 Keizai wa ima teitai shite imasu.
Ninguém pode dizer para onde vai esta economia.	経済がこの先どうなるか誰もわかりません。 Keizai ga konosaki doonaru ka daremo wakarimasen.

Ruim	悪い状況 **Warui jookyoo**
A economia está começando a cair.	経済が悪くなり始めている様です。 Keizai ga waruku nari hajimete iru yoo desu.
Estou vendo sinais de ____ na economia.	悪い景気の兆候が見えます。 Warui keiki no chookoo ga miemasu.
Há risco de um colapso.	経済崩壊の危険性があります。 Keizai hookai no kikensei ga arimasu.
Na melhor das hipóteses, está incerta.	どう見ても、経済状況は不安定だ。 Doo mitemo keizai jookyoo wa fuantei da.

Descrevendo o mercado — 市場に付いて話す — Shijoo ni tsuite hanasu

Bom	良好 **Ryookoo**
O mercado está propício para (este tipo de serviço).	(この仕事)に関しての市場はいい状況です。 (Kono shigoto) ni kanshite no shijoo wa ii jookyoo desu.
É um mercado em expansão.	成長市場です。 Seichoo shijoo desu.
Acredito que exista um mercado em potencial ali.	大きな可能性のある市場の様です。 Ookina kanoosei no aru shijoo no yoo desu.
Nossos estudos demográficos indicam...	私どもの調査によれば、…です。 Watashidomo no choosa ni yoreba…desu..
Temos que agir na hora certa.	時期が大切です。 Jiki ga taisetsu desu.
Acredito que agora seja a hora.	今が絶好の機会だと思います。 Ima ga zekkoo no kikai dato omoimasu.
O mercado está perfeito.	市場は今いい状況です。 Shijoo wa ima ii jookyoo desu.
É você quem cria um mercado.	新しい市場が生まれた。 Ararashii shijoo ga umareta.
Isto agrada ao mercado de ____.	… 市場にいい影響を与えるでしょう。 … shijoo ni ii eikyoo o ataeru deshoo.

Ruim	悪い状況 **Warui jookyoo**
Precisamos estudar mais o mercado.	市場に付いて更に調べて見る必要がある。 Shijoo ni tsuite sarani shirabete miru hitsuyoo ga aru.
O mercado está saturado.	あの市場は既に飽和状態です。 Ano shijoo wa sudeni hoowa jootai desu.
Acho que este mercado vai despencar.	この市場は崩壊しそうです。 Kono shijoo wa hookai shi soo desu.
Não estou vendo valores ali.	好材料が見られない。 Koo zairyoo ga mirarenai.

4

Japonês para Palestras e Reuniões
講演や会議の為の日本語
kooen ya kaigi no tame no nihongo

Apresentando um palestrante	講演者の紹介 **Kooensha no shookai**
Olá para todos. Bom dia/boa tarde/noite.	皆様、おはようございます/今日は/今晩は。 Minasama ohayoo gozaimasu/ konnichiwa/konbanwa.
Eu sou (Edna Silvia) da (RSA Enterprises).	私(RSA社)の(Edna Silvia)と申します。 Watakushi (RSA Sha) no (Edna Silvia) to mooshimasu.
Tenho o prazer de apresentar...	… 様をご紹介致します。 … sama o goshookai itashimasu.
Temos a honra de ter aqui conosco hoje...	本日は皆様ようこそいらっしゃいました。 Honjitsu wa mina sama yookoso irasshai mashita.
Um homem/mulher que dispensa apresentações.	こちらはご紹介するまでもないと思いますが。 Kochira wa goshookai suru mademo nai to omoimasu ga.
Um dos mais respeitados ____ do (Brasil).	(ブラジル)で____として最も注目されていらっしゃいます。 (Brazil) de___to shite mottomo chuumoku sarete irasshaimasu.
Ele/Ela veio lá de (Salvador) para nos falar de...	遠く(Salvador)からご講演のためにいらっしゃいました。 Tooku (Salvador) kara gokooen no tameni irasshai mashita.

Apresentando um palestrante	講演者の紹介 **Kooensha no shookai**
...falará conosco sobre...	…に付いてお話して頂きます。 …ni tsuite ohanashi shite itadakimasu.
Como vocês sabem, ele/ela...	皆様ご存知の様に… Mina sama gozonji no yoo ni…
Bom, acho que já falei demais...	さて、私に関しては既にご存知だと思いますが。 Sate,watashi ni kanshite wa sudeni gozonji dato omoimasu ga.
Bom, não vou mais me estender...	私に関しては省略させて頂いて… Watakushi ni kanshite wa shooryaku sasete itadaite
É para mim um grande prazer trazer...	では、皆様に…さんをご紹介致します。 Dewa,Mina sama ni … san o goshookai itashimashoo.
Vamos dar(-lhe) as boas-vindas.	皆様、暖かい拍手でお迎え下さい。 Mina sama no atatakai hakushu de omukae kudasai.

Agradecendo a um palestrante ao terminar	講演の終わりに感謝する **Kooen no owari ni kansha suru**
Nós esperamos que tenham gostado da apresentação de hoje...	本日の…講演にご満足頂けたことと思います。 Honjitsu no … kooen ni gomanzoku itadaketa koto to omoimasu.
Nós esperamos que tenham aproveitado a apresentação de hoje...	本日の…講演がお役に立てばと願っております。 Honjitsu no …kooen ga oyaku ni tateba to negatte oiramsu.
...ao menos eu sim.	少なくとも私には… Sukunaku tomo watashi niwa….
Agradeço/emos mais uma vez por terem vindo.	皆様のご来場、改めてお礼申し上げます。 Minasama no goraijoo,aratamete orei mooshi agemasu.
Vamos dar mais uma salva de palmas a (Daniel McManus).	それでは、もう一度(ダニエル・マクマナス)さんに拍手をお願い致します。 Soredewa,moo ichido (Daniel McManus) san ni hakushu o onegai itashimasu.

Apresentando-se para o público	観客に挨拶 **Kankyaku ni aisatsu**
Boa (tarde) para todos.	皆様(今日は)。 Minasama (konnichiwa).
Em nome de...	… に代わりまして、お礼申し上げます。 … ni kawarimashite, oreimooshi agemasu.
Agradeço a presença de todos.	皆様、ご来場有り難うございます。 Minasama goraijoo arigatoo gozaimasu.
Gostaria de me apresentar, eu sou...	まず、自己紹介させて頂きます。私… Mazu,jikoshookai sasete itadakimasu,watakushi…
Deixe-me falar só um pouquinho sobre mim...	私自身に付いて少しお話させて頂きます。 Watashi jishin ni tsuite sukoshi ohanashi sasete itadakimasu.
É um prazer estar com vocês...	こちらに参る事が出来て光栄です。 Kochira ni mairu koto ga deki kooei desu.
Bem, acho que podemos começar.	それでは、始めてよろしいですか。 Soredewa,hajimete yoroshii desu ka.
Bem, vamos começar.	それでは、始めましょう。 Soredewa,hajimemashoo.
Meu nome é...	私…と申します。 Watakushi … to mooshi masu.
Vejo muitas caras conhecidas na plateia hoje.	本日の会場にはお馴染みの方もお見受け致します。 Honjitsu no kaijoo niwa onajimi no kata mo omiuke itashimasu.
Para quem não me conhece, sou...	私をご存知ない方もいらっしゃると思いますので、… Watakushi o gozonji de nai kata mo irassharu to omoimasmu node,…
Como vocês sabem...	皆様、ご存知の様に… Minasama gozonji no yoo ni…
Sou responsável por.../Sou encarregado de...	私は…を担当しております。 Watakushi wa … o tantoo shite orimasu.
Hoje gostaria de.../O que eu gostaria de (agora de manhã)	本日（今朝）、私は…させて頂きます。 Honjitsu(Kesa), watakushi wa ….sasete itadakimasu.
E assim espero...	そして、…と希望しております。 Soshite, … to kiboo shite orimasu.

Apresentando-se para o público	観客に挨拶 **Kankyaku ni aisatsu**
Fiquem à vontade para fazer qualquer pergunta durante a apresentação.	講演中何時でもご自由にご質問下さい。 Kooen chuu itsudemo gojiyuu ni goshitsumon kudasai.
Vou deixar um tempinho no final para perguntas, se alguém as tiver.	講演の最後にご質問時間を用意しております。 Kooen no saigo ni goshitsumon jikan o yooi shite oriamsu.
Eu pediria a vocês que deixassem para fazer perguntas somente no final da apresentação. Obrigado.	ご質問は講演の最後にお受けいたしますので、ご了承下さい。 Goshitsumon wa kooen no saigo ni ouke itashimasu node, goryooshoo kudasai.

Expondo o objetivo de sua apresentação	講演に付いて説明する **Kooen ni tsuite setsumei suru**
Hoje irei...	本日、私は…。 Honjitsu, watakushi wa ….
...falar-lhes sobre...	… に付いて皆様にお話します。 … ni tsuite ohanshi shimasu.
...lhes mostrar como...	… をお見せします。 … o omise shimasu.
...revisar...	… を見直す… … o minaosu.
...apresentar os resultados de...	… の結果をご報告します。 …. no kekka o gohookoku shimasu…
Vou, então, começar...	それでは、早速始めましょう。 Soredewa, sassoku hajimemashoo.
...pondo vocês a par de...	.理解した頂くために… Rikai shite itadaku tame ni…
...dando uma visão geral de...	… に付いて大まかに… … ni tsuite oomaka ni …
...atualizando vocês sobre...	… に付いて最近の… … ni tsuite saikin no …
...para depois...	最後に… Saigo ni…
...apontar o que eu vejo como...	… 私が観察したところ… … watashi ga kansatsu shita tokoro…
...tirar algumas conclusões com base em...	… に基づいての結果として… … ni motozuite no kekka toshite…
...fazer algumas recomendações sobre...	… に関して幾つかお勧めします。 …. ni kanshite ikutsuka osusume shimasu.

Expondo o objetivo de sua apresentação	講演に付いて説明する **Kooen ni tsuite setsumei suru**
...discutir mais detalhadamente sobre...	… に関して詳細に話し合いましょう。 … ni kanshite shoosai ni hanashi aimashoo.
...dividir minhas conclusões com vocês.	私どもの結論をご一緒に検討いたしましょう。 Watashidomo no ketsuron o goissho ni kentoo itashi mashoo.

Criando empatia com o público	観客を引き付ける **Kankyaku o hikitsukeru**

Isto é uma boa técnica para dar a impressão ao público de que você faz parte dele e de que você compreende a situação dele, seja ela qual for. Há uma identificação com o público, que então presta mais atenção.

Não é (ruim) quando...?	… 時は、いやではないですか？ … toki wa, iya dewa nai desu ka?
Quantos aqui...?	会場には何名の方がいらっしゃいますか？ Kaijoo niwa nanmei no kata ga irasshi masu ka?
Levantem as mãos se...	もし、…でしたら、お手をお挙げ下さい。 Moshi, … deshitara,ote o oage kudasai.
O que realmente me incomoda é...	私が本当に悩んでいる事は… Watashi ga hontoo ni nayande iru koto wa…
Bom, não sei com vocês, mas...	さて、皆様はどの様にお考えか分かりませんが… Sate,minasama ga dono yooni okangaeka wakarimasen ga…
Se vocês são como eu...	皆様が私と同じ様なら… Mina sama ga watakushi to onaji yoo nara,…
Essa situação nós já conhecemos, não é?	この状況は皆様もご存知でしょう？ Kono jookyoo wa minasama mo gozonji desho?
Tenho certeza de que conhecem...	皆様もよくご存知と思いますが… Mina sama mo yoku gozonji to omoimasu ga…
Vocês já ouviram isso?	既に、お聞きになった事がありませんか？ Sudeni okiki ni natta koto ga arimasen ka?

Criando empatia com o público	観客を引き付ける **Kankyaku o hikitsukeru**
Bem, alguns dizem...	さて、多くの方がおっしゃっていますが… Sate, ooku no kata ga osshatte imasu ga…
Ora, eu sei o que estão pensando.	さて、皆様がどう思っていらっしゃるか存じませんが… Sate, mina sama ga doo omotte irassharu ka zonjimasen ga…
Mas, sabem, ...	しかし、ご存知と思いますが… Shikashi, gozonji to omoimasu ga…
E nós sabemos o que isso significa.	そして、我々もどう言う意味か分かってはいるのですが… Soshite, wareware mo doo iu imi ka wakattewa iru no desu ga…
Estou errado?	私は間違っているでしょうか？ Watashi wa machigatte iru deshoo ka?

Citando fontes durante sua apresentação	報告書の出処を述べる **Hookokusho no shussho o noberu**
As pesquisas mostram...	調査によると… Choosa ni yoruto…
De acordo com as últimas pesquisas/ últimos estudos...	最近の調査/研究によれば、… Saikin no choosa/kenkyuu ni yoreba…
Um estudo conduzido em (1996) pela (Western University).	(ウエスタン大学)の(1996年)調査によると… (Western Daigaku) no (1996nen) no choosa ni yoruto…
Em seu livro (*A Cara da Medicina Moderna*) (Carter) diz que...	(カーター)の著書("The Face of Modern Medicine")によれば… (Carter) no chosho ("The Face of Modern Medicine")ni yoreba…
Um dia desses, li em algum lugar que...	以前何かで読んだ事があるんですが。 Izen nanika de yonda kotoga arun desu ga…
Acredito que tenha sido (Lincoln) a dizer que...	… ..と言ったのは（リンカーン）だったと思うんですが… … to itta nowa (Lincoln) datta to omoun desu ga.

Direcionando a palestra	話を方向付ける **Hanashi o hoo koo zukeru**
Bem, então...	それで、… Sorede,…
Prosseguindo...	先に進みますが… Saki ni susumi masu ga…
Expandindo...	… へと拡大すれば… … e to kakudai sureba,…
Indo para a questão do...	… の問題に移ります… … no mondai ni utsurimasu ga…
Gostaria de recapitular então os pontos principais...	要点を再度まとめて見ましょう… Yooten o saido matomete mimashoo…
Vamos voltar à questão de...	… の問題に戻りましょう。 … no mondai ni modorimashoo.
Desviando um pouco do assunto...	話題が少しそれますが… Wadai ga sukoshi soremasu ga..
Voltando a...	話を戻しますと… Hanashi o modoshimasu to.
Antes de prosseguir, gostaria de expandir mais sobre o assunto.	先に進む前に、少し深く説明したいと思います。 Sakini susumu mae ni,sukoshi fukaku setsumei shitai to omoimasu.
Para enriquecer o assunto...	… に付いて詳しく説明します。 … ni tsuite kuwashiku setsumei shimasu.
Para quem aqui não conhece...	… に付いてご存知ではない方のために… … ni tsuite gozonji dewanai kata no tameni.
Gostaria de prosseguir para...	よろしければ、先に進ませて頂きます。 Yoroshikereba, sakini susumasete itadakimasu.
Infelizmente nosso tempo está curto...	残念ながら、時間がなくなって来ましたので。 Zannen nagara, jikanga nakunatte kimashita node.
Infelizmente meu tempo se acabou.	残念ながら、私の持ち時間が終わりとなりました。 Zannen nagara, watakushi no mochi jikan ga owari to narimashita.
Gostaria de concluir dizendo...	私の結論は… Watakushi no ketsuron wa…
Vou então concluir recapitulando sobre os pontos principais.	もう一度要点をまとめますと… Moo ichido yooten o matomemasu to…

Direcionando a palestra	話を方向付ける **Hanashi o hoo koo zukeru**
Só para concluir então, gostaria de repetir...	最後にもう一度繰り返させて頂きますと… Saigoni moo ichido kurikae sasete itadaki masu to …

Acrescentando e destacando	追加と強調 **Tsuika to kyoochoo**
Fora que...	その他… Sono hoka…
Acima de tudo...	その上… Sono ue…
Em particular...	個人的なことですが… Kojintekina koto desu ga…
Além disso...	それに加えて… Soreni kuwaete…
O que é muito importante é que...	最も重要な事は… Mottomo juuyoona koto wa…
Gostaria de enfatizar...	強調致しますと… Kyoochoo itashimasu to…
Nunca é demais ressaltar que...	強調してもし足りない程です。 Kyoochoo shitemo shitarinai hodo desu.
A questão principal é.../O "x" da questão é...	基本的な問題は…です。 Kihontekina mondai wa…
Mas vai além disso...	しかし、更に…です。 Shikashi, sarani… desu.
É também uma questão de...	それも、…の問題の一つです。 Soremo … no mondai no hitotsu desu.
O ponto principal é...	主な点は… Omona ten wa …
O importante é...	重要な事は… Juuyoona koto wa…
Não se preocupe se...	…でもご心配ありません。 … demo goshinpai arimasen.

Usando visuais	図表を使う **Zuhyoo o tsukau**
Deem uma olhada nesse (gráfico).	こちらの(グラフ)をご覧下さい。 Kochira no (graph*) o goran kudasai.
Como podem ver...	ご覧の様に… Goran no yooni…
Vocês podem ver bem aí no fundo?	後ろの方よく見えますか？ Ushiro no kata yoku miemasu ka?
Eu sei que está meio difícil para ler...	一寸読み取るのが難しいかも知れませんが。 Chotto yumitoru noga muzukashii kamo shiremasen ga.
Quero voltar a atenção de vocês para...	… へもう一度ご注目頂きたいのですが。 … e moo ichido gochuumoku itadakitai nodesu ga.
Deem uma olhada para...	… をご覧下さい。 … o goran kudasai.
Prestem muita atenção no...	注意深くご覧頂きたいのですが。 Chuui bukaku goran itadakitai nodesu ga.
Vocês irão notar...	… をご理解頂けると思いますが。 … o gorikai itadakeru to omoimasu ga.
Vocês irão notar na folha distribuída...	配布した資料でご理解頂けると思いますが。 Haifu shita shiryoo de gorikai itadakeru to omoimasu ga.
Gostaria de enfatizar um ponto muito importante...	一つ重要な点を見て頂きたいのです… Hitotsu juuyoona ten o mite itadakitai nodesu…
Se olharem atentamente, irão notar...	もっと注意深く見ると分かると思いますが… Motto chuuibukaku miru to wakaru to omoimasu ga…
Não importa como você olhe, ...	どの様な見方にも関わらず… Donoyoo na mikata nimo kakawarazu…
O que isso nos mostra, então?	これが何を示しているかお分かりでしょうか？ Kore ga nani o shimeshite iru ka owakari deshoo ka?
O que podemos concluir com isso?	これからどの様な結論を引き出せるのでしょうか？ Kore kara dono yoona ketsuron o michibiki daseru node shoo ka?
O que isso nos diz, fundamentalmente, é que...	基本的に示してくれる事は… Kihontekini shimeshite kureru koto wa…

Causa, efeito e sentido	原因、影響、目的 **Genin, Eikyoo, Mokuteki**
...(o que) causou um aumento significativo em...	… を意義深くした理由は… … .ni igibukaku shita riyuu wa…
Houve uma queda (brusca) em...	… が(劇的に)減少している。 … ga (gekiteki ni) genshoo shite iru.
...aumentou (drasticamente) em...	… が(急に)上昇している。 … ga (kyuu ni) jooshoo shite iru.
Vimos um aumento/uma queda (leve/estável/ repentino(a)/enorme) em...	… が(僅かに/しっかりと/とても)増えて/減っているのが見られます。 … ga (wazukani /shikkarito/ totsuzen /totemo) fuete/hette irunoga miareremasu.
Graças a...	… のお陰で。 … no okagede.
...explica...	… を説明する。 … o setsumei suru…
...causou...	… の原因となる。 … no genin to naru…
Devido a...	… のために… … no tameni…
...resultou/aram em...	… の結果となる… … no kekka to naru…
...são consequências de...	… の結果として… … no kekka to shite…
...se remete a...	… に遡れば… … ni sakanoboreba…
...é atribuível à...	… の所為にする… … no sei ni suru…

Quando o público parece confuso	観客が理解出来ない時 **Kankyaku ga rikai dekinai toki**
Até aqui, tudo bem?	ここまでお分かりになりましたでしょうか? Koko made owakarini narimashita deshoo ka?
Alguma pergunta por enquanto?	今までの所でご質問はございませんか? Imamadeno tokoro de goshitsumon wa gozaimasen ka?
Confundi vocês?	よくご理解出来ましたか? Yoku gorikai dekimashita ka?

Quando o público parece confuso	観客が理解出来ない時 Kankyaku ga rikai dekinai toki
É melhor explicar isso novamente...	もう一度繰り返しましょうか？ Moo ichido kurikaeshimashoo ka?
Basicamente, então, o que estou dizendo é que...	... 主に私がお伝えしたい事は… Omoni watashi ga otsutae shitai koto wa…
Perdão, em outras palavras...	すみません、言い換えれば… Simimasen, iikaereba,…
Preciso mencionar só uma coisa...	すみません、一言だけお伝えしたい事があるんですが… Sumimasen , hito koto dake otsutae shitai koto ga arundesu ga…

Terminando	終わりに Owari ni
Bem, encerrando então...	それでは、最後に… Soredewa, saigoni …
Gostaria só de dizer...	一言だけ言わせて頂きます。 Hitokoto dake iwasete itadakimasu.
No geral...	一般的に… ippanteki ni…
O principal é que...	主な事は… Omona koto wa…
Foi um prazer...	… 出来て光栄でした。 … dekite kooei deshita.
...estar aqui com vocês hoje...	本日は皆様とご一緒出来て… Honjitsu wa minasama to goissho dekite…
...ter tido a oportunidade de...	… の機会を頂きまして… … no kikai o itadakimashite…
Acredito que consegui...	皆様に喜んで頂けたことと信じております。 Minasama ni yorokonde itadaketa koto to shinjite orimasu.
Muito obrigado.	真に有り難うございました。 Makoto ni arigatoo gozaimashita.
Gostaria de abrir espaço agora para perguntas.	さて、ご質問がございましたら、どうぞ。 Sate,goshitsumon ga gozai mashitara doozo.
Estarei por aqui...	近くにおりますので… Chikaku ni orimasu node…
...se quiserem conversar mais comigo.	更にお話したい方は後ほど、どうぞ… Sarani ohanashi shitai kata wa nochihodo,doozo…

Terminando	終わりに **Owari ni**
...se quiserem me perguntar algo mais.	まだ質問がある方は後ほど、どうぞ… Mada shitsuomon ga aru kata wa nochiodo,doozo···
Prometo que não mordo.	お気軽にどうぞ。 Okigaru ni doozo.

Lidando com perguntas	質問に関して **Shitsumon ni kanshite**
Perdão, poderia me dizer isso novamente?	すみません、もう一度繰り返して頂けませんか？ Sumimasen, moo ichido kurikaeshite itadake masen ka?
Perdão, não entendi. Poderia repetir?	すみません、 聞き漏らしたんですが、もう一度言って頂けませんか？ Sumimasen,kiki morashitan desu ga, moo ichido itte itadake masen ka?
Desculpe-me, não entendi.	すみません、一寸分からなかったんですが。 Sumimasen, chotto wakara nakattan desu ga.
Desculpe-me, não deu para ouvir.	すみません、よく聞こえなかったんですが。 Sumimasen, yoku kikoe nakattan desu ga.
Desculpe-me, pode falar um pouquinho mais alto?	すみません、もう少し大きな声で話して頂けませんか？ Sumimasen,moo sukoshi ookina koe de hanashite itadake masen ka?
Desculpe-me, não ficou bem claro o que disse.	すみません、仰る意味がよく分からないんですが。 Sumimasen, ossharu imi ga yoku wakaranain desu ga.
...poderia explicar isso um pouco mais?	もう少し詳しくご説明できますか？ Moo sukoshi kuwashiku gosetsumei dekimasu ka?
Poderia discorrer sobre o assunto?	それに付いてもう少し詳しく話して頂けませんか？ Sore ni tsuite moo sukoshi kuwashiku hanashite itadake masen ka?

Lidando com perguntas	質問に関して Shitsumon ni kanshite
Perdão, o que quer dizer com ____ exatamente?	すみません、正確には何を仰りたいんでしょうか？ Sumimaen, seikakuni wa nani o ossharitain deshoo ka?
Acho que não percebi a ligação.	… と関係ないと思いますが。 … to kankei naito omoimasu ga.
Desculpe-me, mas não estou acompanhando.	すみません、よく分からないんですが。 Sumimasen, yoku wkaranain desu ga.
Certo, então o que está dizendo é que...	それで、仰っている事は… Sorede, osshatte iru koto wa…
Faz sentido.	最もですね。 Mottomo desu ne.
Boa pergunta.	いい質問です。 Ii shitsumon desu.
Bem, como disse, ...	そう、私が言った様に… Soo, watashi ga itta yoo ni…
Bem, como mencionei anteriormente...	そう、私が以前言った様に… Soo, watashi ga izen itta yoo ni…
Que bom que tenha me perguntado.	ご質問頂き有り難うございます。 Goshitsumon itadaki arigatoo gozaimasu.
Você tocou num ponto muito interessante...	大変興味ある点をご指摘頂きました。 Taihen kyoomi aru ten o goshiteki itadakimashita.
Receio que seja uma pergunta muito difícil de se responder.	一寸お答えが難しいご質問ですね。 Chotto okotae ga muzukashii goshitsumon desu ne.
Essa pergunta parece ser uma para a qual ninguém acha resposta.	何方にも答えられない質問ですね。 Donata nimo kotaerarenai shitsumon desu ne.
Não tenho esses valores comigo, mas assim, de cabeça...	今その正確な数字はありませんし、一寸直ぐには思い出せないんですが。 Ima sono seikakuna suuji wa arimasen shi, chotto sugu niwa omoidasenain desu ga.
Mais alguma pergunta?	他にご質問はございませんか？ Hokani goshitsumon wa gozaimasen ka?
O cavalheiro/A senhora de (camisa azul).	そちらの(青いシャツ)の男性/女性。 Sochira no (aoi shatsu) no dansei/josei.
Acho que (ele/ela) estava na frente.	(彼/彼女)が最初だったと思いますが。 (Kare/kanojo) ga saisho datta to omoimasu ga.

Lidando com perguntas	質問に関して **Shitsumon ni kanshite**
Acho que há uma pergunta vindo do fundo.	… を元にした質問があるんですが。 … o moto ni shita shitsumon ga arun desu ga.
Bem, se não há mais perguntas, talvez devamos parar por aqui.	それでは、ご質問がない様でしたら、この辺で終わりと致します。 Soredewa,goshitsumon ga naiyoo deshitara, kono hende owari to itashimasu.

Fazendo perguntas depois de uma palestra	お話の後での質問 **Ohanashino atode no shitsumon**
Voltando ao que disse sobre...	先程の…のお話なんですが。 Sakihodono…no ohanashi nan desu ga.
Tenho uma pergunta sobre...	… に付いて質問があるんですが。 … ni tsuite shitusmon ga arun desu ga.
Tenho um comentário sobre...	… に付いて言いたい事があるんですが。 … ni tsuite iitai koto ga arun dseu ga.
Você falou sobre (reorganizar)...	… の(再整理)に付いてお話になりましたね。 … no (sai seiri) ni tsuite ohanashi ni narimashita ne...
Poderia falar um pouco mais sobre isso?	その事に付いて更に詳しくお話できますか？ Sono koto ni tsuite sarani kuwashiku ohanashi dekimasu ka?
Quando você falou sobre (projeção de venda) mencionou...	(販売促進)に付いて話した時、…と仰いましたね。 (Hanbai shokuhin) ni tsuite hanashite ita toki, … to osshaimashita ne.
Poderia especificar sua opinião sobre isso?	その事に付いてもっと明確なご意見を聞かせてください？ Sono koto ni tsuite motto meikakuna goiken o kikasete kudasai?
Em outras palavras...	言い換えれば… Ii kaereba,…
Quando você falou sobre... ...você mencionou o valor de ($10.000).	… に付いて話していた時、金額は(1万ドル)と仰いました。 … ni tsuite hanashite ita toki, kingaku wa (1 man doru) to osshai mashita.

Fazendo perguntas depois de uma palestra	お話の後での質問 **Ohanashino atode no shitsumon**
Poderia nos dizer como chegou a esse valor?	この金額の算出基準はどうなっていますか？ Kono kingaku no sanshutu kijun wa doonatte imasu ka?
...você falou alguma coisa sobre?	… に付いて何か仰いましたか？ … ni tsuite nanika osshaimashita ka?
Não sei se concordo (com)...	… に同意出来るか分かりません。 … ni dooi dekiru ka wakarimasen.
Se eu entendi bem...	… を私が正しく理解出来れば。 … o watashi ga tadashiku rikai dekireba.
Ainda não ficou bem claro...	… がまだはっきり理解出来ないんですが。 … ga mada hakkiri rikai dekinain desu ga.
Você tem mais folhas/apostilas?	まだ資料/説明書がありますか？ Mada shiyoo/setsumeisho ga arimasu ka?

Uma reunião formal	公式会議 **Kooshiki kaigi**
Vamos começar?	それでは、会議を始めます。 Soredewa, kaigi o hajmemasu.
Posso começar a ler a ata da última reunião?	まず、前回の議事録から読ませて頂いてもよろしいでしょうか？ Mazu zenkai o gijiroku kara yomasete itadaitemo yoroshii deshoo ka?
Todos já viram a ata?	皆様既に議事録をご覧になりましたか？ Minasama sudeni gijiroku o goran ni narimashita ka?
Todos já receberam uma cópia da pauta?	皆様既に議題のコピーをお持ちでしょうか？ Minasama sudeni gidai no kopi o omochi deshoo ka?
O primeiro item da pauta é...	本日、最初の議題は… Honjitsu, saisho no gidai wa…
Gostaria de acrescentar um item à pauta.	議題にもう一つ付け加えたい事がございます。 Gidai ni moo hitotsu tsukekuwaetai koto ga gozaimasu.
Será que podemos riscar o item (5) da agenda?	第(5)項目を議題から削除してもよろしいでしょうか？ Dai(5) koomoku o gidai kara sakujo shitemo yoroshii deshoo ka?

Uma reunião formal	公式会議 **Kooshiki kaigi**
O motivo da reunião de hoje é...	本日の会議の目的は…でございます。 Honjitsu no kaigi no mokuteki wa … de gozaimasu.
Gostaria de dar a palavra a...	… に関してお話させて頂きます。 … ni kanshite ohanashi sasete itadaki masu.
(Sr. Smith), o senhor gostaria de dizer algo a respeito disso?	(スミス)さん、…に関してお言葉をいただけますか？ (Smith) san, … ni kanshite okotoba o itadake masu ka?
Com licença, gostaria de fazer um comentário sobre...	よろしければ、…に関してお話させて頂きたいのですが。 Yoroshi kereba, … ni kanshite ohanashi sasete itadaki tai no desu ga.
Bem, acho que estamos nos desviando um pouco.	ところで、お話が少しそれて来ている様ですが。 Tokorode, ohanashi ga sukoshi sorete kiteiru yoo desu ga.
Vamos voltar para a questão.	本題に戻りましょう。 Hondai ni modorimashoo.
A questão em discussão aqui é...	今話し合われている議題は…です。 Ima hanashi awarete iru gidai wa…desu.
Por favor, um de cada vez.	すみません、お一人づつご発言お願いします。 Sumimasen, ohitori zutsu gohatsugen onegai shimasu.
Poderíamos prosseguir para item (7) da pauta?	議題の(7)項目へ移ってもよろしいでしょうか？ Gidai no (7) koomoku e utsuttemo yoroshii deshou ka?
Pulando, então, para o item (10)...	では、飛ばして(10)項目へ入ります。 Dewa, … o tobashite (10) koomoku e hairimasu.
Se não houver objeções, sugiro que deixemos este assunto para a próxima reunião.	もし、ご異存なければ、この項目は次回の会議にて検討したいと思いますが、いかがでしょう。 Moshi,goizon nakereba, kono koomoku wa jikai no kaigi nite kentoo shitai to omoimasu ga,ikaga deshoo.

Uma reunião formal	公式会議 **Kooshiki kaigi**
Com a permissão da presidência/mesa, eu proponho que...	議長の許可を頂きましたので、次へ移ります。 Gichoo no kyoka o itadaki mashita node, tsugi e utsurimasu.
Eu apoio.	私は賛成です。 Watgashi wa sansei desu.
Alguém apoia?	何方かこの動議に賛成されますか？ Donata ka kono doogi ni sansei saremasu ka?
Chegamos a um consenso?	皆様、ご賛同でよろしいでしょうか？ Mina sama, gosandoo de yoroshii deshoo ka?
Alguma objeção?	異議ございませんか？ Igi gozaimasen ka?
Talvez precisemos de uma votação oficial aqui.	では、正式に賛否を取らせて頂きます。 Dewa,seishiki ni sanpi o torasete itadaki masu.
Levante a mão quem apoia.	賛成の方は挙手願います。 Sansei no kata wa kyoshu negaimasu.
Vamos pôr em votação.	では、票決を取ります。 Dewa,hyooketsu o torimasu.
Quem é a favor?	賛成の方？ Sansei no kata?
Quem é contra?	反対の方？ Hantai no kata?
Alguém se abstém?	棄権された方？ Kiken sareta kata?
A moção foi aprovada por unanimidade.	動議は全会一致にて可決されました。 Doogi wa zenkai icchi nite kaketsu saremashita.
A moção foi rejeitada por (8) votos a (7).	動議は(8)対(7)票で否決されました。 Doogi wa (8) tai (7) hyoo de hiketsu sare mashita .
Parece que temos um consenso.	同意されたものと承知致します。 Dooi sareta nomo to shoochi itashiamsu.
Muito bem, então estamos de acordo?	それで、この件は承認でよろしいでしょうか？ Sorede, kono ken wa shoonin de yoroshii deshoo ka?

Uma reunião formal	公式会議 **Kooshiki kaigi**
Há algum outro assunto?	その他に何か議題がございますか？ Sono hoka ni nanika gidai ga gozaimasuka?
Muito bem, então. Com isso, encerramos nossa reunião hoje. Obrigado.	それでは、本日の会議は終了させて頂きます。有り難うございました。 Soredewa, honjitsu no kaigi wa shuu ryoo sasete itadaki masu. Arigatoo gozaimashita.

Apresentando um argumento	議論の開始 **Giron no kaishi**
Gostaria de dizer uma coisa sobre...	… 付いてお話申し上げたいのですが。 … ni tsuite ohanashi mooshi agetai no desu ga.
Posso apenas dizer umas coisinhas sobre...	… に付いて2.3お話したいのですが。 … ni tsuite 2.3 ohanashi shitai no desu ga.
Em primeiro lugar...	まず始めに… Mazu, hajime ni…
Em segundo/terceiro lugar...	二つ目は/三つ目は… Futatsu me wa/ mittsu me wa…
Outra coisa que eu gostaria de mencionar é...	… 他の事…に付いてお話したいのですが。 Hokano koto …ni tsuite ohamashi shitai no desu ga.
Um bom exemplo é...	いい例えは… Ii tatoe wa…
Estou percebendo (que você quer expandir), mas (acho arriscado).	(あなたが手を広げたい)　のは分かりますが、(私は危険すぎると思う。) (anata ga te o horogetai)nowa wakari masu ga,(watashi wa kiken sugiru to omou.)
No geral...	一般的に… Ippanteki ni…
Pessoalmente, eu acho que...	個人的には…と思います。 Kojin teki niwa …to omoimasu.
Bom, enfim, basicamente é isso aí.	とに角、それが基本線です。 Tonikaku ,sore ga kihonsen desu.
Propostas em uma reunião	会議での提案 Kaigi deno teian

Apresentando um argumento	議論の開始 **Giron no kaishi**
Propondo	提案する Teian suru
Recomendo (urgentemente) que...	(緊急に)提案致します。 (kinkyuu ni) teian itashimasu.
Eu proponho...	提案があります。 Teian ga ariasmu.
Posso fazer uma sugestão? Acho que...	もし、提案させて頂けるなら、… Moshi ,teian sasete itadakeru nara,…
Não seria melhor...	… したら、いかがでしょう。 … shitara,ikaga deshoo.

Reagindo a uma proposta	提案に答える **Teian ni kotaeru**
Não vejo objeção alguma.	それに何も異存はありません。 Sore ni nanimo izon wa arimasen.
Em princípio eu gosto, mas ainda preciso...	基本的には賛成だが、もう少し…が必要です。 Kihon teki niwa sansei daga, moo sukoshi…hitsuyoo desu.
Não, não acredito que isso seja uma boa ideia.	私には余りいい考えとは思えませんが。 Watashi niwa amari ii kangae towa omoemasen ga.
Tenho minhas reservas sobre esta proposta.	この提案にはまだ幾つか疑問があるのですが。 Kono teian niwa mada ikutsuka gimon ga aru no desu ga.
Em geral eu concordo com esta proposta, mas acho que vejo aí alguns problemas.	全体的には同意しますが、まだ幾つかの疑問がある様に思います。 Zentai teki niwa dooi shimasu ga, mada ikutsuka no gimon ga aru yooni omoimasu.

Interrompendo	途中で遮る **Tochuu de saegiru**
Posso só dizer uma coisa?	一寸一言よろしいでしょうか? Chotto hitokoto yoroshii deshoo ka?
Me desculpe interromper, mas...	お話中申し訳ありませんが… Ohanashi chuu mooshi wake arimasen ga…

Interrompendo	途中で遮る **Tochuu de saegiru**
Gostaria de dizer uma coisa sobre...	その件に付いて、少しお話したい事があるんですが。 Sono ken ni tsuite, sukoshi ohanashi shitai koto ga arun desu ga.
Antes de você continuar, deixe-me só dizer que...	お続けになる前に、一言よろしいでしょうか？ Otsuzuke ni naru mae ni, hitokoto yoroshii deshoo ka?
Como eu estava dizendo...	何時もお話申し上げている様に。 Itsumo ohanashi mooshi agete iru yoo ni.
Deixe-me só terminar aqui.	ここで終わらせて頂きます。 Koko de owarasete itadakimasu.
Eu vou voltar a este ponto.	その件に戻りますと… Sono ken ni modori masu to…
Rapidinho...	簡単に… Kantan ni…

5

Japonês para Viagens e Turismo
旅行、観光用日本語
Ryokoo, kankoo yoo nihongo

Sobrevivência	生活 **Seikatsu**

Na falta de linguagem, você ficaria surpreso se soubesse como um sorriso e uma atitude simpática podem levá-lo muito longe.

Você fala (português)?	(ポルトガル語) 分かりますか？ (Porutogaru-go) wakarimasu ka?
Por favor, onde fica o banheiro?	トイレはどちらでしょうか？ Toire wa dochira de shoo ka?
Bom (Boa) dia/tarde/noite.	おはようございます/こんにちは/こんばんは/おやすみなさい Ohayoo gozaimasu/Kon nichi wa/ Konban wa/Oyasumi nasai.
Oi./Olá.	どうも。 Doomo.
Tchau.	さようなら（長い別れ）/失礼します（仕事場など） Sayoonara (Despedida para muito tempo)/ Shitsurei shimasu (onde trabalha etc.)
Vocês aceitam cartões de crédito?	クレジット・カード使えますか？ Credit card, tsukae masu ka.
Onde eu posso...?	どこで… 出来ますか Dokode … dekimasu ka?
Por favor, eu...	すみません、私… Sumimasen, Watashi…

Sobrevivência	生活 **Seikatsu**
Eu preciso...	… が必要なんですが。 … ga hitsuyoo nan desu ga.
Quanto é?	いくらですか？ Ikura desu ka?
Me desculpe, não entendi.	すみません、分かりません。 Sumimasen, wakarimasen.
Você pode escrever isso para mim, por favor?	その言葉を書いていただけますか？ Sono kotoba o kaite itadake masu ka?
Só um segundo, por favor.	少々、お待ち下さい。 Shooshoo, omachi kudasai.
Obrigado.	有り難うございます。 Arigatoo gozaimasu.
De nada.	どういたしまして。 Doo itashimashite.
Eu não falo japonês.	私は日本語が話せません。 Watashi wa nihon-go ga hanase masen.
Eu sou do Brasil./Eu sou brasileiro.	ブラジルから来ました。/私はブラジル人です。 Burajiru kara kimashita./Watashi wa burajiru-jin desu.
Você tem caneta?	ペン、お持ちですか？ Pen, omochi desu ka?
Quanto é?	いくらですか？ Ikura desu ka?
Preciso de um médico. (Onde está um médico?)	お医者さんはどこですか？ Oisha san wa doko desu ka?

Falando sobre uma viagem	旅行に付いて話す **Ryokoo ni tsuite hanasu**

É de praxe as pessoas comentarem e perguntarem sobre uma viagem. O melhor é se preparar para ter algo para contar, o que nem sempre é fácil em uma língua estrangeira.

Antes – O viajante	出発前一旅行者 **Shuppatsu mae – ryokoo sha**
Vou para a (Califórnia) (no mês que vem).	(来月)、（カリフォルニア）へ行きます。 (Raigetsu), (California) e ikimasu.
Não vejo a hora.	待ち遠しいんです。 Machi dooshiin desu.

Antes – O viajante	出発前—旅行者 **Shuppatsu mae – ryokoo sha**
Estou muito ansioso.	楽しみにしています。 Tanoshimi ni shite imasu.
Estou muito animado.	興奮気味なんです。 Koofun gimi nan desu.
Faz muito tempo que quero ir para lá.	長い間行きたかったんです。 Nagai aida ikita kattan desu.
Sempre foi um sonho poder ir para lá.	あそこへ行くのが夢だったんです。 Asoko e iku noga yume dattan desu.
Sempre ouvi coisas boas sobre lá.	いつも素晴らしい話を聞いていたんです。 Itsumo subarashii hanashi o kiite itan desu.
Não vejo a hora de ir ao/ver o...	旅行へ/見に行くのが待ち遠しい。 Ryokoo e/ mi ni iku noga machi dooshii.
Eu parto/saio no dia (15).	（１５日）に発ちます。 (15 nichi) ni tachi masu.
Vou ficar em/com...	… に滞在します。 … ni taizai shimasu.
Vou ficar (2 semanas) lá.	あちらには（２週間）滞在します。 Achira niwa (2 shuukan) taizai shimasu.
Só vou passar as férias lá.	あちらへは休暇で行きます。 Achira ewa kyuuka de ikimasu.
Vou estudar lá.	留学します。 Ryuugaku shimasu.
Vou lá a trabalho.	仕事で行きます。 Shigoto de ikimasu.
É uma viagem de negócios.	出張します。 Shucchoo shimasu.
É uma mistura de trabalho e lazer.	仕事と休暇を兼ねて行きます。 Shigoto to kyuuka o kanete ikimasu.
O que você quer que eu traga?	何か欲しい物がありませんか？ Nanika hoshii mono ga arimasen ka?

Antes – Conversando com o viajante	出発前—旅行者へ話す **Shuppatsu mae – ryokoo sha e hanasu**
Para onde vai?	どちらへ行きますか？ Dochira e ikimasu ka?
Ah, é muito bom lá.	それは羨ましいですね。 Sore wa urayamashii desu ne.

Antes – Conversando com o viajante	出発前—旅行者へ話す **Shuppatsu mae – ryokoo sha e hanasu**
Ah, sempre quis ir para lá.	ああ、私も一度行きたいと思っているんです。 Aa,watashi mo ichido ikitai to omotte irun desu.
Dizem que é legal.	素晴らしいそうですね。 Subarashii soo desu ne.
Deve estar muito ansioso!	楽しみでしょう。 Tanoshimi deshoo.
É a primeira vez que vai para lá?	初めてですか？ Hajimete desu ka?
Você vai a passeio/a trabalho?	休暇/お仕事で行くんですか？ Kyuuka/Oshigoto de ikun desu ka?
Onde você vai ficar?	滞在先はどちらですか？ Taizai saki wa dochira desu ka?
Com que companhia você vai?	航空会社はどちらですか？ Kookuu gaisha wa dochira desu ka?
Você vai sozinho?	お一人でご旅行ですか？ O hitori de goryokoo desu ka?
Com quem você vai viajar?	どなたかとご一緒ですか？ Donataka to goissho desu ka?
Você vai ficar lá quanto tempo?	どのくらい滞在される予定ですか？ Dono kurai taizai sareru yotei desu ka?
Você vai se divertir.	ご旅行をお楽しみください。 Goryokoo o otanoshimi kudasai.
Você vai adorar.	きっと気に入りますよ。 Kitto kini iri masu yo.
Você escolheu a melhor época para ir lá.	いい時期に旅行しますね。 Ii jiki ni ryokoo shimasu ne.
Prepare-se para o calor/frio.	暑さ / 寒さに、気を付けて下さい。 Atsusa/Samusa ni ki o tsukete kudasai.
Tire muitas fotos.	写真を沢山撮って来て下さい。 Shashin o takusan totte kite kudasai.
Quero ver as fotos quando você voltar.	お帰りになったら、写真を見せて下さい。 Okaeri ni nattara,shashin o misete kudasai.
Não deixe de ir a...	是非、…へ行くといいですよ。 Zehi, … e ikuto ii desu yo.
Me traga um...	… をお土産にお願いしますよ。 … o omiyage ni onegai shimasu yo.

Durante – O viajante	旅行中—旅行者 **Rykoo chuu – ryokoo sha**
Estou me divertindo bastante.	本当に楽しんでいます。 Hontoo ni tano shinde imasu.
É exatamente como eu imaginei.	予想していた通りです。 Yosoo shiteita toori desu.
É ainda melhor do que imaginei.	思っていたよりもいいです。 Omotte ita yorimo ii desu.
Estou gostando muito do...	… を楽しんでいます。 … o tano shinde imasu.
Mal posso esperar para contar aos meus (amigos/familiares) sobre...	… に付いて、（友達/家族）にすぐにも話したいんです。 … ni tsuite (Tomodachi/Kazoku) ni sugu nimo hanashi tain desu.
Estou um pouco decepcionado (com...)	（… に）すこし失望しました。 (… ni) sukoshi shitsuboo shimashita.
O ____ não é bem como imaginei que seria.	… は想像とは随分違います。 __ wa soozoo towa zuibun chigai masu.
É a (primeira) vez que venho aqui.	(初めて)こちらへ来ました。 (Hajimete) kochira e kimashita.

Durante – Conversando com o viajante	旅行中の話 **Ryokoo chuu no hanashi**
E então, está se divertindo?	それで、ご旅行を楽しんでいますか？ Sorede, goryokoo o tanoshinde imasu ka?
O que está achando daqui/daí?	こちら/あちらをどう思いますか？ Kochira/Achira o doo omoimasu ka?
É a primeira vez que vem?	こちらへは初めてですか？ Kochira e wa hajimete desu ka?
Já foi a...?	… へ行かれたことがありますか？ … e ikareta koto ga arimasu ka?

Depois – As perguntas	旅行後—質問 **Ryokoo go – shitsumon**
Como foi a viagem?	旅行はどうでしたか？ Ryokoo wa doo deshita ka?
Foi tudo bem com o voo?	飛行機の旅はどうでしたか？ Hikooki no tabi wa doo deshita ka?
Teve algum problema na alfândega?	税関では問題ありませんでしたか？ Zeikan dewa mondai arimasen deshita ka?

Depois – As perguntas	旅行後一質問 **Ryokoo go – shitsumon**
Com quem foi?	どなたかとご一緒でしたか？ Donataka to goissho deshita ka?
Gostou da viagem?	旅行は楽しかったですか？ Ryokoo wa tanoshi katta desu ka?
Tirou fotos?	写真を撮りましたか？ Shashin o torimashita ka?
E então, como foi?	それで、どうでしたか？ Sorede, doo deshita ka?
Você ficou lá quanto tempo mesmo?	どのくらい滞在されたんですか？ Dono kurai taizai saretan desu ka?
O hotel foi bom?	ホテルは良かったですか？ Hotel wa yokatta desu ka?
Onde você ficou?	どちらに滞在されたんですか？ Dochira ni taizai saretan desu ka?
Foi o que esperava?	予想通りでしたか？ Yosoo doori deshita ka?
Como estava o tempo?	天気はどうでしたか？ Tenki wa doo deshita ka?
A comida era boa?	食べ物はどうでしたか？ Tabemono wa doo deshita ka?
E as pessoas, como eram?	あちらの人達はどんな感じですか？ Achira no hitotachi wa donna kanji desu ka?
O que tem para fazer lá?	あちらではどんなことをしましたか? Achira dewa donna koto o shimashita ka?
E a vida noturna?	夜の観光はどうでしたか？ Yoruno kankoo wa doo deshita ka?
E as mulheres/homens?	女性/男性はどんな感じですか？ Josei/ dansei wa donna kanji desu ka?
Ouvi falar que as (praias) são lindas.	（浜辺）はきれいだそうですね。 (Hamabe) wa kireida soo desune.
Quero ver as fotos depois.	後で、写真を見せて下さい。 Atode, shashin o misete kudasai.
Você deve ter um monte de histórias para contar.	色々面白い話があるんでしょう。 Iroiro omoshiroi hanashiga arun deshoo.
Você recomenda então?	それでは、お勧めの旅行だと思いますか？ Soredewa, osusume no ryokoo dato omoimasu ka?

Depois – As respostas	旅行後一答え Ryokoo go – kotae
Estava ótimo.	大変良かったです。 Taihen yokatta desu.
Foi uma das melhores/piores viagens da minha vida.	今までの旅行の中で一番良かった/悪かったです。 Ima made no ryokoo no naka de ichiban yokatta/warukatta desu.
Fomos para todos os lugares.	全ての所に行きました。 Subeteno tokoro ni ikimashita.
Infelizmente não deu para...	残念ながら、… へ行けなかった。 Zannen nagara , … e ikenakatta.
O ____ estava fechado.	… は閉まっていました。 … wa shimatte imashita.
Fiquei surpreso com...	… には驚きました。 … niwa odoroki mashita.
Não era nada o que eu imaginei.	とても想像出来なかった。 Totemo soozoo dekinakatta.
Foi tudo que eu imaginei.	私の想像通りでした。 Watashi no soozoo doori deshita.
O (tempo) estava (péssimo/bom/ótimo).	（天気）は悪かった。/まあまあだった/良かった。 (Tenki) wa warukatta. /maamaa datta/yokatta.
Estava muito quente lá.	大変暑かったです。 Taihen atsukatta.
Fez sol o tempo todo.	ずっといい天気でした。 Zuutto ii tenki deshita.
Choveu muito.	よく雨に降られました。 Yoku ameni furare mashita.
As pessoas foram/eram...	あちらの人たちは… でした。 Achira no hitotachi wa … deshita.
Estava tudo muito barato/caro!	物価がとても安かった。/高かった！ Bukka ga totemo yasukatta / takakatta!
Eu trouxe um/alguns ____ para você.	… のお土産を買って来ました。 … no omiyage katte kimashita.
Eu procurei em toda parte um/alguns____, mas não achei.	… を探し回ったんけど、みつからなかった。 … o sagashi mawatta kedo, mitsukara nakattan desu.

Depois – As respostas	旅行後—答え **Ryokoo go – kotae**
Você teria adorado/odiado lá.	あなたもきっとあちらが好き/嫌いになるでしょう。 Anata mo kitto achira ga suki/kirai ni naru deshoo.
Não vejo a hora de voltar.	次回が待ち切れない。 Jikai ga machi kire nai.
Jamais voltaria.	もう二度と行きたくない。 Moo nidoto ikitaku nai.

Voando	飛行機旅行 **Hikooki ryokoo**

Reservando um voo – Passageiro	座席予約—乗客 **Zaseki yoyaku – jookyaku**
Oi, você tem algum voo para o Rio de Janeiro, partindo no dia 30 de abril, com volta para o dia 5 de maio?	すみません、リオデジャネイロまでの往復航空券ありますか。出発は4月30日で帰りは5月5日ですが。 Sumimasen, Rio de Janeiro made no oofuku kookuu-ken arimasu ka? Shuppatsu wa 4gatsu 30 nichi de kaeri wa 5 gatsu itsuka desu ga.
E saindo de 29?	29日ならございますが？ 29 nichi nara gozaimasu ga?
Qual companhia aérea?	どちらの航空会社ですか？ Dochira no kookuu gaisha desu ka?
Tem alguma coisa partindo (à noite)?	(夜の)便がありますか？ (Yoru no) bin ga arimasu ka?
Quanto é a passagem?	いくらですか？ Ikura desu ka?
Você tem algo mais em conta?	もっと安いのはありませんか？ Motto yasui nowa arimasen ka?
Tudo bem, vou fazer minha reserva para este voo.	では、その便の予約をお願いします。 Dewa, sono bin no yoyaku o onegaishimasu.

Reservando um voo – Agente	座席予約—職員 **Zaseki yoyaku – shokuin**
Qual é a data de saída?	ご出発はいつでございますか？ Goshuppatsu wa itsu de gozaimasu ka?
Saindo de?	ご出発はどちらからでございますか？ Goshuppatsu wa dochira kara de gozaimasu ka?
Saindo de (Chicago) mesmo?	（シカゴ）からお発ちでございますか？ (Chicago) kara otachi de gozaimasu ka?
E a data de chegada?	お戻りはいつでございますか？ Omodori wa itsu de gozaimasu ka?
Está viajando sozinho?	お一人様でございますか？ Ohitori sama de gozaimasu ka?
Me desculpe, mas não tenho nada para estes dias.	申し訳ございませんが、この日には空席がございません。 Mooshi wake gozaimasen ga, kono hi niwa kuuseki ga gozaimasen.
Você teria uma flexibilidade de dias?	この日にキャンセル待ちがあるでしょうか？ Kono hi ni cancel* machi ga aru de shoo ka?
Talvez possa conseguir um lugar num voo que sai dia 29.	29日の便でしたら、ございますが。 29 nichi no bin deshitara, gozaimasu ga.
Vou checar o sistema.	一寸調べて見ます。 Chtto shirabete mimasu.
Só um momento, por favor.	少々お待ち下さい。 Shooshoo omachi kudasai.
Você tem preferência de horário?	ご希望のお時間がございますか？ Gokiboo no ojikan ga gozaimasu ka?
Você prefere manhã, tarde ou noite?	ご希望のお時間は朝/午後/夜でございますか？ Gokiboo no ojikan wa asa/gogo/yoru no bin de gozaimasu ka?
Sim, eu tenho um voo às 9 horas saindo de (Chicago) no dia 30 de abril e retornando no dia 5 de maio.	そうですね、(シカゴ) 発4月30日の朝9時の便と、お戻りは5月5日の便がございますが。 Soodesu ne, (Chicago) hatsu 4gatsu 30nichi no bin to omodori wa 5gatsu itsuka no bin ga gozaimasu ga.
Você quer que eu reserve este para você?	この便をご予約いたしましょう Kono bin o goyoyaku itashi mashoo ka?

Reservando um voo – Agente	座席予約—職員 **Zaseki yoyaku – shokuin**
Muito bem, estou confirmando você no voo 123 pela ABC Airlines, saindo de (Chicago O'Hare) às 9 horas com escala em (Atlanta) e chegada no Rio de Janeiro prevista para às 7 horas da manhã seguinte. Seu retorno é para dia 5 de maio, saindo do Rio de Janeiro às 14 horas num voo direto para (Chicago) com chegada prevista para às 23:30 do mesmo dia.	かしこまりました。ご予約を確認いたします。(Chicago O' Hara 空港)、朝9時発、ABC航空123便、(Atlanta)経由、翌日朝7時リオ到着便。お戻りは5月5日午後2時リオデジャネイロ発、直行便、同日夜11時30分(Chicago)到着予定。 Kashikomari mashita. Goyoyaku o kakunin itashi masu. (Chicago O'Hare kuukoo) asa 9 ji hatsu,ABC kookuu 123 bin, (Atlanta) keiyu, yokujitsu asa 7 ji Rio toochaku bin. Omodori wa go gatsu itsu ka gogo 2 ji Rio de Janeiro hatsu, chokkoo bin, doo jitsu yoru 11ji 30pun (Chicago) toochaku yotei.
Está tudo correto?	これでよろしいでしょうか？ Korede yoroshii deshoo ka?
O senhor vai pagar com cartão?	お支払はカードでございますか？ Oshiharai wa card de gozaimasu ka?
Certo, qual é o número do cartão? E a data de validade?	では、カードの番号をお願いします。 Dewa, card no bangoo o onegai shimasu? 有効期限はいつまででしょうか？ Yuukoo kigen wa itsu made deshoo ka?
Vou lhe dar o número de sua reserva. É...	お客様の予約番号は… でございます。 Okyaku sama no yoyaku bangoo wa … de gozaimasu.
Muito bem, posso segurar sua reserva por até 10 dias.	それでは、ご予約は10日間有効でございます。 Soredewa, goyoyaku wa 10 ka kan yuukoo de gozaimasu.
Se houver qualquer cancelamento é só ligar.	キャンセルされる場合はお電話ください。 Cancel* no baai wa odenwa kudasai.
Obrigado (por voar pela ABC Airlines).	(ABC航空をご利用いただき)、有り難うございます。 (ABC kookuu o goriyoo itadaki), arigatoo gozaimasu.

Check-in no aeroporto – o Agente	搭乗手続き一職員 **Toojoo tetsuzuki – shokuin**
Olá.	どうぞ！ Doozo!
Passagem e passaporte, por favor.	搭乗券とパスポート、お願いします。 Toojooken to passport, onegai shimasu.
Sinto muito, mas o voo está lotado.	申し訳ありませんが、満席でございます。 Mooshi wake arimasen ga, manseki de gozaimasu.
Seu nome não consta reservado para este voo.	この便にはお客様のご予約がございませんが。 Kono bin niwa okyaku sama no goyoyaku ga gozaimasen ga.
Será que a reserva está com um nome diferente?	別のお名前で予約されていませんか? Betsu no onamae de yoyaku sarete imasen ka?
Posso colocá-lo em espera.	キャンセル待ちにしてよろしいですか。 Cancel* machi ni shite yoroshii desu ka.
Qual é seu destino final?	最終予定地はどちらでしょうか？ Saishuu yoteichi wa dochira deshoo ka?
Quantas malas está levando?	お荷物はおいくつございますか？ Onimotsu wa oikutsu gozaimasu ka?
Pode colocar sua(s) mala(s) na balança, por favor?	お荷物を計りの上に置いてください。 Onimotsu o hakari no ueni oite itadake masu ka?
Infelizmente passou do limite.	申し分けありませんが、重量を超過しています。 Mooshi wake arimasen ga, juuryoo o chooka shite imasu.
Será computado como excesso.	重量超過荷物となります。 Juuryoo chooka nimotsu to narimasu.
Quantos passageiros estão viajando com você?	ご一緒にご旅行の方は何名でしょうか？ Goissho ni gorykoo no kata wa nanmei deshoo ka?
Algum desconhecido lhe pediu que levasse alguma coisa?	お知り合い以外の方から何か荷物をお預かりになっていませんか？ Oshiriai igai no kata kara nanika onimotsu o oazukari ni natte imasen ka?
Você tem o controle dos seus itens de viagem desde o momento em que fez as malas?	お荷物はずーっとお手元にお持ちでしたか？ Onimotsu wa zuutto otemoto ni omochi deshita ka?

Check-in no aeroporto – o Agente	搭乗手続き一職員 **Toojoo tetsuzuki – shokuin**
Foi você mesmo quem fez as malas?	お荷物はご自分で詰められましたか？ Onimotsu wa gojibun de tsumerare mashihta ak?
O senhor prefere janela ou corredor?	お座席は窓側又は通路側をご希望でしょうか？ Ozaseki wa mado gawa mata wa tsuuro gawa o gokiboo deshoo ka?
Muito bem, está tudo certo.	はい、全て完了いたしました。 Hai, subete kanryoo shimashita.
Aqui está seu cartão de embarque.	こちらがご搭乗券でございます。 Kochira ga gotoojoo ken de ozaimasu.
Seu portão de embarque é o (22).	搭乗ゲイトは (22)　番です。 Toojoo gate wa (22) ban desu.
O embarque tem início às (8:30).	ご搭乗時間は（8時30分）からです。 Gotoojoo jikan wa (8 ji 30pun) kara desu.
É melhor andar logo.	お急ぎになって下さい。 Oisogi ni natte kudasai.
O embarque já começou.	既にご搭乗が始まっております。 Sude ni gotoo joo ga hajimatte orimasu.
Boa viagem.	お気を付けてご旅行下さい。 Oki o tsukete goryokoo kudasai.

Anunciando	呼び出し **Yobidashi**
Passageiro John Dempsey voando pela ABC Airlines. John Dempsey. Por favor, comparecer ao balcão de passagens. Obrigado.	お呼び出し申し上げます。ABC　航空にご搭乗予定のジョン　デンプシー様。ジョン・デンプシー様。ABC　航空カウンターまでお越しください。Oyobidashi mooshi agemasu. ABC kookuu ni gotoojoo yotei no Jonh Dempsey sama. Jonh Dempsey sama. ABC kokuu counter made okoshi kudasai. 有り難うございます。 Arigatoo gozaimasu.

Check-in no aeroporto – Passageiro	空港での搭乗—乗客 **Kuukoo deno toojoo – jookyaku**
Olá.	すみません。 Sumimasen.
Você ainda tem algum lugar na janela/ corredor?	窓側/通路側の座席がありますか？ Mado gawa/Tsuuro gawa no zaseki ga arimasu ka?
Tem alguma refeição a bordo?	機内食は出ますか？ Kinai shoku wa demasu ka?
A que horas começa o embarque?	搭乗開始は何時からですか？ Toojoo kaishi wa nan ji kara desu ka?
Tenho de fazer outro embarque em (Chicago)?	(シカゴ)で乗り換える必要がありますか？ (Chicago) de norikaeru hitsuyoo ga arimasu ka?
Minha bagagem teria que passar pelo check-in de novo?	荷物は全てもう一度、搭乗手続きが必要ですか？ Nimotsu wa subete moo ichido, toojo tetsuzuki ga hitsuyoo desu ka?
Qual é o portão?	搭乗ゲイトは何番ですか？ Toojoo gate* wa nan ban desu ka?
Onde fica o portão número (22)?	(22) 番ゲイトはどちらですか？ (22) ban gate wa dochira desu ka?

Durante o voo – Tripulação	飛行中—添乗員 **Hikoo chuu – tenjooin**
Em nome da ABC Airlines quero dar as boas-vindas a bordo do voo 123...	皆様、本日はABC航空123便をご利用頂き真に有り難うございます。 Mina sama, honjitsu wa ABC kookuu 123 bin o goriyoo itadaki makotoni arigatoo gozaimasu.
...voando direto para São Paulo.	当機はサンパウロ直行便でございます。 Tooki wa Sao Paulo chokkoo bin de gozaimasu
...voando para o Rio e São Paulo.	当機はリオとサンパウロへ参ります。 Tooki wa Rio to Sao Paulo e mairimasu.
Gostaríamos de lembrar-lhes de que não é permitido fumar neste voo.	当機内は禁煙となっております。 Too kinai wa kinen to natte orimasu.

Durante o voo – Tripulação	飛行中—添乗員 **Hikoo chuu – tenjooin**
Estaremos decolando em instantes.	間もなく、出発いたしますので、しばらくお待ち下さいませ。 Mamo naku shuppatsu itashimasu node,shibaraku omachi kudasaimase.
Obrigado por voar pela ABC Airlines.	本日はABC航空をご利用いただき有り難うございます。 Honjitsu wa ABC kookuu o goriyoo itadaki arigatoo gazaimasu.
Verifiquem se suas bandejas estão fechadas, seus cintos colocados e seus assentos voltados para a posição vertical.	皆様、テーブルを元の位置にお戻しの上、シートベルトの着用と、お座席が元の位置まで戻っているか、ご確認お願いいたします。 Mina sama, table* o moto no ichi ni omodoshi no ue,seatbelt* no chakuyoo to, ozaseki ga moto no ichi ni modotte iru ka, gokaku nin onegai itashimasu.
Com licença, sr./sra. O seu cinto, por favor.	失礼します。シートベルトをお締ください。 Shitsurei shimasu. Seatbelt* o oshime kudasai.
Com licença, sr./sra., mas precisa voltar a seu assento. Obrigado.	失礼します。お座席を元の位置にお戻し下さい。 Shitsure shimasu. Ozaseki o moto no ichini omodoshi kudasai.
Desculpe-me, mas não é permitido fumar.	申し訳ありません。機内は禁煙になっております。 Mooshi wake arimasen. Kinai wa kinen ni natte orimasu.
Serão servidos jantar e café da manhã neste voo.	機内食として、夕食と朝食が用意されております。 Kinai shoku toshite, yuu shoku to choo shoku ga yooi sarete orimasu.
Nosso filme a bordo hoje é *Casablanca*.	本日の上映映画は"カザブランカ"でございます。 Honjitsu no jooei eiga wa 'Casa Blanca' desu.
Estaremos distribuindo fones de ouvido em alguns instantes.	間もなく、イヤーフォンをお配りいたします。 Mamo naku, iyaa fone okubari itashimasu.

Durante o voo – Tripulação	飛行中―添乗員 **Hikoo chuu – tenjooin**
Assim que o comandante apagar o sinal "Apertem os cintos" vocês poderão se mover livremente, mas recomendamos que usem os cintos enquanto estiverem sentados até o final do voo.	シートベルト着用のサインが消えますとお席をお立ちになっても結構でございますが、お座にお着きの間は飛行中もシートベルトの着用をお願い申し上げます。 Seatbelt chakuyoo no sain ga kiemasu to oseki o otachi ni nattemo kekkoo de gozaimasu ga, oseki ni otsuki no aida wa hikoo chuu mo seatbelt no chakuyoo o onegai mooshi agemasu.
A duração do voo é de aproximadamente 10 horas.	本日の飛行時間はおよそ10時間の予定でございます。 Honjitsu no hikoo jikan wa oyoso 10 jikan no yotei de gozaimasu.
Se houver qualquer coisa que eu ou qualquer membro da tripulação possa fazer, é só nos chamar.	飛行中、ご用の際はご遠慮なく添乗員までお申し付け下さいませ。 Hikoo chuu goyoo no sai wa goenryo naku tenjooin made omooshi tsuke kudasai mase.
Notem que o comandante acionou o sinal para manter os cintos apertados. Neste momento, todos precisam estar sentados. Obrigado.	シートベルト着用のサインが点灯次第、皆様お席にお着きになるようお願いいた します。 Seatbelt* Chakuyoo no sain ga tentoo shidai, mina sama oseki ni otsukini naruyoo onegai itashimasu.
O comandante indica que estamos nos aproximando de São Paulo. Pedimos que guardem todos os objetos no compartimento acima ou embaixo dos assentos à sua frente. Favor fechar suas bandejas e voltar seus assentos para a posição vertical.	機長がサンパウロ空港への着陸態勢に入るお知らせをいたしますと、お手回り品などを頭の上のキャビネットか前のお座席の下にお入れ下さい。 Kichoo ga Sao Paulo kuukoo eno chakuriku taisei ni hairiru oshirase o itashimasu to, otemawari hin nado o atama no ue no cabinet ka mae no ozaski no shita ni oire kudasai. また、テーブルやお座席は元の位置にお戻しいただきます様お願いいたします。 Mata, table ya ozaseki wa moto no ichi ni omodoshi itadaki masuyoo onegai itashimasu.

Durante o voo – Tripulação	飛行中—添乗員 **Hikoo chuu – tenjooin**
Favor manter seus cintos apertados até a parada total do avião.	航空機が完全に止まりますまで、シートベルトはお外しにならない様お願いいたします。 Kookuuki ga kanzen ni tomarimasu made, seatbelt* wa ohazushi ni naranai yoo onegai itashimasu.
Por favor senhor, mantenha-se sentado até a parada total do avião. Obrigado.	皆様、航空機が完全に止まりますまで、お席をお立ちにならない様お願いいたします。 Minasama, kookuuki ga kanzen ni tomarimasu made, oseki o otachini naranai yoo onegai itashimasu.
Tenham cuidado ao retirar seus pertences dos bagageiros, pois eles tendem a se espalhar durante a decolagem e o pouso.	キャビネットにお入れのお荷物は離着陸の際に移動する場合がございますので、お気を付け下さいませ。 Cabinett ni oire no onimotsu wa richakuriku no saini idoo suru baai ga gozaimasu node oki o tsuke kudasai mase.
Bom dia, e bem-vindos a São Paulo, Brasil. Se seu destino é São Paulo, desejamos uma boa estadia, se vão prosseguir até o Rio de Janeiro, pediríamos a gentileza de permanecer no avião; partiremos em 30 minutos.	おはようございます。ブラジル・サンパウロへようこそ。サンパウロでお降りのお客様には良いご旅行をお祈りいたします。また、リオデジャネイロまで越 しのお客様は30分の待ち時間となりますので、このまま機内でお待ち下さい。 Ohayoo gozaimasu. Brasil, São Paulo e yookoso. São Paulo de oori no okyaku sama niwa yoi goryokoo o oinori itashimasau, mata, Rio de Janeiro made okoshi no okyaku sama wa 30pun no machi jikan to narimasu node, kono mama kinai de omachi kudasai.
Em nome da ABC Airlines, agradecemos a preferência por voar conosco e desejamos a todos um bom dia.	本日はABC航空をご利用頂き真に有り難うございました。お元気で一日をお過 ごし下さいませ。 Honjitsu wa ABCkookuu o goriyoo itadaki makotoni arigatoo gozaimashita. Ogenki de ichinichi o osugoshi kudasaimase.

Durante o voo – Passageiro	飛行中—乗客 **Hikoo chuu – jookyaku**
Gostaria de me sentar junto com minha (família).	(家族)と一緒に座りたいんですが。 (Kazoku) to isshoni suwaritain desu ga.
Com licença, mas acho que este é meu lugar.	すみません、そこは私の席だと思いますが。 Sumimasen, soko wa watashino seki dato omoimasu ga.
Eu poderia trocar de lugar?	席を代わっても構いませんか？ Seki o kawattemo kamai masen ka?
Poderia me ver uma (água), por favor.	(お水)お願いします。 (O-mizu) onegai shimasu.
Estes fones não estão funcionando.	このイヤフォン故障しています。 Kono year fone koshoo shite imasu.
Quanto tempo dura o voo?	飛行時間はどのくらいですか？ Hikoo jikan wa donokurai desu ka?
Quanto tempo falta para chegar em (São Paulo)?	（サンパウロ）まで後どのくらい掛かりますか？ (São Paulo) made ato donokurai akarimasu ka?
Qual é o fuso horário entre São Paulo e a (Califórnia)?	サンパウロと（カリフォルニア）の時差はどのくらいですか？ São Paulo to (California) no jisa wa donokurai desu ka?
Qual é a hora local em (San Francisco)?	（サンフランシスコ）の現地時間は今何時ですか？ (San Francisco) no genchi jikan wa ima nanji desu ka?

Alfândega – Perguntas	通関—質問 **Tsuukan – shitsumon**
Qual é o motivo de sua estada em (San Francisco)?	(サンフランシスコ)での滞在目的は何ですか？ (San Francisco) deno taizai mokuteki wa nan desu ka?
Qual é o seu ramo de negócios?	お仕事の内容はどのようなことですか？ Oshigoto no naiyoo wa donoyoona koto desu ka?
Seu (visto de trabalho), por favor?	（商用査証）を拝見出来ますか？ (Shooyoo sashoo) o haiken dekimasu ka?

Alfândega – Perguntas	通関—質問 **Tsuukan – shitsumon**
Quanto tempo pretende ficar?	滞在予定はどの位でしょうか？ Taizai yotei wa donokurai deshoo ka?
Onde vai ficar?	滞在先はどちらでしょうか？ Taizaisaki wa dochira deshoo ka?
Você sabe o endereço?	住所はどちらでしょうか？ Juusho wa dochira deshoo ka?

Alfândega – Respostas	通関—答え **Tsuukan – kotae**
Estou aqui a passeio/a trabalho/para uma conferência/visitando um amigo.	休暇/商用/学会/友人訪問のために来ました。 Kyuuka/shooyoo/gakkai/yuujin hoomon no tameni kimashita.
Vou ficar (uma semana).	（一週間）の滞在予定です。 (1 shuukan) no taizai yotei desu.
Vou ficar no Hilton.	ヒルトン　ホテルに泊まります。 Hilton Hotel ni tomarimasu.
Vou ficar com (um amigo).	（友達の家）に泊まります。 (Tomodachi no uchi) ni tomarimasu.

Problemas com bagagem | 荷物の問題 Nimotsu no mondai

Registrando perda de bagagem	遺失物の報告 **Ishitsu butsu no hookoku**
Acredito que a companhia tenha perdido minha bagagem.	私の荷物が行方不明なのですが。 Watashi n o nimotsu ga yukue fumei nano desu ga.
Vou ficar no...	… に滞在予定です。 … ni taizai yotei desu.
Vou ficar com...	… さんと一緒に泊まります。 … san to isshoni tomarimasu.
Quanto tempo isso leva geralmente?	普通どの位掛かりますか？ Futsuu dono kurai kakari masu ka?
Eu vou precisar de roupas e outras coisas enquanto isso.	当面の衣類や小物が必要なんですけど。 Toomen no irui ya komono ga hitsuyoo nan desu kedo.

Registrando perda de bagagem	遺失物の報告 **Ishitsu butsu no hookoku**
Quanto vou receber para comprar (o que preciso) agora?	会社としては（必要品）を買うのに取りあえず、どの位支払って頂けるのでしょうか？ Kaisha toshite wa (hitsuyoo hin) o kau noni toriaezu dono kurai shiharatte itadakeru node shoo ka?
Isso é um transtorno mesmo.	本当に困っているんです。 Hontoo ni komatte irun desu.
Quero falar com seu supervisor, por favor.	すみません、責任者の方とお話したいんですが。 Sumimasen, sekininsha no kata to ohanashi shitain desu ga.

Perguntas sobre bagagem perdida	遺失物に関しての質問 **Ishitsu butsu ni kanshite no shitsumon**
Certo. Em que voo estava?	何便にお乗りでしたか？ Nan bin ni onori deshita ka?
Muito bem. Como era?	どのような荷物ですか？ Dono yoona nimotsu desu ka?
Está em algum hotel?	ホテルにご滞在ですか？ Hotel ni gotaizai desu ka?
O senhor tem algum telefone para contato?	ご連絡先のお電話番号がございますか？ Gorenraku saki no odenwa bangoo ga gozaimasu ka?
Nós pedimos mil desculpas...	ご迷惑をお掛けして真に申し訳ございません。 Gomeiwaku o okakeshite makotoni mooshi wake arimasen.
Faremos o que for preciso para recuperar sua (bagagem) o mais breve possível.	早速、手配いたしますので、しばらくの間、お待ち下さい。 Sassoku tehai itashimasu node, shibaraku no aida omachi kudasai.
Só preciso que preencha este formulário aqui, por favor.	申し訳ありませんが、こちらの書類にご記入お願いいたします。 Mooshi wake arimasen ga, kochira no shorui ni goki nyuu onegai itashimasu.

Perguntas sobre bagagem perdida	遺失物に関しての質問 **Ishitsu butsu ni kanshite no shitsumon**
Assim que soubermos de alguma coisa, entraremos em contato.	何か分かりましたら、すぐご連絡いたします。 Nanika wakari mashitara,sugu gorenraku itashimasu.
Entraremos em contato dentro das próximas (24) horas.	（24時間）以内にご連絡いたします。 (24 jikan) inai ni gorenraku itashimasu.
Pedimos novamente desculpas pelo transtorno causado.	大変ご迷惑をお掛けしております。あらためて、お詫び申し上げます。 Taihen gomei waku o okakeshite orimasu. Aratamete owabi mooshi agemasu.

Ligando do exterior	国際電話 **Kokusai denwa**
Estou tentando ligar para o Brasil.	ブラジルへ電話を掛けたいんですが。 Brasil e denwa o kaketain desu ga.
Quero fazer uma chamada a cobrar.	コレクトコール掛けたいんですが。 Collect call* kaketain desu ga.
Quero usar meu *calling card*.	テレフォンカード使いたいんですが。 Telephone card* tsukai tain desu ga.
Telefonista, a linha caiu.	交換手さん、電話が途中で切れました。 Kookanshu san, denwa ga tochuu de kiremashita.
Gostaria do número para...	… の番号にお願いしたいんですが。 … no bangoo ni onegai shitain desu ga.

Hospedagem	宿泊 **Shukuhaku**

Hotel – Hóspede	ホテル一お客 **Hotel – okyaku**
Você tem vaga para (1 pessoa/2 pessoas) para o dia...	… 日に（一人/二人）ですが、お部屋がありますか。 … nichi ni (hitori/furari) desu ga,oheya ga arimasu ka.
Eu tenho uma reserva.	既に、予約を入れております。 Sudeni, yoyaku o irete orimasu.

Hotel – Hóspede	ホテルーお客 **Hotel – okyaku**
Em nome de (Silva).	（シルヴァ）と言う名前ですが。(Silva) to iu namae desu ga.
Aqui está o comprovante.	確認が取れております。 Kakunin ga torete orimasu.
Eu quero um quarto para (1 pessoa/2 pessoas).	(一人/二人)　部屋がありますか。 (Hitori/Futari) beya ga arimasu ka.
Para (2) noites.	（2）泊したいんですが。 (ni) haku shitain desu ga.
Quanto é a diária?	１泊いくらですか？ I ppaku ikura desu ka?
Tem (TV a cabo) nos quartos?	部屋には（ケーブル・テレビ）がありますか？ Heya niwa (cable* TV) ga arimasu ka?
Tem banheiro no quarto?	バスルーム付きの部屋がありますか？ Bathroom* tsuki no heya ga arimasu ka?
Com café da manhã?	朝食付きですか？ Choo shoku tsuki desu ka?
Tem alguma vista?	景色が見えますか？ Keshiki ga miemasu ka?
Gostaria/Gostaríamos de uma vista para (o mar), se possível.	出来れば、(海)の見える部屋をお願いします。 Dekireba, (umi) no mieru heya o onegai shimasu.
Preciso ser acordado às 7:30.	7時30分に起こして下さい。 7ji 30pun ni okoshite kudasai.*
A que horas é o check-out?	チェックアウトは何時ですか？ Check-out* wa nan ji desu ka?
Como faço para conseguir uma linha?	外線お願いしたいんですが。 Gaisen onegai shitain desu ga?
Posso deixar minha bagagem na recepção?	フロントデスクに私の荷物を預かって頂けますか？ Front desk* ni watashi no nimotsu o azukatte itadake masu ka?
Posso deixar meus objetos de valor no cofre?	セーフティボックスに貴重品を預かって頂けますか？ Safety Box* ni kichoo hin o azukatte itadake masu ka?
Você(s) pode(m) me informar sobre as atrações locais?	市内観光案内がありますか？ Shinai kankoo annai ga arimasu ka?

Hotel – Hóspede	ホテルーお客 **Hotel – okyaku**
Posso comprar ingressos aqui para...?	… のチケットはこちらで買うことが出来ますか？ … no ticket* wa kochira de kau koto ga dekimasu ka?
Onde fica o ____ mais próximo?	この近くに… がありますか？ Kono chikaku ni … ga arimasu ka?
Tem algum recado para mim?	何かメッセージ届いていますか？ Nanika message* todoite imasu ka?
A pia/o ralo do chuveiro está entupido.	洗面台/シャワーの排水口が詰まっています。 Senmen dai/shower* no haisui koo ga tsumatte imasu.
O vaso não está dando descarga.	トイレの水が流れません。 Toilet* no mizu ga nagaremasen.
Não tem água quente.	熱いお湯が出ません。 Atsui oyu ga demasen.
O (aquecimento/ar-condicionado) não está funcionando.	(暖房/冷房)が効いていません。 (Danboo/reiboo) ga kiite imasen.
Será que tem alguém para consertá-lo?	すぐ修理してもらえますか？ Sugu shuuri shite moraemasu ka?
Eu gostaria de trocar as toalhas no quarto (22), por favor.	こちら（22）号室ですが、新しいタオルお願いします。 Kochira (22) gooshitsu desu ga, atarashii taoru onegai shimasu.
Gostaria de trocar de quarto, por favor.	部屋を変えて欲しいんですが。 Heya o kaete hoshiin desu ga.
Gostaria de ficar mais um dia, por favor.	もう1泊滞在を延長したいんですが。 Moo ippaku taizai o enchoo shitain desu ga.
Gostaria de fechar a conta, por favor.	チェックアウトお願いします。 Check out onegai shimasu.
Você poderia fazer uma conta separada para o telefone, por favor?	電話の明細は別勘定でお願いします。 Denwa no meisai wa betsu-kanjoo de onegai shimasu.
Aqui é do quarto 22. Vocês poderiam mandar alguém vir buscar a bagagem, por favor?	こちら22号室です。荷物を降ろしたいんですが、誰かよこしてもらえますか？ Kochira 22 gooshitsu desu. Nimotsu o oroshitain desu ga, dareka yokoshite morae masu ka?

Hotel – Recepção	ホテルー受付 **Hotel – uketsuke**
Para quantas noites?	何泊のご予定でしょうか？ Nanpaku no goyotei deshoo ka?
Quantos hóspedes?	何名様でございますか？ Nammei sama de gozaimasu ka?
Para que dias?	何日ですか？ Nan nichi desu ka?
Infelizmente não temos vaga nesses dias.	申し訳ありません、この日は満室でございます。 Mooshi wake arimasen, kono hi wa manshitsu de gozaimasu.
Sim, nós temos vaga nesses dias.	はい、この日はお部屋がございます。 Hai, kono hi wa oheya ga gozaimasu.
Você tem reserva?	予約がございますか？ Yoyaku ga gozaimasu ka?
Qual é o nome, por favor?	お名前をお願いいたします。 O namae o onegai itashimasu.
A saída é ao (meio-dia).	チェックアウトは（正午）です。 Check out* wa (shoogo) desu.
Só preciso que você preencha isto, por favor.	こちらにご記入お願いいたします。 Kochira ni gokinyuu onegai itashimasu.
Certo, e preciso que assine aqui, por favor.	それでは、こちらにサインをお願いいたします。 Soredewa, kochira ni sain o onegai itashimasu.
Você tem um cartão de crédito ou algum documento, por favor?	お客様のクレジットカードと身分証明書をお願いいたします。 Okyaku sama no credit card* to mibun shoomei sho o onegai itashimasu.
Aqui está sua chave.	こちらが鍵でございます。 Kochira ga kagi de gozaimasu.
Tenha uma boa estada.	どうぞごゆっくりお過ごし下さい。 Doozo goyukkuri osugoshi kudasai.
Pegando o elevador, é o (terceiro) andar.	(3)階でございます。エレベーターをご利用下さい。 (3)kai de gozaimasu. Elevator* o goriyoo kudasai.
Gostaria de uma ajuda com as malas?	お荷物お持ちいたしましょうか？ Onimotsu omochi itashimashoo ka?

Hotel – Recepção	ホテルー受付 **Hotel – uketsuke**
Para obter uma linha, tecle (9).	外線は(9) 番をお押し下さい。 Gaisen wa (9) ban o ooshi kudasai.
Tecle (0) para falar com a recepção.	フロントデスクへは(0)をお押し下さい。 Front desk ewa (0) o ooshi kudasai.
O senhor está fechando a conta hoje?	お客様、今日お発ちでございますか？ Okyaku sama, kyoo otachi de gozaimasu ka?
Consumiu alguma coisa do frigobar?	ミニバーをお使いになりましたでしょうか？ Mini bar o otsukai ni narimashita deshoo ka?
Posso chamar um táxi?	お客様、タクシーをお呼びいたしましょうか？ Okyaku sama taxi o oyobi itashimashoo ka?
Esperamos que tenha(m) aproveitado a sua estada.	ご滞在真に有り難うございました。 Gotaiza makoto ni arigatoo gozaimashita.
Volte(m) sempre.	またのお越しをお待ちいたしております。 Mata no okoshi o omachi itashite orimasu.

Uma família hospedeira	家庭に滞在 **Katei ni taizai**
A que horas posso tomar banho?	シャワーは何時ごろ取ってもよろしいですか？ Shower wa nanji goro tottemo yoroshii desu ka?
Tudo bem se eu...?	… しても、よろしいでしょうか？ … ni shitemo, yoroshii deshoo ka?
Você(s) se importa(m) se eu usar o telefone para uma ligação local?	市内電話を掛けても、よろしいでしょうか？ Shinai denwa o kaketemo, yoroshii deshoo ka?
Posso usar seu telefone?	(電話) を使ってもよろしいでしょうか？ (Denwa) o tsukattemo yoroshii deshoo ka?
Vou fazer uma ligação interurbana mas não se preocupe, tenho um *calling card*.	長距離電話を掛けたいんですが。支払は電話カードがありますので。 Chookyori dewa o kaketain desu ga. Shiharai wa denwa card* ga airmasu node.
Dormi muito bem, obrigado.	お陰さまで、ゆっくり休めました。 Okage sama de, yukkuri yasume mashita.

Uma família hospedeira	家庭に滞在 **Katei ni taizai**
Achei que deveria falar: a (água quente) não está funcionando.	お知らせした方がいいと思ったんですが。(熱いお湯) が出ないんです。 Oshirase shita hoo ga ii to omottan desu ga.(Atsui oyu) ga denain desu.
Queria só avisar que não volto para o jantar (hoje à noite).	すみません、(今晩は) 夕食には戻りませんので。 Sumimasen, (konban) wa yuu shoku niwa modori masen node.

Compras — 買い物 **Kaimono**

É comum para um lojista cumprimentar um cliente com “Irasshai mase!” em japonês ao entrar na loja. Este cumprimento não exige resposta. Normalmente um *Doomo* (Oi) é mais do que suficiente. Os preços nas lojas refletem o preço sem o acréscimo dos impostos. Normalmente isso é acrescentado depois, no caixa. A taxa dos impostos fica na faixa de 5,0% sobre o preço de venda.

Cliente	お客 **Okyaku**
Só estou olhando, obrigado.	一寸見てもいいですか。 Chotto mitemo ii desu ka?
Vocês aceitam (American Express)?	(アメリカン　エクスプレス)使えますか？ (American Express) tsukaemasu ka?
Vocês aceitam cheque de viagem?	トラベラーズ　チェック使えますか？ Traveler’s check* tsukae masu ka?
Vocês têm...?	… がありますか？ … ga arimasu ka?
Estou procurando...	… が　ありますか？ … ga arimasu ka?
Vi uma (jaqueta) na vitrine.	ショーウインドーの (ジャケット) を見たんですが。 Shoo window no (jacket) o mitan desu ga.
Está em promoção?	これはセールですか？ Kore wa sale* desu ka?
Posso mandar isso para o Brasil?	これをブラジルへ送ってもらえますか？ Kore o Brasil e okutte morae masu ka?
É para presente.	贈り物なんです。 Okuri mono nan desu.

Cliente	お客 **Okyaku**
Vocês podem embrulhar isso para presente?	贈り物用に包んで頂けますか？ Okuri mono yoo ni tsutsunde itadake masu ka?
Quanto fica com imposto?	税込みの値段はいくらになりますか？ Zeikomi no nedan wa ikurani narimasu ka?
Qual é o preço na promoção?	割引値段はいくらになりますか Waribiki nedan wa ikura ni narimasu ka?
Você tem no tamanho P/M/G/GG?	これのS/M/L/LL サイズありますか？ Kore no S/M/L/LL saizu arimasu ka?
Você tem num tamanho menor/maior?	もっと小さい/大きいのありますか？ Motto chiisai/ookii no arimasu ka?
Onde ficam os provadores?	試着室はどこですか？ Shichaku shitsu wa doko desu ka?
Qual é o horário de vocês aqui?	営業時間は何時から何時までですか？ Eigyoo jikan wa nanji kara nanji made desu ka?
A que horas fecham?	閉店時間は何時ですか？ Heiten jikan wa nanji desu ka?
Vocês abrem aos (finais de semana)?	（週末）も開いていますか？ (Shuumatsu) mo aite imasu ka?
Quanto tempo leva?	どの位掛かりますか？ Dono kurai kakarimasu ka?
Vou ficar com este. / Vou ficar com estes.	じゃ、これお願いします。 Ja,kore onegai shimasu.*
Por favor, onde é que eu pago?	支払はどこですか？ Shiharai wa doko desu ka?
Vou comprar este aqui, por favor.	じゃ、これにします。 Ja, kore ni shimasu.
Vocês fazem troca?	もし、気に入らなかったら、替えてもらえますか？ Moshi, ki ni iranakattara, kaete moraemasu ka?
Você me dá uma nota fiscal, por favor?	領収書お願いします。 Ryooshuu sho onegai shimasu.

Atendente	店員 **Ten in**
Eu já volto.	少々お待ち下さい。 Shoo shoo omachi kudasai.
Pois não?	承知しました。 Shoochi shimashita.
Oi, posso ajudá-lo?	いらっしゃいませ。 Irasshai mase.
Já foi atendido?	いらっしゃいませ。 Irasshai mase.
Fique à vontade.	どうぞごゆっくり。 Doozo goyukkuri.
Está procurando algo em especial?	特に、お探しの物がございますか？ Tokuni ,osagashi no mono ga gozaimasu ka?
Posso ajudá-lo a encontrar alguma coisa?	何かお探しのものがございますか？ Nanika osagashi no mono ga gozaimasu ka?
(As malhas) estão em promoção.	ただ今（セーター）がお得になっております。 Tadaima (sweaters*) ga otoku ni natte oriamsu.
Está fora do estoque.	ただ今丁度在庫が切れております。 Tadaima choodo zaiko ga kirete orimasu.
Nós não trabalhamos com...	私どもでは…を扱っておりません。 Watakushi domo dewa … o atsukatte orimasen.
Vou verificar lá atrás.	在庫があるか調べて見ます。 Zaiko ga aruka shirabete mimasu.
Posso lhe mostrar...	… をお見せいたしましょうか？ … o omise itashimashoo ka?
Talvez queira algo mais...	もう少し…なのがよろしいのでは。 Moo suksoshi …nano ga yoroshii nodewa.
São de ótima qualidade.	大変素晴らしい品質です。 Taihen subarashii hinshitsu desu.
Duram a vida toda.	これは長持ちします。 Kore wa nagamochi shimasu.
Posso mandar entregar.	お宅へお届けいたしましょうか？ Otaku e otodoke itashimashoo ka?
É para presente?	贈り物ですか？ Okuri mono desu ka?
Você quer que eu embrulhe para presente?	贈り物用に包装いたしましょうか？ Okuri mono yoo ni hoosoo itashima shoo ka?

Atendente	店員 **Ten in**
Você pode pagar aqui.	お支払はこちらでお願いいたします。 Oshiharai wa kochira de onegai itashimasu.
É só?/Vai levar mais alguma coisa?	他にご用はございませんか？ Hokani goyoo wa gozaimasen ka?
Me desculpe, mas seu cartão não passou.	申し訳ございません、このカードは受け付けない様なんですが。 Mooshi wake arimasen,kono card wa uketsukenai yoo nan desu ga.
Você teria outro cartão?	他のカードお持ちでしょうか？ Hoka no card* omochi deshoo ka?
Quer que ponha em uma sacola?	袋にお入れしましょうか？ Fukuro ni oire shimashoo ka?
Seu recibo.	こちら領収証です。 Kochira ryooshuu sho desu.
Muito obrigado.	有り難うございました。 Arigaoo gozaimashita.

Falando sobre compras	買い物の話 **Kaimono no hanashi**
Está em promoção./Estava em promoção.	ただ今セール中です。/だったんです。 Tadaima sale* chuu desu./ dattan desu.
Foi uma pechincha.	バーゲン　セールでした。 Bargain sale* deshita.
Estava com um preço tão bom que não pude resistir.	安かったので、買わずにはいられなかったんです。 Yasukatta node, kawazu niwa irare nakattan desu.
Fiz uma compra ótima.	いい買い物だった。 Ii kaimono data.
Fui roubada.	高い買い物だった。 Takai kaimono datta.
Gastei os tubos.	お金を使い果たしてしまった。 Okane o tsukai hatashite shimatta.
Quase estourei meu limite do cartão.	もう少しで、カードの限度額を超えるところだった。 Moo sukoshi de, card* no gendogaku o koeru tokoro data.

Comendo e bebendo	飲食 **Inshoku**
No restaurante – Cliente	レストランーお客 **Restaurant* – okyaku**
Quero fazer uma reserva para (2 pessoas) para (as 8 horas hoje à noite) por favor.	(今晩8時)に（2）名予約したいんですが。 (Konban 8 ji) ni (ni) mei yoyaku shitain desu ga.
Uma mesa para (2), por favor.	(2) 名の席お願いします。 (ni) mei no seki onegai shimasu.
Somos (2).	（２）名です。/（２）人です。 (ni) mei desu./(futari) desu.
Tem espera?	待たなければなりませんか？ Mata nakereba narimasen ka?
Tem uma seção para fumantes?	喫煙席ありますか？ Kitsuen seki arimasu ka?
Podemos nos sentar (próximos à janela)?	（窓際）の席がありますか？ (Mado giwa) no seki ga arimasu ka?
Onde fica o toalete?	トイレはどちらですか？ Toire wa dochira desu ka?
Vou pedir um/o...	私は… にします。 Watashi wa … ni shimasu.
Vou pedir o mesmo que você.	あなたと同じ物をお願いします。 Anata to onaji mono o onegai shimasu.
Dois, por favor.	二人前お願いします。 Ninin mae onegai shiamsu.
Que sucos/cervejas vocês têm?	ビール/ジュースはなにがありますか？ Beer/Juice* wa nani ga arimasu ka?
Poderia ver a carta de vinhos, por favor?	ワインリストがありますか？ Wine list* ga arimasu ka?
Você pode me trazer um(a) garfo/colher/faca/hashi, por favor?	フォーク/スプーン/ナイフ/箸　お願いします。 Fork/Spoon/Knife*/hashi onegai shimasu?
Você pode me trazer mais um(a) garfo/colher/faca, por favor?	もう一つフォーク/スプーン/ナイフをお願いします。 Moo hitotsu Fork/Spoon/Knife o onegai shimasu.
Você pode me/nos trazer mais (pão), por favor?	もう少し（パン）を頂けますか？ Moo sukoshi (pan) o itadake masu ka?

No restaurante – Cliente	レストランーお客 **Restaurant* – okyaku**
Você pode mandar esquentar meu prato, por favor?	すみません、これをもう一度暖めてもらえませんか？ Sumimasen, kore o moo ichido atatamete moraemasen ka?
Não foi isso que eu pedi.	これ注文してませんけど。 Kore chuumon shite masen kedo.
Eu pedi o...	… を注文したんですけど。 … o chuumon shitan desu kedo.
Eu/nós pedi(mos) (2 águas).	（お水2杯）お願いしたんです。 (Omizu 2 hai) onegai shitain desu ga.
Nossa. O seu está com uma cara ótima.	わあ、あなたの美味しそう。 Waa, anata no oishi soo.
Eu deveria ter pedido isso.	私もそれを頼めばよかった。 Watashi mo sssore o tanomeba yokatta.
Como está seu (filé)?	（お肉）はどうですか？ (Oniku) wa doo desu ka?
Parece ótimo.	美味しそうですね。 Oishi soo desu ne.
Posso ver o cardápio de novo?	メニューもう一度見せてもらえますか。 Menu moo ichido misete moraemasu ka?
Você tem (chocolate)?	（チョコレート）ありますか？ (Chocolate)* arimasu ka?
Estava uma delícia, obrigado.	大変美味しかったです。 Taihen oishikatta desu.
Você me/nos traz a conta, por favor?	お勘定お願い出来ますか？ Okanjoo onegai dekimasu ka?
Só a conta, por favor.	お勘定お願いします。 Okanjoo onegai shimasu.
Você pode embrulhar (o frango)?	（この鳥）包んでもらえますか？ (Kono tori) tsutsunde moraemasu ka?

Num restaurante – Atendente	レストランでー店員 **Restaurant de – ten in**
Boa (tarde). Mesa para (dois)?	いらっしゃいませ。お二人様ですか？ Irasshaimase. Ofutari sama desu ka?
Quantos são?	何名様でしょうか？ Nanmei sama deshoo ka?
Há uma espera de (30 min).	（30分）ほどお待ち願います。 (30 pun) hodo omachi negaimasu.

Num restaurante – Atendente	レストランで一店員 **Restaurant de –ten in**
Você(s) tem (têm) uma reserva?	ご予約頂いておりますでしょうか？ Goyoyaku itadaite orimasu deshoo ka?
Você gostaria de deixar seu nome?	お名前を承りましょうか？ Onamae o uke tamawari mashoo ka?
Certo. Seu nome, por favor?	それでは、お名前は何とおっしゃいますか？ Soredewa,onamae wa nan to osshai masu ka?
Você(s) gostaria(m) de esperar no bar?	バーの方でしばらくお待ち頂けますか？ Bar* no hoo de shibaraku omachi itadake masu ka?
Eu chamo quando houver uma mesa.	準備が出来次第お呼びいたします。 Junbi ga deki shidai oyobi itashimasu.
Eu volto num instante.	少々お待ち下さい。 Shoo shoo omachi kudasai.
Boa noite, tudo bem?	今晩は、ようこそいらっしゃいました。 Konban wa, yookoso irasshai mashita.
Meu nome é (Sérgio) e estarei atendendo você(s) (esta noite).	私（セルジオ）と申します。本日のお席の担当をさせて頂きます。 Watakushi (Sergio) to mooshi masu. (Hon jitsu) oseki no tantoo o sasete itadaki masu.
Você(s) já deram uma olhada no especial do dia?	本日のお勧め料理をご覧になられましたか？ Hon jitsu no osusume ryoori o goran ni narare mashita ka?
Querem começar com alguma bebida?	お飲み物は何にいたしましょうか？ Onomimono wa nani ni itashi mashoo ka?
Gostaria(m) de ver a carta de vinhos?	ワインリストをご覧になられますか？ Wine list* o goran ni narare masu ka
Quere(m) fazer o pedido?	ご注文お伺いいたしましょうか？ Gochuumon oukagai itashi mashoo ka?
Eu recomendo o...	本日のご推薦料理は…でございます。 Hon jitus no gosuisen ryoori wa··· de gozaimasu.
Infelizmente estamos sem (gorgonzola) no momento.	申し訳ございません、本日は（ゴルゴンゾーラ）を切らしております。 Mooshi wake gozaimasen, Hon jitsu wa (gorgonzola) o kirasete orimasu.

Num restaurante – Atendente	レストランで一店員 **Restaurant de – ten in**
Como quer seu (filé)?	（お肉）の焼き具合はどのようにいたしましょうか？ (Oniku) no yaki guai wa dono yoo ni itashimashooka?
Então, são...	それでは、… で Soredewa, … de
Querem mais alguns minutinhos?	もうしばらく、お待ちいたしましょうか？ Moo shibaraku, omachi itashi mashoo ka?
Tudo bem, eu já volto.	承知しました。後ほど、伺います。 Shoochi shimashita, nochi hodo ukagaimasu.
Fique(m) à vontade.	どうぞ、ごゆっくり。 Doozo, goyukkuri.
Perdão, esta é uma seção para não fumantes.	申し訳ございません。こちらは禁煙席になっております。 Mooshi wake gozaimasen. Kochira wa kinen seki ni natte orimasu.
Está tudo bem?	いかがでございますか？ Ikaga de gozaimasu ka?
Posso tirar?	お下げしてもよろしいでしょうか？ Osage shitemo yoroshii deshoo ka?
O senhor já terminou?	もうお済でしょうか？ Moo osumi deshoo ka?
Vou tirar isso do caminho.	お下げいたします。 Osage itashimasu.
Aceita(m) um café ou uma sobremesa?	コーヒー又はデザートはいかがですか？ Coffee matawa Dessert* wa ikaga desu ka?
Você deixou seu carro com o manobrista?	お車は駐車係にお預けですか？ Okuruma wa chuusha gakari ni oazuke desu ka?

Num restaurante – Atendente	レストランで一店員 **Restaurant de – ten in**
Infelizmente não trabalhamos com este cartão.	申し訳ございません、このカード私どもでは取り扱っておりません。 Mooshi wake gozaimasen, kono card* watakushi domo dewa toriatsukatte orimasen.

Num restaurante – Atendente	レストランで一店員 **Restaurant de – ten in**
Obrigado e uma boa (noite).	有り難うございました。(お休みなさいませ。) Arigatoo gozaimashita. (Oyasumi nasaimase).
Na casa de alguém	知人の家庭で **Chijin no katei de**
O cheiro está uma delícia.	わあ、いい匂い。 Waa, ii nioi.
Está com uma cara ótima.	美味しそう。 Oishi soo.
Nossa, que delícia.	まあ、美味しい。 Maa,oishii.
Obrigado. Estou satisfeito.	有り難うございます。もうお腹が一杯です。 Arigatoo gozaimasu. Moo onaka ga ippai desu.
Como você fez isso?	どのようにして作ったんですか？ Dono yoo ni shite tsukuttan desu ka?
Você me dá a receita?	作り方教えて頂けませんか？ Tsukuri kata oshiete itadake masen ka?
Estava uma delícia.	美味しかったです。 Oishikatta desu.
Deixe-me ajudar você com a louça.	お手伝いしますよ。 Otetsudai shimasu yo.
Obrigado pelo jantar. Estava ótimo.	ご馳走さまでした。 Gochisoo sama deshita.
Bem que eu queria poder ficar mais tempo, mas...	そろそろ失礼いたします。 Sorosoro shitsurei itashimasu.

Entretenimento	娯楽 **Goraku**
No cinema	映画館 **Eiga kan**
(2) ingressos para (*Casablanca*).	（カザブランカ）(2) 枚。 (Casablanca) (2) mai.
Para a sessão das (8).	(8時）からの。 (8ji) kara no.

No cinema	映画館 **Eiga kan**
Ainda tem para a sessão das (8)?	(8時)からのまだありますか。 (8ji) kara no mada arimasu ka?
A que horas dá para entrar?	何時から入ってもいいんですか？ Nan ji kara haittemo iin desu ka?
Com licença, tem alguém sentado aqui?	すみません、そこ空いていますか？ Sumimasen, soko aite imasu ka?
Desculpe-me, mas tem alguém sentado aqui.	すみません、ここ人が来ます。 Sumimasen, koko hito ga kimasu.

No teatro/ópera	劇場/オペラ **Gekijoo/ opera**
A que horas começa o espetáculo?	何時から始まりますか？ Nan ji kara hajimari masu ka?
Ainda tem ingressos para hoje à (noite)?	（今晩）のチケットまだありますか？ (Konban) no ticket* mada arimasu ka?
Quero um lugar no ____, se possível.	… の席があれば、1枚お願いします。 … no seki ga areba, 1 mai onegai shimasu.
Não muito atrás, se possível.	余り後ろでない方がいいんですが。 Amari ushirode nai hoo ga iin desu ga.
Tem alguma coisa mais perto do palco?	もっと舞台に近い席がありますか？ Motto butai ni chikai seki ga arimasu ka?
Se tiver um lugar no meio, está ótimo.	真ん中の所があればいいんですが。 Man naka no tokoro ga areba iin desu ga.
Desculpe-me, acho que este é meu lugar.	すみません、そこは私の席なんですが。 Sumimasen, soko wa watashi no seki nan desu ga.

Eventos esportivos	スポーツ **Sports**
(2) ingressos para (o jogo de quarta), por favor.	(水曜日の試合）のチケット(2)枚お願いします。 (Suiyoobi no shiai) no ticket* (2) mai onegai shimasu.
Posso ver a programação?	試合の予定表ありますか？ Shiai no yotei hyoo arimasu ka?
Qual é a seção mais em conta?	一 番安い席はどこですか？ Ichi ban yasui seki wa doko desu ka?
Queria um lugar na arquibancada, por favor.	一般席 1 枚下さい。 Ippan seki 1 mai kudasai.

Eventos esportivos	スポーツ **Sports**
Não conheço os estádios americanos.	アメリカの競技場は良く知らないんですが。 Amerika no kyoogi joo wa yoku shiranain desu ga.
Que seção você recomenda?	どこの席がいいと思いますか？ Dokono seki ga ii to omoimasu ka?
Seria bom um lugar perto do (campo/quadra).	（フィールド/コート）の近くがいいんですが。 (field/court*) no chikaku ga iin desu ga.
A que horas começa o jogo?	試合は何時に始まりますか？ Shiai wa nan ji ni hajimari masu ka?

Táxis	タクシー **Taxis**

Passageiro	乗客 **Jookyku**
Está livre?	空いていますか？ Aite imasu ka?
A (Green Street), por favor.	(グリーン通り)までお願いします。 (Green Doori) made onegai shimasu.
Quanto ficaria até...?	… までいくら掛かりますか？ … made ikura kakari masu ka?
O ___ fica muito longe?	… まで距離はどの位ですか？ … made kyori wa dono kurai desu ka?
O endereço é...	住所は… です。 Juusho wa … desu.
O senhor pode me deixar aqui na esquina, por favor.	あの角の所で降ろして下さい。 Ano kado no tokoro de oroshite kudasai.
Aqui está ótimo.	ここで結構です。 Koko de kekkoo desu.
Me dê só ($5) de volta.	おつりは(5ドル)　だけで結構です。 Otsuri wa (5 doller) dakede kekkoo desu.
Fique com o troco. Obrigado.	おつりは取っといて下さい。 Otsuri wa tottoite kudasai.

Motorista	運転手 **Untenshu**
Precisa de um táxi?	タクシー呼びましょうか？ Taxi* yobimashoo ka?
Eu pego isso para o senhor.	すぐ呼んで来ます。 Sugu yonde kimasu.
Deixe-me ajudá-lo com isso.	お手伝いしましょう。 Otetsudai shimashoo.
Você gostaria de colocar isso no porta-malas?	それはトランクに入れましょうか？ Sore wa trunk* ni iremashoo ka?
Isso vai com você?	これは手に持たれますか？ Kore wa teni motaremasu ka?
Gostaria de ir na frente/atrás?	前/後ろの席に座りますか？ Mae/Ushiro no seki ni suwari masu ka?
Para onde?	どちらまで？ Dochira made?
Esta rua é transversal de qual?	交差している通りが分かりますか？ Koosa shite iru toori ga wakarimasu ka?
Até que altura da (Green Street) você vai?	（グリーン通り）のどの辺りに行かれますか？ (Green Doori) no dono atari ni ikaremasu ka?
Fica perto do (estádio)?	（球場）の近くですか？ (Kyuujoo) no chikaku desu ka?
E então, você é de onde?	どちらからいらっしゃったんですか？ Dochira kara irasshatttan desu ka?
É a primeira vez que vem?	こちらは初めてですか？ Kochira wa hajimete desu ka?
Está a passeio/trabalho?	こちらへは休暇/お仕事ですか？ Kochira ewa kyuuka/oshigoto desu ka?
Que número é?	番地は何番ですか Banchi wa nan ban desu ka?
Vou pegar as malas para você.	お荷物をお取りします。 Onimotsu o otori shimasu.

Alugando um carro	レンターカー **Renting a car***
Cliente	お客 **Okyaku**
Gostaria de alugar um carro.	車借りたいんですが。 Kuruma karitain desu ga.

Cliente	お客 **Okyaku**
Quanto é a diária?	一日いくらですか？ 1 nichi ikura desu ka?
Quanto sai por semana?	1 週間でいくらですか？ 1 shuukan de ikura desu ka?
Isso inclui quilometragem livre?	走行距離の制限がありますか？ Sookoo kyori no seigen ga arimasu ka?
Gostaria de um carro (pequeno/ médio/grande).	(小型/中型/大型)車借りたいんですが。 (Kogata/chuugata/oogata) sha karitain desu ga.
O que o seguro cobre?	保険はどこまで効きますか？ Hoken wa doko made kikimasu ka?
Gostaria de uma cobertura completa.	全てに効く保険でお願いします。 Subete ni kiku hoken de onegai shimasu.
Que acontece se o carro quebrar?	車が故障した場合はどうなりますか？ Kuruma ga koshoo shita baai wa doo narimasu ka?
Meu cartão cobre o seguro.	私のクレジットカードは保険が効きます。 Watashi no credit card* wa hoken ga kikimasu.
Muito bem. O que nós temos disponível é...	そうですね、何があるか見てみましょう。今あるのは… Soo desu ne, nani ga aruka mite mimashoo. Ima aru nowa···

Atendente	係員 **Kakari in**
Fica tudo em $25 por dia incluindo quilometragem.	走行距離制限なしで、 1 日25ドルです。 Sookoo kyori seigen nashi de 1 nichi 25 doller* desu.
Fica tudo em $25 por dia mais 5 centavos por quilômetro.	1 日25ドルで、他に、1kmに付き5セント加算されます。 1 nichi ni tsuki 25 doller de, hokani 1 km ni tsuki 5 cent kasan saremasu.
Para quantos dias você precisaria do carro?	車は何日間ご使用のご予定でしょうか？ Kuruma wa nan nichikan goshiyo no ogyotei deshoo ka?
Certo, eu preciso da carteira de motorista e de um cartão de crédito.	それでは、運転免許証とクレジットカードをお願いいたします。 Soredewa, unten menkyo shoo to credit card* o onegai itashimasu.

Atendente	係員 **Kakari in**
Muito bem, vence no dia (três) e pedimos para entregar o carro com tanque cheio.	それでは、(三日)までに、ガソリンを満タンにしてお返し下さい。 Soredewa, (3) ka madeni,gasoline o mamtan ni shite okaeshi kudasai.
Aqui estão as chaves.	こちらがキーです。 Kochira ga key* desu.
Está estacionado ali.	あそこに止めてある車です。 Asoko ni tomete aru kuruma desu.
Você precisa de mapa ou alguma coisa?	地図か何か必要ですか？ Chizu ka nanika hitsu yoo desu ka?
Faça uma boa viagem.	お気を付けてご旅行なさって下さい。 Oki o tsukete goryokoo nasatte kudasai.

No posto de gasolina — ガソリンスタンドで **Gasorin sutando de**

"Self-service"	セルフサービス **Self-service ***
($10) no número (11), por favor.	(11)番、(10ドル) です。 (11) ban, (10 doller) desu.
Vocês têm (mapas) para vender?	(地図)売っていますか？ (Chizu) utte imasu ka?

Serviço com frentista	給油係がいる店 **Kyuuyu gakari ga iru mise**
($10) da (comum/aditivada), por favor.	(レギュラー/スーパー),(10 ドル) お願いします。 (Regula/super), (10 doller) onegai shimasu.
Complete com (comum/aditivada), por favor.	(レギュラー/スーパー)で満タンにして下さい。 (regular/super) de mantan ni shite kudasai.
Você pode verificar a frente para mim, por favor?	水やオイルを見て下さい。 Mizu ya oil* o mite kudasai.
Você pode checar os pneus para mim, por favor?	タイヤの空気を見て下さい。 Tire* no kuuki o mite kudasai.
Acho que este pneu está um pouco baixo.	このタイヤの空気が減っています。 Kono tire* no kuuki ga hette imasu.

Perguntando o caminho	道を聞く **Michi o kiku**
Quanto falta para (San Diego), você sabe?	(サンディエゴ) までどの位掛かるか分かりますか？ (San Diego) made donokurai kakaru ka wakarimasu ka?
Estou/Estamos tentando ir a (San Diego).	(サンディエゴ) まで行きたいんですが。 (San Diego) made ikitain desu ga.
Você sabe se estou/estamos no caminho certo?	この道で正しいですか？ Kono michi de tadashii desu ka?
Você poderia me dizer como chegar a (San Diego)?	(サンディエゴ) へ行く道が分かりますか？ (San Diego) e iku michi ga wakarimasu ka?
É/Está longe?	遠いですか？ Tooi desu ka?
Você poderia me fazer um mapa?	地図を描いてくれませんか？ Chizu o kaite kuremasen ka?
Como é que eu volto para a estrada?	高速道路へはどう戻ればいいのですか？ Koosoku dooro ewa doo modoreba ii no desu ka?
Tem algum ponto de referência?	何か目印になる物がありますか？ Nanika mejirushi ni naru mono ga arimasu ka?
Tem placas?	道路標識がありますか？ Dooro hyooshiki ga airmasu ka?

Achados e Perdidos	遺失物 **Ishitsu butsu**
Quem perdeu	探している人 **Sagashite iru hito**
Deixei minha (máquina) aqui (esta tarde).	(今日の午後) ここに (カメラ) を忘れたんですが。 (Kyoo no gogo) koko ni (camera*) o wasuretan desu ga.
Acho que a deixei (no assento).	(イスの上に)　忘れたと思うんですが。 (Isu no ue ni) wasureta to omoun desu ga.
Posso deixar meu telefone, caso a encontrem?	私の電話番号です。もし、見つかったら、お電話下さい。 Watashi no denwa bangoo desu. Moshi mitsukattara, odenwa kudasai.

O estabelecimento	担当窓口 **Tantoo madoguchi**
Está bem, vou checar.	承知しました。探して見ましょう。 Shoochi shimashita, sagashite mimashoo.
Quando foi que a perdeu?	いつなくしたんですか？ Itsu nakushitan desu ka?
Como ela é?	どんな感じの物ですか？ Donna kanji no mono desu ka?
De que cor é?	色は何色ですか？ Iro wa nani iro desu ka?
Que marca é?	どこのメーカーの物ですか？ Dokono meekaa no mono desu ka?
Quando esteve com ela pela última vez?	最後に見たのはいつでしたか？ Saigoni mita nowa itsu desu ka?
Mais algum detalhe?	何か特徴がありますか？ Nanika tokuchoo ga arimasu ka?
Quer deixar algum telefone para contato?	ご連絡先がございますか？ Gorenraku saki ga gozaimasu ka?

6

Morando no Exterior
外国での生活
Gaikoku deno seikatsu

Cursos no exterior/Dando aula	留学/派遣教授 **Ryuugaku / haken kyooju**
O aluno	学生 **Gakusei**
Eu tenho uma pergunta sobre...	… について質問があります。 … ni tsuite shitsumon ga arimasu.
Fiquei na dúvida sobre...	… が良く分からないんですが。 … ga yoku wakaranain desu ga.
Quem você pegou para...?	…の先生は誰になった？ … no sensei wa dare ni natta?
Tem carteira para canhotos?	左利きの机がありますか？ Hidari kiki no tsukue ga arimasu ka?
Não sei se estou na sala/classe certa.	私に丁度合ったクラスかどうか分からない。 Watashi ni choodo atta class* ka dooka wakaranai.
Acho que preciso mudar para um nível abaixo/acima.	もっと、程度の低い/高いクラスに変わった方がいいと思う。 Motto, teido no hikui/takai class* ni kawatta hoo ga ii to omou.
Gosto muito das suas aulas.	あなたのクラスで良かったです。 Anata no class* de yokatta desu.
Gostaria de conversar sobre mudar de turma.	クラスを変える話をしたいんですが。 Class* o kaeru hanashi o shitain desu ga.

O aluno	学生 **Gakusei**
Vai cair na prova?	ここの所が試験に出ますか？ Koko no tokoro ga shiken ni demasu ka?
Você pode escrever isso no quadro?	それを黒/白板に書いて頂けますか？ Sore o koku/haku ban ni kaite itadake masu ka?
Desculpe, não estou enxergando o quadro.	すみません、黒/白板が見えません。 Sumimasen, koku/haku ban ga miemasen.
Desculpe, tem um reflexo no quadro.	すみません、反射してよく見えません。 Sumimasen, hansha shite yoku miemasen.
Espere! Não apague isso ainda, por favor!	まだ、消さないで下さい。 Mada, kesanaide kudasai.
Posso ver suas anotações?	ノートを見せてもらえませんか？ Note* o misete morae masen ka?
Você tem as anotações de (sexta)?	（金曜日）のノート持っていますか？ (Kinyoobi) no note* motte imasu ka?
Não vou estar aqui para a prova.	試験は受けに来ないつもりです。 Shiken wa ukeni konai tsumori desu.
Posso fazer uma prova substitutiva?	追試を受ける事が出来ますか？ Tsuishi o ukeru koto ga dekimasu ka?
Tenho que faltar (amanhã).	（明日）私は欠席します。 (Ashita) watashi wa kesseki shimasu.
Tudo bem se eu sair um pouco cedo hoje?	今日は少し早目に出なければならないんですが、よろしいでしょうか？ Kyoo wa sukoshi hayame ni denakereba naranain desu ga, yoroshii deshoo ka?
Desculpa o atraso!	遅くなってすみません。 Osokunatte sumimasen!
Me empresta sua (caneta)?	(ペン)を借りてもいい？ (pen)* o karitemo ii?
Em que página estamos?	今、何ページ？ Ima, nan page*?
Desculpe-me. Não estava prestando atenção.	すみません、うっかりしていました。 Sumimasen,ukkari shite imashita.
Tive alguns problemas com a lição.	宿題で分からない所があったんですが。 Shukudai de wakaranai tokoro ga attan desu ga.
Tenho uma pergunta sobre uma questão na prova.	試験の質問に疑問があたんだけど。 Shiken no shitsumon ni gimon ga attan dakedo.

O aluno	学生 **Gakusei**
Podemos usar o dicionário na prova?	試験中に辞書を見てもいいですか。 Shiken chuu ni jisho o mitemo ii desu ka?

O professor	先生 **Sensei**
Vai ter prova na sexta-feira.	金曜日に試験します。 Kinyoobi ni shiken shimasu.
A prova (bimestral) tem peso ____ na nota final.	（中間）テストは最終成績に… 考慮されます。 (Chuukan) test* wa saishuu seiseki ni … kooryo saremasu.
Silêncio na prova.	試験中は静かにして下さい。 Shiken chuu wa shizuka ni shite kudasai.
Sem colar!	カンニングしないで! Kanningu shinaide!
Abram na página ____.	… ページを開いて下さい。 … page * o hiraite kudasai.
Pulem até a página ____.	… ページまでとばして下さい。 … page* made tobashite kudasai.
Pulem para o número ____.	… 番までとばして下さい。 … ban made tobashite kudasai.
Vocês devem estar todos na página ____.	… ページ全部です。 … page* zenbu desu.
Quem não tiver o livro divida com um colega.	本がない人は隣の人に見せてもらって下さい。 Hon ga nai hito wa tonari no hito ni misete moratte kudasai.
Por favor, tente chegar na hora.	時間通りに来て下さい。 Jikan doori ni kite kudasai.
Dá para enxergar?	皆さん、良く見えますか？ Minasan, yoku miemasu ka?
Tudo bem até agora?	ここのところまで大丈夫ですか？ Koko no tokoro made daijoobu desu ka?
Alguma dúvida?	質問がありますか？ Shitsumon ga arimasu ka?
Vamos fazer um intervalinho?	一寸休憩しましょう？ Chotto kyuukei shimashoo?

O professor	先生 **Sensei**
Alguém tinha alguma pergunta sobre a lição de casa?	宿題について何か質問がありますか？ Shukudai ni tsuite nanika shitsumon ga arimasu ka?
Bom, para lição de casa, façam...	では、… は宿題です。 Dewa, … wa shukudai desau.
Gostaria de um minuto de silêncio, por favor.	少しの間静かにして下さい。 Sukoshi no aida shizuka ni shite kudasai.
Gostaria de falar sobre o desempenho de você(s).	あなたと勉強の進み具合について話したいのだが。 Anata to benkyoo no susumiguai ni tsuite hanashitai nodaga.
Você(s) estão se saindo muito bem.	勉強は順調ですね。 Benkyoo wa junchoo desu ne.
Há mais alguma pergunta?	他に質問はありませんか？ Hoka ni shitsumon wa arimasen ka?
Alguém levantou a mão?	手を上げた人がいますか？ Te o ageta hito ga imasu ka?
Deem só uma olhada no quadro.	一寸、こちらを見て下さい。 Chotto,kochira o mite kudasai.

Procurando apartamento	アパートを探す **Aparto o sagasu**
Eu vi o anúncio no ____ para ____.	… の広告を見たんですけど。 … no koo koku o mitan desu kedo.
Estou ligando a respeito do (apartamento).	（アパート）について電話しているんですが。 (apaato) ni tsuite denwa shite irun desu ga.
Ainda está disponível?	まだ空いていますか？ Mada aite imasu ka?
Onde fica exatamente?	場所は正確にはどこですか？ Basho wa seikaku niwa doko desu ka?
Você pode me falar um pouco sobre o apartamento/imóvel?	どんな部屋か話してもらえますか？ Donna heya ka hanashite Morae masu ka?
Quanto está o aluguel?	家賃はいくらですか？ Yachin wa ikura desu ka?
Quanto seria o depósito?	保証金はいくらですか？ Hoshoo kin wa ikura desu ka?

Procurando apartamento	アパートを探す **Aparto o sagasu**
O aluguel inclui água e gás?	ガス、水道代は含まれていますか？ Gas,suidoo dai wa fukumarete imasu ka?
Quantos dormitórios?	寝室はいくつありますか？ Shinshitsu wa ikutsu arimasu ka?
Tem ____?	… は付いていますか？ … wa tsuite imasu ka?
É mobiliado?	家具付きですか？ Kagu tsuki desu ka?
Posso ver o apartamento?	部屋を見てもいいですか？ Heya o mitemo ii deu ka?
Tem alguma coisa que eu precise saber?	他に問題とかありませんね？ Hoka ni mondai toka arimasen ne?
O bairro é seguro?	周りは安全な所ですか？ Mawari wa anzenna tokoro desu ka?
Fica perto de ____?	… に近いですか？ … ni chikai desu ka?
A partir de quando eu poderia me mudar?	いつから入居出来ますか？ Itsu kara nyuukyo dekimasu ka?

Usando serviços públicos	公共サービス **Kookyoo saabisu**
Você pode me informar onde posso saber sobre...?	… について知りたいんですが、どこで聞けばいいですか？ … ni tsuite shiritain desuga, dokode kikeba ii desu ka?
Com quem eu falo para...?	… については誰に聞けばいいですか？ … ni tsuite wa dareni kikeba ii desu ka?
É aqui que preciso ir para...?	ここが…の場所ですか？ Koko ga … no basho desu ka?
Essa é a fila para...?	ここが… の列ですか？ Koko ga … no retsu desu ka?
Você está na fila para...?	… の列ですか？ … no retsu desu ka?
Você é o último?	ここが列の最後ですか？ Koko ga retsu no saigo desu ka?
Desculpe-me, eu estava na fila.	すみません、私、ここにいたんです。 Sumimasen,watashi ,kokoni itan desu.

Usando serviços públicos	公共サービス **Kookyoo saabisu**
Você pode segurar meu lugar? Eu já volto.	一寸、この席取っててくれませんか？すぐ戻りますから。 Chotto, kono seki tottete kuremasen ka? Sugu modorimasu kara.
Que demora!	中々、進まないですね！ Naka naka,susumanai desu ne!
Estou aqui para...	…で私来ているんです。 … de watashi kiteirun desu.
Você pode anotar esta informação para mim?	あのお知らせをここに書いてもらえませんか？ Ano oshirase o kokoni kaite moraemasen ka?
Não tem outro jeito?	仕方ないですね？ Shikata nai desu ne?
Tem que haver um jeito mais fácil!	もっと簡単な方法はないのですかね！ Motto kantanna hoohoo wa naino desu kane!

No banco	銀行で **Ginkoo de**

O cliente	お客 **Okyaku**
Gostaria de trocar estes traveller's checks.	トラベラーチェックを現金にしたいんですが。 Traveler's checks* o genkin ni shitain desu ga.
Queria trocar reais.	ブラジル通貨に換金したいんですが。 Brasil tuuka ni kankin shitain desu ga.
Qual é a taxa cambial de hoje?	換金レートはいくらですか？ Kankin rate* wa ikura desu ka?
Gostaria de descontar um cheque.	小切手を現金にしたいんですが。 Kogitte o genkin ni shitain desu ga.
Gostaria de fazer um depósito.	預金したいんですが。 Yokin shitain desu ga.
Gostaria de fazer um saque.	お金を下ろしたいんですが。 Okane o oroshi tain desu ga.
Gostaria de enviar dinheiro para...	… へ送金したいんですが。 … e sookin shitain desu ga.

O cliente	お客 **Okyaku**
Gostaria de fazer uma transferência.	お金を… へ移したいんですが。 Okane o … e utsushi tain desu ga.
Preciso fazer uma ordem de pagamento.	現金振替したいんですが。 Genkin furikae shitain desu ga.
Gostaria de abrir uma conta poupança/ conta-corrente.	預金/当座預金口座を開けたいんですが。 Yokin/Tooza yokin kooza o aketain desu ga.
Qual é o saldo mínimo?	最低残額はいくらですか？ Saitei zan gaku wa ikura desu ka?
Qual é a taxa de juros?	利子はいくらですか？ Rishi wa ikura desu ka?
Eu teria algum limite no cheque especial?	引き出し超過保障がありますか？ Hikidashi chooka hoshoo ga arimasu ka?
O que eu preciso para ter um cartão de crédito?	クレジットカードを作くるには何が必要ですか？ Credit card* o tsukuru niwa nani ga hitsuyoo desu ka?
Posso acessar minha conta pela internet?	インターネットで口座が見られますか？ Internet* de kooza ga miraremasu ka?
Como posso transferir dinheiro da minha conta no Brasil?	ブラジルの口座からこちらの口座へ移すにはどうすればいいのですか？ Brasil no kooza kara kochira no kooza e utsusu niwa doo sureba ii nodesu ka?

O bancário	銀行員 **Ginkoo in**
Como você quer esse valor?	このお金どの様にしますか？ Kono okane dono yooni shimasu ka?
Cheques fora da praça/estrangeiros levam (uma semana) para cair na conta.	市外/外国の小切手は換金に(一週間)かかります。 Shigai/gaikoku no kogitte wa kankin ni (isshuukan)kakariamsu.
Você tem uma conta nessa agência?	私どもの銀行に口座をお持ちですか？ Watashi domo no ginkoo ni kooza o omochi desu ka?
Qual o número da conta?	口座番号は何番ですか？ Kooza bangoo wa nan ban desu ka?

O bancário	銀行員 **Ginkoo in**
Pode me emprestar seu RG, por favor?	身分証明書をお持ちでしょうか？ Mibun shoomei sho o omochi deshoo ka?
Pode digitar a senha.	お客様の暗証番号をお入れ下さい。 Okyaku sama no anshoo bangoo o oire kudasai.
Você é o titular da conta?	口座名義はお客様のお名前でしょうか？ Kooza meigi wa okyaku sama no onamae deshoo ka?
Preciso que você carimbe/rubrique isto.	こちらに印鑑/サインをお願いします。 Kochira ni inkan/sain o onegai shimasu.
Seu saldo está negativo.	お客様の口座は引き出し超過になっております が。 Okyaku sama no kooza wa hikidashi chooka ni nattte orimasu ga.
Um instante que eu vou checar com meu gerente.	課長に聞いてまいりますので、少々お待ち下さい。 Kachoo ni kiite mairimasu node, shoo shoo omachi kudasai.

Carros	車 **Kuruma**
Comprando	購入 **Koonyuu**
Olá, estou ligando a respeito do (Ford Escort).	すみません、（フォードエスコート）について聞きたいんですが。 Sumimasen, (Ford Escort) ni tsuite kikitain desu ga.
Me fale um pouco sobre o carro.	この車について知りたいんですが? Kono kuruma ni tsuite shhiritain desu ga?
Qual é a quilometragem?	何キロ走っているんですか？ Nan kilo hashitte irun desu ka?
Que ano é?	何年型ですか？ Nan nen gata desu ka?
Como está o carro?	車の調子はいいのですか？ Kuruma no chooshi wa ii nodesu ka?
Já foi batido?	事故歴は？ Jiko reki wa?

Comprando	購入 **Koonyuu**
É com câmbio manual ou automático?	クラッチ車ですか自動ですか？ Crachi*sha desu ka jidoo desu ka?
Que cor é?	色は何色ですか? Iro wa nani iro desu ka?
Você é o único dono?	オーナーは一人だけですか？ Owner* wa hitori dake desu ka?
É econômico?	燃費はいいですか Nenpi wa ii desu ka?
Alguma coisa foi trocada?	部品交換したことがありますか？ Buhin kookan shita koto ga ariamsu ka?
Quanto você está pedindo por ele?	値段はいくらですか？ Nedan wa ikura desu ka?
Quanto você falou que estava pedindo?	いくらとおっしゃいました？ Ikura to osshaimashita?
Você aceita cheque?	小切手で支払ってもいいですか？ Kogitte de shiharattemo ii desu ka?
Posso ver o carro?	車見せてもらえますか？ Kuruma misete morae masu ka?
Você se importa se eu levar no meu mecânico para dar uma checada?	友達に見てもらってもいいですか？ Tomodachi ni mite morattemo ii desu ka?
Não posso pagar tudo isso agora.	今全額は払えないんですが。 Ima zen gaku wa haraenain desu ga.
Estou disposto a pagar ($5.000) por ele.	（5000ドル）なら払えるんですが。 (5,000 doller) nara haraerun desu ga.

Consertando	修理 **Shuuri**
Está fazendo um barulho esquisito.	少し変な音がするんですが。 Sukoshi henna oto ga surun desu ga.
Não está pegando.	エンジンが掛からないんですが。 Enjin ga kakaranain desu ga.
Ele fica morrendo.	エンジンがすぐ止まるんですが。 Enjin ga sugu tomarun desu ga.
Dá a partida mas não pega.	エンジンは掛かるんですが、動かないんです。 Enjin wa kakarun desu ga, ugokanain desu.
Acho que só precisa de uma regulagem.	少し調節が必要だと思うんですが。 Sukoshi choosetsu ga hitsuyoo dato omoun desu ga.

Consertando	修理 **Shuuri**
Os freios estão fazendo barulho.	ブレーキを踏むと変な音がするんですが。 Brake* o fumu to henna oto ga surun desu ga.
O pedal do freio está muito baixo.	ブレーキペダルが深すぎるようなんです。 Brake pedal* ga fuka sugiru yoonan desu.
Acho que está fora de alinhamento.	.車輪が少しずれているようです。 Sharin ga sukoshi zurete iru yoo desu.
Está esquentando.	オーバーヒートです。 Overheat desu.
Está vazando óleo/óleo de freio/óleo de câmbio/água/combustível.	オイル/ブレーキオイル/ギアーオイル/水/ガソリンが漏れている。 Oil*/brake oil/transmission oil/mizu/gasoline ga morete iru.
Começa a tremer em velocidade alta.	高速で走ると震えるんです。 Koosoku de hashiru to furuerun desu.
A marcha fica escapando.	ギアーが上手く入らないんです。 Gear* ga umaku hairanain desu.
A marcha entra e sai.	ギアーがすぐ抜けるんです。 Gear* ga sugu nukerun desu..
Quando eu acelero, dá uma sacudida.	アクセルを踏むとガッタと震えるんです。 Akuseru o fumuto gatta to furuerun desu.
Está com um cheiro esquisito.	変な匂いがするんです。 Henna nioi ga surun desu.
A mudança de marcha está estranha.	ギアーがおかしいんです。 Gear ga okashiin desu.
O ____ precisa(m) de ____.	… を… する必要がある。 … o … suru hitsuyoo ga aru.

No cabeleireiro/salão	床屋/美容院 **Tokoya/biyooin**

Mulher (especialmente)	女性（特に） **Josei (tokuni)**
Quero cortar.	髪を切って欲しいんですが。 Kami o kitte hoshiin desu ga.
Quero manter o corte.	同じ様に切って欲しいんですが。 Onaji yooni kitte hoshiin desu ga.

Mulher (especialmente)	女性（特に） **Josei (tokuni)**
Quero lavar.	髪を洗って欲しいんですが。 Kami o aratte hoshiin desu ga.
Quero uma permanente.	パーマをかけて欲しいんですが。 Perm* o kakete hoshiin desu ga..
Quero uma escova.	髪をセットしたいんですが。 Kami o setto shitain desu ga.
Quero fazer luzes.	髪に艶を出したいんですが。 Kami ni tsuya o dashitain desu ga.
Quero tingir.	髪を染めたいんですが。 Kami o sometain desu ga.
Quero a franja comprida/curta.	前の髪を長く/短くして下さい。 Maeno kami o nagaku/mijikaku shite kudasai.
Quero fazer a mão/o pé.	マニキュア/ペジキュアをしてください。 Manicure/pedicure* o shite kudasai.
Quero fazer as unhas.	爪の手入れをして欲しいんですが。 Tsume no teire o shite hoshiin desu ga.
Quero fazer uma depilação (nas pernas).	ワックスで（足の）毛を抜いて欲しいんですが。 Wax* de (ashi no) ke o nuite hoshiin desuga
Quero tirar as sobrancelhas.	眉毛を整えて欲しいんですが。 Mayuge o totonoete hoshiin desu ga.
Quero uma maquiagem.	メイクアップをお願いしたいんですが。 Make* up o onegai shitain desu ga.
Quero fazer uma limpeza de pele.	洗顔をお願いしたいんですが。 Sengan o onegai shitain desu ga.

Homem (especialmente)	男性(特に) **Dansei (toku ni)**
Quero cortar.	散髪をお願いします。 Sanpatsu o onegai shimasu.
Só quero uma aparada, por favor.	切り揃えて欲しいんですが。 Kiri soroete hoshiin desu ga.
Quero lavar.	髪を洗って欲しいんですが。 Kami o aratte hoshiin desu ga.
Quero deixar curto atrás.	後ろの方は短めにお願いします。 Ushiro no hoo wa mijikame ni onegai shiamsu.

Homem (especialmente)	男性(特に) **Dansei (toku ni)**
Quero deixar as costeletas curtas/compridas.	ビンは短く/長くして下さい。 Bin wa mijikaku/nagaku shite kudasai.
Quero pentear para frente/para trás/para o lado.	櫛目は前/後ろ/横に入れて下さい。 Kushime wa mae/ushiro/yoko ni irete kudasai.

7

Japonês para Correspondência Escrita
日本語での手紙
Nihongo deno Tegami

Um anúncio para emprego	求人広告 **Kyuujin kookoku**
Somos um(a)...	我が社は…. Wagasha wa …
Estamos procurando...	… を求む … o motomu.
Com possibilidade de ascensão.	昇給の可能性あり。 Shookyuu no kanoosei ari.
Temos vagas para o(s) seguinte(s) cargo(s):	下記の職種を求人中 Kaki no shokushu o kyuujin chuu.
O candidato ideal será/terá...	求人条件は… Kyuujin jooken wa…
Pré-requisitos:	応募条件： Oobo jooken:
Deve ser fluente em/conhecer...	… が流暢である。/多少出来る。 Ryuchoo dearu/tashoo dekiru.
Deve ter experiência com...	… に経験がある者 … ni keiken ga aru mono.
____ desejável.	… があれば優遇します。 … ga areba yuuguu shimasu.
Favor encaminhar cv via fax ou e-mail para...	履歴書をファックス又はメールで送信願います。 … rirekisho o Fax matawa, mail de sooshin negaimasu.
Oferecemos salário compatível com o mercado.	高給優遇。 Kookyuu yuuguu

Um anúncio para emprego	求人広告 **Kyuujin kookoku**
Venha fazer parte de nossa equipe.	我が社の一員になりませんか。 Waga sha no ichi in ni narimasen ka.

Mensagens breves	短い伝言文 **Mijikai dengon bun**
Recebi sua mensagem. Obrigado.	伝言受け取りました。有り難うございました。 Dengon uketori mashita. Arigaoo gozaimashita.
Um aviso/recado sobre...	… のお知らせ。 … no oshirase.
Um recadinho para dizer...	… と言う伝言 … to iuu dengon
Só um recado para dizer...	… と言うお知らせ。 … to iu oshirase.
Só para lhe avisar/comunicar...	一応… のお知らせまで。 Ichioo … no oshirase made.
Só para lembrá-lo (de que o prazo...)	(… の期限) をお忘れ無き様。 (… no kigen) o owasure naki yoo.
Só para checar que...	念のために。 Nen no tameni.
Vou escrever mais depois.	詳しくは後ほど、書面にて。 Kuwashiku wa nochi hodo shomen nite.
Está tudo bem?	全て了解ですか？ Subete ryookai desu ka?
Vou lhe manter informado.	後日、ご連絡いたします。 Gojitsu,goren raku itashimasu.

Cartas profissionais	商用手紙文 **Shooyoo tegami bun**

Aberturas	前文 **Zenbun**
Caro Sr./Sra. Johnson,	ジョンソン　様 Johnson sama
A quem possa interessar:	担当各位様 Tan too kakui sama

Aberturas	前文 **Zenbun**
Espero que esteja bem.	皆様、ご清栄のこととお慶び申し上げす。 Mina sama, goseiei no koto to oyorokobi mooshi agemasu.
Espero que tudo esteja correndo bem.	益々、ご発展のこととご推察いたします。 Masu masu gohatten no koto to gosui satsu itashimasu.
Obrigado pelo seu e-mail/carta.	御社よりのメール/お手紙有り難うございました。 Onsha yori no mail/ otegami arigatoo gazaimashita.
Agradeço sua pronta resposta.	早速のお返事有り難うございました。 Sassoku no oheji arigaoo gozaimashita.
Muito obrigado pela resposta.	お返事頂き有り難うございます。 Ohenji itadaki arigatoo gozaimasu.
Foi bom/um prazer falar ao telefone com você.	お電話でお話出来喜んでおります。 Odenwa de ohanashi deki,yorokonde orimasu.
Desculpe-me/nos pela demora em responder.	返事を差し上げるのが遅くなり、失礼致しました。 Henji o sashi ageru noga osokunari, shitsurei itashimashita.
Não pude dar atenção a seu ____ até (agora há pouco).	ご連絡差し上げるのが遅くなりました。 Goren raku sahi ageru noga osoku narimashita.

Dizendo o propósito	本文に入る **Honbun ni hairu**
Em resposta às suas perguntas, ...	ご質問にお答えいたします。… Goshitsumon ni okotae itashimasu. …
Como discutimos...	既に、お話致しました様に… Sudeni, ohanashi itashimashita yooni…
Como solicitou...	ご希望によりますと… Gokiboo ni yorimasu to…
Recebemos...	私どもは… を受け取りました。 Watakushi domo wa … o uketori mashita.
Estou escrevendo para avisar recebimento de...	… 確かに受領致しました。 … tashikani juryoo itashimashita.

Dizendo o propósito	本文に入る **Honbun ni hairu**
Estou escrevendo em resposta à...	… に関してのお返事を差し上げております。 … ni kanshite no ohenji o sashi agete orimasu.
Participei, há algum tempo, de uma de suas (palestras)...	過日、お宅の（講演会）に参加いたしました。 Kajitsu, otakuno (kooenkai) ni sanka itashimashita.
Estou escrevendo para expressar/dar (agradecimento/desapontamento/parabéns pelo...)	（感謝/失望/喜び）の気持ちを述べたく筆を取っております。 (Kansha/shitsuboo/yorokobi) no kimochi o nobetaku fude o totte oriamsu.
Coisas boas	良い事柄 **Yoi kotogara**
Agradecemos sinceramente seu...	お宅の… に感謝しております。 Otaku no… ni kansha itashite orimasu.
Fico contente com o convite...	… へのご招待を頂き真に有り難うございます。 … eno goshootai o itadaki makotoni arigatoo gozaimasu.
Tenho/Temos o prazer de informá-lo de que...	喜んで… させて頂きます。 Yorokonde … sasete itadakimasu.
É um imenso prazer anunciar...	Yorokonde … o otsutae itashiamsu.
Muito obrigado por...	… に感謝致します。 … ni kansha itashimasu.
Nossos sinceros agradecimentos...	… に心より感謝致します。 … ni kokoro yori kansha itashimasu.
Fiquei/Ficamos contentes de saber que...	… を伺って嬉しいです。 … o ukagai ureshii desu.
Coisas ruins	悪い事柄 **Warui kotogara**
Desculpe-me pelo atraso na resposta (mas...)	返事が遅くなり失礼いたしました。 Henji ga osokunari shitsurei itashimashita.
Estava aguardando notícias suas (semana passada).	（先週）よりお返事をお待ち致しておりました。 (Senhuu) yori oheji o omachi itashite orimashita.

Coisas ruins	悪い事柄 **Warui kotogara**
Fiquei profundamente decepcionado com...	… に深く失望致しました。 … ni fukaku shitsu boo itashi mashita.
Por favor aceite nossas sinceras desculpas por...	… をお許し頂けます様お願い申し上げます。 … o oyurushi itadake masu yoo onegai itashimasu.
Não recebemos pagamento pelo...	… のお支払を未だに頂いておりません。 … no oshiharai o imadani itadaite orimasen.
Caso tenha efetuado pagamento, queira desconsiderar este aviso.	既に、ご清算お済の場合は当お知らせを破棄願います。 Sudeni, goseisan osumio no baai wa, too oshirase o haki negaimasu.
Caso contrário, favor efetuar pagamento assim que lhe convier.	未だに、ご清算されていない場合は、早急にお願い致します。 Ima dani, goseisan sarete inai baai wa,sookyuu ni onegai itashimasu.
Lamento/Lamentamos que não poderei/poderemos...	… 出来なくて、申し訳ありません。 … dekinakute, mooshi wake arimasen.
Tive/Tivemos um pequeno problema com meu/nosso e-mail.	私/私どもの電子メールに問題があった様です。 Watashi/Watakushi domo no denshi mail ni mondai ga atta yoo desu.
Favor aceitar nossas desculpas pela entrega em atraso.	お届けが遅くなり、真に申し訳ありませんでした。 Otodoke ga osokunari, makoto ni mooshi wake arimasen deshita.
Lamento...	…で残念です。 … de zannen desu.
Gostaríamos de nos desculpar novamente em nome de todos os funcionários...	改めて、…社員一同に代わってお詫び申し上げます。 Aratamete, … shain ichidoo ni kawatte owabi mooshi agemasu.
...e esperamos poder atendê-lo melhor no futuro.	今後、失礼の無いように致しますので、よろしくお願い致します。 Kongo, shitsurei no naiyoo ni itashi masu node, yoroshiku onegai itashi masu.
...e esperamos poder estar na sua preferência para...	今後とも、ご贔屓承りますようお願い致します。 Kongo tomo, gohiiki uketamawari masu yoo onegai itashimasu.

Perguntas e pedidos	質問と要求 **Shitsumon to yookyuu**
Qual é a melhor data?	ご都合のよろしい日はいつでしょうか？ Gotsugoo no yoroshii hi wa itsu deshoo ka?
Para qual endereço gostaria que eu enviasse ____?	どちらにお届け致しましょうか？ Dochira ni otodoke itashimashoo ka?
Conte-me o que acha.	ご意見をお聞かせ頂けますか？ Goiken o okikase itadake masu ka?
Diga-me o que for melhor.	ご希望をお聞かせ頂けますか？ Gokiboo o okikase itadake masu ka?
Poderia me mandar as medidas?	寸法をお送り頂けますか？ Sunpoo o ookuri itadake masu ka?
Poderia me mandar um folheto?	パンフレットをお送り頂けますか？ Pamphlet* o ookuri itadake masu ka?
Poderia me mandar uma lista de preços?	価格表をお送り頂けますか？ Kakaku hyoo o ookuri itadake masu ka?
Poderia me mandar qualquer material informativo que tiver sobre...?	… についての資料がありましたら、お送り頂けますか？ … ni tsuite no shiryoo ga arimashi tara,ookuri itadake masu ka?
Poderia me mandar novamente?	もう一度お送り頂けますか？ Moo ichido ookuri itadake masu ka?
Agradeceria se pudesse receber...	…をお受け頂けます様お願い致します。 … o ouke itadake masu yoo onegai itashimasu.
Estou interessado em seu...	お宅の… に大いに興味があります。 Otaku no … ni ooini kyumi ga arimasu.
Tenho muito interesse em receber (informação) sobre...	… の（資料）が頂ければ、幸いです。 … no (shiryoo) ga itadakereba saiwai desu.

Perguntas e pedidos	質問と要求 **Shitsumon to yookyuu**
Favor me avisar/informar...	… をお知らせ下さい。 … o oshirase kudasai.
Favor enviar...	… をお送り下さい。 … o ookuri kudasai.
Favor guardar esta informação para uma referência futura.	又の機会に、この資料を保管しておいて下さい。 Mata no kikai ni, kono shiryoo o hokan shite oite kudasai.

Perguntas e pedidos	質問と要求 **Shitsumon to yookyuu**
Favor indicar sua intenção de...	ご意向をお聞かせ下さい。 Goikoo o okikase kudasai.
Favor nos providenciar seu (número de entrega).	（送り状番号）をお知らせ下さい。 (Okurijoo bangoo) o oshirase kudasai.

Referências a itens em uma carta	確認の手紙 **Kakunin no tegami**
Como mencionado acima...	上記のように… Jooki no yoo ni …
Como mencionado em seu e-mail/carta...	電子メール/お手紙に記載されていました様に… Denshi mail/otegami ni kisai sarete imashita yooni…
Enumerei abaixo...	下記の通りに… Kaki no toori ni …
Abaixo está...	下記は… Kaki wa …

Anexos e informações	同封とお知らせ **Doofuu to oshirase**
Estou/Estamos anexando...	… を同封しております。 … o doofuu shite orimasu.
Anexo está...	添付資料は… Tenpu shiryoo wa …
Encontrará os itens solicitados em anexo.	ご依頼の資料、同封致しております。 Goirai no shiryoo, doofuu itashite orimasu.
Suas informações sobre o hotel/voo são as seguintes:	お客様のホテル/飛行便に関しての詳細は下記の通りです。 Okyaku sama no Hotel/Hikookibin ni kanshite no shoosai wa kaki no toori desu.
Fizemos uma reserva no (Hilton)...	（ヒルトン）に予約をお取りしました。 (Hilton) ni yoyaku otori shimashita.
Favor nos informar se isto está do seu acordo.	この通りでよろしければ、ご確認の上お知らせ下さい。 Kono toori de yoroshi kereba, gokakunin no ue oshirase kudasai.

Anexos e informações	同封とお知らせ **Doofuu to oshirase**
Mandei uma solicitação para...	… をお願いしたくお知らせしたのですが。 … o onegai shitaku oshirase shita nodesu ga.
Enviei-lhe o ____ via (FedEx) ontem.	昨日、（フェデックス）にて…をお送りしました。 Sakujitsu, (FedEx) nite … o ookuri shimashita.
Anotei ____ e encaminharei essa informação a ____.	__を記入の上、その資料を… へ お送りしました。 __o kinyuu no ue,sono shiryoo o … e ookuri shimashihta.
Estarei fora do escritório e sem contato até...	間もなく外出しますので、… まで連絡が取れなくなると思います。 Mamonaku gaishutsu shimasu node,… made renraku ga torenai to omoimasu.

Encerrando	結文 **Ketsu bun**
Espero/amos..	よろしくお願いいたします。 yoroshiku onegai itashimasu.
Vou tentar entrar em contato com você até...	… までには、折り返しご連絡申し上げます。 … made niwa, orikaeshi gorenraku moooshi agemasu.
Entrarei em contato (semana que vem).	（来週）ご連絡致します。 (Raishuu) gorenraku itashimasu.
Agradeço sua paciência.	お待ち頂き感謝申し上げます。 Omachi itadaki kansha mooshi agemasu.
Agradeço antecipadamente.	早速のお返事有り難うございました。 Sassoku no ohenji arigatoo gozaimashita.
Muito obrigado.	大変有り難うございました。 Taihen arigatoo gozaimashita.
Estarei/Estaremos no aguardo por uma resposta.	ご返事頂けます様、お願い申し上げます。 Gohenji itadake masu yoo, onegai mooshi agemasu.

Encerrando	結文 **Ketsu bun**
Aguardo/Aguardamos uma pronta resposta.	お早めにご返事頂けます様、お願いいたします。 Ohayame ni gohenji itadake masu yoo, onegai itashimasu.
Agradeceria uma resposta de que recebeu este e-mail.	この電子メールへのご返事頂ければ、幸いです。 Kono denshi mail eno gohenji itadakereba,saiwai desu.
Favor responder assim que lhe for possível.	ご都合のよろしい時にご返事ください。 Gotsugoo no yoroshii toki ni gohenji kudasai.
Favor responder a este e-mail assim que puder. Obrigado.	出来るだけ早めにご返事下さい。 Dekiru dake hayameni gohenji kudasai.
Se tiver qualquer comentário, favor...	他にご指摘の点がございましたら、お知らせ下さい。 Hoka ni goshiteki no ten ga gozaimashi tara, oshirase kudasai.
(Estou) à disposição para quaisquer perguntas...	何かご質問がございましたら、ご遠慮なくお知らせ下さい。 Nanika goshitsumon ga gozaimashi tara, goennryo naku oshirase kudasai.
Se houver algo que puder fazer, favor entrar em contato.	何かお役に立てることがございましたら、ご連絡下さい。 Nanika oyakuni tateru koto ga gozaimashi tara,gorenraku kudasai.
Pode(m) me encontrar no (3721-5565)...	（3721－5565）番までご連絡下さい。 (3721-5565) ban made gorenraku kudasai.
Espero/Esperamos notícias suas./Espero/Esperamos uma posição sua.	お早目にお返事頂けますようお願い申し上げます。 O hayameni ohenji itadake masu yoo onegai mooshi agemasu.
Estou/Estamos aguardando vê-lo em...	… にてお目に掛かれるのを楽しみにしております。 … nite omei kakareru no o tanoshimi ni shite orimasu.
Obrigado pelo interesse.	ご連絡頂き有り難うございます。 Gorenraku itadaki arigatoo gazaimashita.
Mande um abraço para...	… 様へよろしくお伝え下さい。 … sama e yoroshiku otsutae kudasai.

Encerrando	結文 **Ketsu bun**
Mande um grande abraço para...	是非、….様へ、よろしくお伝えください。 Zehi,… sama e yoroshiku otsutae kudasai.
Tudo de bom,	ご幸運をお祈り致します。 Gokooun o oinori itashimasu.
Atenciosamente,/Cordialmente,	敬具/草々 Keigu/ Soosoo
Felicidades,	ご健勝にてお過ごし下さい。 Gokenshoo nite osugaoshi kudasi.

Correspondências pessoais	親展(個人的な手紙) **Shinten (Kojintekina tegami)**

Aberturas	前文 **Zenbun**
Caro/Querido Stuart,	スチュアート様、 Stuart sama,
Stuart,	スチュアート　様、 Stuart sama,
Oi, Chris,	クリス　さん　へ、 Chris　san e,
Olá, Chris!	クリス　さん! Chris san!
Quer bom ter notícias suas.	お手紙頂き有り難うございます。 Otegami itadaki arigatoo gozaimasu.
Gostei de ter notícias suas.	お元気とのこと、喜んでおります。 Ogenki tono koto, yorokon de orimasu.

Aberturas	前文 **Zenbun**
Me desculpe por não ter escrito há tanto tempo...	長い間ご無沙汰致しました。 Nagai aida gobusata itashi mashita.
Como vai?	お元気ですか？ Ogenki desu ka?
Como está (Flórida)?	そちら（フロリダ）はいかがですか？ Sochira (Florida) wa ikaga desu ka?
Quais são as novidades?	お変わりありませんか？ Okawari arimasen ka?

Aberturas	前文 **Zenbun**
Espero que esteja tudo bem.	全て順調のことと思います。 Subete junchoo no kototo omoimasu.
Espero que esteja bem (na Califórnia).	（カリフォルニアにても）ご活躍のことと思います。 (California nitemo) gokatsuyaku no kototo omoimasu.
Espero que tenha corrido tudo bem com seu ____.	… の方も順調なこととご推察いたします。 … no hoo mo junchoo na koto to gosui satsu itashimasu.

Dizendo o propósito	内容を述べる **Naiyoo o noberu**
Estou escrevendo para você saber que...	… をお知らせ致します。 … o oshirase itashimasu.
Só queria dar um alô e saber como vai.	ご挨拶申し上げたく筆を取っております。 Goaisatsu mooshi agetaku fude o totte orimasu.
Pensei em você (ontem) e então deu vontade de lhe escrever.	（昨日）あなた様のことを思い出し、筆を取っております。 (Saku jitsu) anata sama no koto o omoidashi fude o totte orimasu.

Coisas boas	良い事柄 **Yoi kotogara**
Obrigado pela agradável companhia em São Paulo.	サンパウロではお世話になりました。 São Paulo dewa osewa ni narimashita.
Obrigado mesmo pelo...	… 頂き、大変感謝致しております。. … itadaki, taihen kansha itashite orimasu.
Por aqui vai tudo bem.	お陰さまで、順調に行っております。 Okage sama de, junchoo ni itte orimasu.
Gostei de saber que...	… を伺い喜んでおります。 … o ukagai yorokonde orimasu.
Obrigado pelo carinho.	ご親切にして頂き真に有り難うございました。 Goshinsetsu ni shite itadaki makoto ni arigatoo gozaimashita.

Coisas não tão boas	まあまあの状況 **Maa maa no jookyoo**
As coisas estão um pouco (malucas) por aqui ultimamente.	このところ多少（混乱）状況にあります。 Kono tokoro tashoo (konran) jookyoo ni arimasu.
Fiquei triste de saber que...	… を伺って残念に思います。 … o ukagatte zannen ni omoimasu.
É uma pena eu não poder estar aí para seu...	お側で… のお手伝いが出来なく申し訳ありません。 Osobade … no otetsudai ga dekinaku mooshi wake arimasen.

Dando e pedindo informações	情報の授与 **Joohoo no juyo**
Como vão as coisas com...?	… とは、上手く行っていますか？ … towa umaku itte imasu ka?
Você ainda...?	未だに… でしょうか？ Imadani … deshoo ka?
Adivinha o que aconteceu comigo (semana passada)?	（先週）何が起こったかご存知ですか？ (Senshuu) nani ga okotta ka gozonji desu ka?
Adivinha quem eu encontrei (ontem)?	どなたと（昨日）出合ったと思いますか？ Donata to (sakujitsu) deatta to omoimasu ka?
Me mantenha atualizado quanto ao...	続けて、ご連絡頂けます様お願い致します。 Tsuzukete goren raku itadake masu yoo onegai itashimasu.

Dando e pedindo informações	情報の授与 **Joohoo no juyo**
Me avise por favor quando receber este (e-mail).	この（電子メール）受信のご確認をお願い致します。 Kono(denshi mail) no jushin no gokakunin o onegai itashimasu.

Encerrando	結文 **Ketsubun**
Bom, .../Bem,...	何卒、… Nani tozo,…
Bom, preciso ir.	では、失礼致します。 Dewa, shitsurei itashimasu.

Encerrando	結文 **Ketsubun**
Não desapareça!	近況を御知らせ下さい! Kinkyoo o oshirase kudasai!
Mantenha contato.	また、ご連絡下さい。 Mata,gorenraku kudasai.
Um grande abraço e a gente se fala.	ご自愛の程、後日、お電話差し上げます。 Gojiai no hodo, gojitsu, odenwa sashi agemasu.
Foi bom ter notícias suas.	お元気とこと、喜んでおります。 Ogenki tono koto, yorokonde orimasu.
(Inara) manda um beijo.	(イナラ　さん)より、よろしくとの事です。 (Inara san) yori, yoroshiku tono koto desu.
Me dê um alô qualquer hora.	時にはお電話下さい。 Toki niwa odenwa kudasai.
Se cuida e a gente se fala.	では、お元気で、又、お電話差し上げます。 Dewa, ogenki de,mata,odenwa sashi agemasu.
Espero que esteja bem.	ご発展をお祈り致します。 Gohatten o oinori itashimasu.
Espero que esteja se divertindo.	お楽しみの事とご推察致します。 Otanoshimi no koto to gosuisatsu itashimasu.
Com muito carinho,	ご自愛下さい。 Gojiai kudasai.
Deus lhe abençoe,	ご幸運をお祈り致します。 Gokooun o oinori itashimasu.
Tudo de bom,	ご健勝にてお過ごし下さい。 Gokenshoo nite osugoshi kudasai.
Cuide-se bem,	お身体にお気を付け下さい。 Okarada ni oki o tsuke kudasai.
Tchau,	さようなら、 Sayoonara,
Saudades,	お大事に、 Odaiji ni,
Com amor,	愛を込めて、 Ai o komete,

8

Expressões Comuns em Português

ポルトガル語常用句

Porutogaru-go jooyooku

a curto prazo 短い期間 **mijikai kikan** (acho que só vai funcionar a curto prazo = 短い期間しか動かないと思う。Mijikai kikan shika ugokanai to omou.)

a essa altura do campeonato この期に及んで **kono go ni oyonde**, (a essa altura do campeonato não tem mais nada que a gente possa fazer = この期に及んでは、何も出来きることは無い。Kono go ni oyondewa, nanimo dekiru koto wa nai.)

a favor de …に有利な… **ni yuuri na** (a decisão vai a favor dele = 彼に有利な決定。Kare ni yuurina kettei.)

a longo prazo 長い期間 **nagai kikan** (isso sai mais barato a longo prazo = 長い期間で見れば、安く上がる。Nagai kikan de mireba, yasuku agaru.)

a maior parte 大部分 **daibubun** (a maior parte das pessoas resolveu ir embora = 大部分の人は帰ってしまった。Daibubun no hito wa kaette shimatta.)

à medida que ように **yooni** (à medida que vai aprendendo = あなたが学んだように anata ga mananda yoo ni)

a menos que しない限り **shinai kagiri** (a menos que quiser = あなたが欲しない限り Anata ga hosshinai kagiri.)

a partir de から **kara** (a partir de amanhã são mais caros = 明日から高くなる。Ashita kara takaku naru.; vamos começar a partir do 26 de novembro = 11月26日から始める。11 gatsu 26 nichi kara hajimeru.)

a sós だけ **dake** (a gente quer estar a sós = 我々だけになりたい。Wareware dake ni naritai.)

à toa; 訳も無く **wake mo naku** (ele está chorando à toa = 彼は訳も無く泣いている。Kare wa wake mo naku naite iru.)

a troco de 引き換えに **hikikae ni** (ajudaram no jardim a troco de comida = 食料と引き換えに庭を掃除した。 shokuryoo to hikikae ni niwa o sooji shita.)

abrir caminho 道を開く **mich o hiraku** (interditaram as ruas para abrir caminho para o presidente = 大統領に道を開く為に、道が閉鎖された。Daitooryoo ni michi o hiraku tame ni,michi ga heisa sareta.)

abrir mão de 諦める **akirameru** (teve que abrir mão da sua privacidade = 彼女はプライバシーを守るのを諦めた。Kanojo wa privacy* o mamoru no o akirameta.)

abrir o apetite 食欲が出る **shoku yoku ga deru** (todo aquele papo de comida italiana realmente abriu o apetite = イタリア料理の話をしたので食欲が出た。Italia ryoori no hanashi o shita node shokuyoku ga deta.)

acabar com 関係が終わる **kankei ga owaru** (ele acabou com ela = 彼と彼女の関係が終わった。Kare to kanojo no kankei ga owatta.)

acabar de ところだ **tokoro da** (acabou de chegar = 着いたところだ。Tsuita tokoro da)

aconteça o que acontecer どんな事があっても **donna koto ga ate mo** (aconteça o que acontecer você não vai perder seu dinheiro =どんな事があってもお金を失うことはない。Donna koto ga attemo okane o ushinau koto wa nai.)

ainda bem 良い事に **yoi koto ni** (ainda bem que não choveu = 良い事に雨が降らなかった Yoi koto ni ame ga furanakatta)

ainda pior 最低だ **saitei da** (a conferência do ano passado foi ainda pior = 去年の学会は最低だった Kyonen no gakkai wa saitei datta)

ainda por cima その上 **sono ue** (fiquei preso no trânsito e ainda por cima esqueci o relatório = 私は交通渋滞にあった、その上、書類も忘れた Watashi wa kootsuu juutai ni atta, sono ue, shorui mo wasureta)

além de その他に **sono hoka ni**(algum outro problema, além desse? = その他に、問題がありますか？ Sono hoka ni, mondai g arimasu ka?)

além disso 更に **sara ni** (além disso, ele nem tem carro =更に、彼は車もない。 Sara ni, kare wa kuruma mo nai)

alguma vez 何度か **nando ka** (você já falou com ele alguma vez? = 何度か、彼と話しましたか？ Nando ka, kare to hamashimashita ka?

aliás ところで、 **tokorode**, 実際は **jissaiwa**,(aliás, foi você que me chamou ontem? =ところで、昨日私に電話したのあなたでしょう？ Tokorode,kinoo watashi ni denwa shita nowa anata deshoo? ; ele não é ruim... aliás, ele é muito bom! = 彼は悪い人じゃないよ、実際は、とってもいい人だ! Kare wa warui hito ja nai yo, jissaiwa, totemo ii hito da!)

ao contrário de 反対に、 **hantai ni,** (ao contrário do que as pessoas pensam, ele não é tão rico = みんなが思っているのとは反対に、そんなに金持ちじゃないよ。Minna ga omotte iru noto wa hantai ni, sonnani kanemochi ja nai yo.)

ao que parece 見るからに **mirukarani**, (ao que parece ele não tinha dinheiro = 見るからにお金がなさそうだった mirukarani okane ga nasa soo datta)

aos cuidados de 気付け **kitsuke** (mande isto aos cuidados de Silvio Gomes = シルヴィオ ゴメス様気付けで送って下さい Silvio Gomes sama kitsuke de okutte kudasai)

aos poucos 少しづつ **sukoshi zutsu** (você vai aprendendo aos poucos = 少しづつ学んでいる sukoshi zutsu manande iru)

apesar de にも関わらず **nimo kakawarazu** (a gente saiu apesar da chuva = 雨にも関わらず外出した ame nimo kakawarazu gaishutsu shita)

aprender a 学ぶ **manabu** (aprendi a lidar com isso = 上手くやることを学んだ umaku yaru koto o mananda)

às pressas 急いで **isoide** (foi feito às pressas = 急いでした isoide shita)

às vezes 時々 **tokidoki** (às vezes eu me sinto muito sozinho = 時々、寂しく感じる tokidoki, sabishiku kanjiru)

assim como の様に **no yooni** (eles jantam muito tarde assim como na Espanha = スペインの様に遅い時間に夕食をした Spain no yooni osoi jikan ni yuushoku o shita)

assim que 直ぐに **suguni** (assim que cheguei em casa eu liguei para você = 家に着くと、直ぐにあなたに電話した uchi ni tsuku to,suguni anata ni denwa shita)

assim que puder 出来るだけ早く **dekirudake hayaku** (me ligue assim que puder = 出来るだけ早く電話下さい dekirudake hayaku denwa kudasai)

até breve じゃ、また **ja mata** (até breve! = じゃ、また 会いましょう! ja, mata aimashoo!)

até certo ponto 一定の所まで **ittei no tokoro made** (eu concordo com você até certo ponto = 一定の所まで、同意出来る ittei no took made dooi dekiru)

até já じゃ、また **ja, mata** (até já! = じゃ、また! ja, mata!)

até lá じゃ、その時まで **ja, sono toki made** (até lá! =じゃ、その時まで！ Ja, sono toki made!)

até mais じゃ、また **ja, mata** (até mais! = じゃ、また！ Ja, mata!)

até mesmo にも関わらず **nimo kakawarazu** (até mesmo o professor não gostava de mim = 先生は私が好きではないにも関わらず sensei wa watashi ga suki dewa nai nimo kakawarazu)

até parece 様だ **yoo da** (até parece que você tem dinheiro =あなたはお金がある様だ anata wa okane ga aru yoo da)

até porque 理由で **riyuu de** (não deu para ligar, até porque o celular estava sem bateria = 携帯の電池が無くなった理由で電話出来なかった keitai no denchi ga nakunatta riyuu de denwa dekinakatta)

até que enfim 遂に **tsui ni** (até que enfim! = 遂に！ Tsui ni!)

através de お陰で **okage de** (consegui o trabalho através de um amigo = 友達のお陰で仕事が見つかった tomodachi no okage de shigoto ga mitsukatta)

atualizar 新しくやり直す **atarashiku yari naosu** (atualizaram os arquivos = 資料を新しくやり直した shiryoo o atarashiku yari naoshita.)

bater na porta 戸を叩く **to o tataku** (estavam batendo na porta = 戸を叩いていた to o tataite ita)

bater o olho em alguém 目を付ける **me o tsukeru** (ele bateu olho nela e quis conhecê-la = 彼は彼女に目を付けていて、会いたがっていた Kare wa kanojo ni me o tsuketeite, aitagatte ita)

bater palmas 拍手する **hakushu suru** (todos bateram palmas = 皆拍手した Minna hakushu shita)

bater um papo 話をする **hanashi o suru** (a gente foi num café para bater um papo = 話をするために喫茶店へ行った hanashi o suru tameni kissaten e itta)

bom dia おはようございます **ohayoo gozaimasu** (bom dia para todos! = 皆さんおはようございます! minasan ohayoo gozaimasu!)

bom feriado 休暇を楽しむ **kyuuka o tanoshimu** (bom feriado! = 休暇をお楽しみ下さい! kyuuka o otanoshimi kudasai!)

bom final de semana 良い週末を過ごす **yoi shuumatsu o sugosu** (bom final de semana! = 良い週末をお過ごし下さい! yoi shuumatsu o osugoshi kudasai!)

botar lenha no fogo 火に油を注ぐ **hi ni abura o sosogu** (não fique botando lenha no fogo = 火に油を注ぐなhi ni abura o sosoguna)

brincadeira 冗談だ **joodan da** (é brincadeira, tá? = 冗談ですよ joodan desu yo)

cada vez mais 益々 **masumasu** (está ficando cada vez mais caro viajar = 旅行は益々高くなる ryokoo wa masumasu takaku naru)

cair a ficha 明白になる **meihaku ni naru** (agora caiu a ficha = 今明白になったima meihaku ni natta)

cair fora 離れる **hanareru** /離す hanasu (vou cair fora = それから離れるsorekara hanareru)

calma! 落ち着いて **ochitsuite** ! (calma aí! = 落ち着いて！ochitsuite!)

caso 場合 **baai** (caso você queira fazer mais tarde, ainda vai ter vaga = もっと後でやりたい場合、まだ空きがあるでしょう motto atode yaritai baai, mada aki ga aru deshoo)

cerca de 約 **yaku** (havia cerca de 5.000 = 約5,000あった yaku 5,000 atta)

chega de もう沢山 **moo takusan** (chega de briga! = 喧嘩はもう沢山だ！ Kenka wa moo takusan!)

claro もちろん **mochiron** (claro que eu quero =もちろん私は行った mochiron watashi wa itta)

coitado 可哀相 **kawaisoo** (coitado, ele não fez nada = 可哀相に彼は何もしていないのに kawaisoo ni kare wa naimo shite inai noni)

com certeza 必ず **kanarazu** (eu vou com certeza =私は必ず行きます watashi wa kanarazu ikimasu)

com relação a に付いて **ni tsuite** (ela não falou nada com relação ao trabalho = 彼女は仕事に付いて何も言わなかった kanojo wa shigoto ni tsuite naimo iwanakatta)

como se の様に **no yoo ni** (ele falou comigo como se ele não me conhecesse = 彼は私があたかも知らない人かの様に話した kare wa watashi ga atakamo shiranai hito ka no yoo ni hanashita)

conforme に従って **ni shitagatte** (tudo foi feito conforme o combinado = 全ては同意に従って行われた subete wa dooi ni shitagatte okonawareta)

contanto que であれば **de areba** (contanto que você vá também =あなたも行くのであれば anata mo iku node areba)

custe o que custar どんな事をしても **donna koto o shitemo** (você tem que conseguir, custe o que custar =どんな事をしても、それをしなければならない donna koto o shitemo, sore o shinakereba naranai)

da mesma maneira 同様に **dooyoo ni** (da mesma maneira, ela não sabia português = 同様に、彼女もポルトガル語が分からなかった dooyoo ni, kanojo mo porutogaru-go ga wakaranakatta)

dá para quebrar um galho の代用とする **no daiyoo to suru** (bom, não é exatamente o que eu estava procurando, mas dá para quebrar um galho = 私が求めていたものとは違うが、取りあえず、それの代用としよう watashi ga motomete ita mono towa chigau ga toriaezu, sore no daiyoo to shiyoo)

dá pena 残念だ **zannen da** (dá pena ver isso = それを見て残念に思った sore o mite zannen ni omotta)

dá raiva 怒る/怒らせる **okoru/okoraseru** (dá raiva saber que ele não pagou = 彼が払わなかったのを知って私は怒った kare ga harawanakatta no o shitte watashi wa okotta)

dá sono 眠くなる **nemuku naru** (esse remédio dá sono =この薬を飲むと眠くなる kono kusuri o nomu to nemuku naru)

dá um tempo! 一時休息 **hitoyasumi** (Estamos caminhando há muito tempo. Vamos dar um tempo! = ずうっと歩きづめだ、ここで一休み。 Zuuto aruki zume da, kokode hitoyasumi)

dá vontade de したい気持ちになる **shitai kimochi ni naru** (dá vontade de chorar = 泣きたい気持ちになる nakitai kimochi ni naru)

daqui a pouco 間もなく **mamonaku** (vamos jantar daqui a pouco = 間もなく食事にしましょう mamonaku shoji ni shimashoo)

dar bola 気にする **ki ni suru** (ela estava dando em cima de mim mas eu não dei bola para ela =彼女は私に言い寄って来たが、気にしなかった kanojo wa watashi ni iiyotte kita ga, ki ni shinakatta)

dar certo 上手く行く **umaku iku** (não deu certo = 上手く行かなかった umaku ikanakatta)

dar de cara com 相対する **aitai suru** (ele deu de cara com o chefe = 彼は上司と相対した kare wa jooshi to aitai shita)

dar duro 厳しくする **kibishiku suru** (eu dei duro nisso = 私はそれに厳しく当たった。 watashi wa sore ni kibishiku atatta.)

dar margem a きっかけとなる **kikkake to naru** (isso dá margem a todo tipo de problema = それが様々な問題 のきっかけとなった sore ga samazama na mondai no kikkake to natta)

dar o braço a torcer に屈する **ni kussuru** (eu tenho que dar o braço a torcer, você conseguiu = 私は屈してしまったーあなたの思う通りになった。 watashi wa kusshite shimatta-- anatano omoo toori ni natta.)

dar o fora 外に出ろ **soto ni dero** (dá o fora daqui! = 外に出ろ！ Soto ni dero!)

dar pau 停電する/混乱する **teiden suru/konran suru** (estava na internet quando deu pau = 停電した時 丁度インターネットを使っていた teiden shita toki,choodo internet o tsukatte ita)

dar trabalho 厄介な **yakkai na** (esse livro deu trabalho = この本はとても厄介な本だ kono hon wa totemo yakkai na hon da)

dar um bolo/cano 待ちぼうけさせる **machibooke saseru** (ela me deu um bolo no sábado passado = この前の土曜日私は彼女に待ちぼうけさせられた kono mae no doyoobi watashi wa kanojo ni machiboke saserareta)

dar um fora 捨てる/振る **suteru/furu** (eu dei um fora nela = 私は彼女を振った watashi wa kanojo o futta)

dar um jeito (em) 何とかする **nantoka suru** (você vai ter que dar um jeito nisso = それを何とかしなければならない sore o nantoka shinakereba naranai)

dar um tempo 間を置く **ma o oku** (acho melhor dar um tempo = 一寸間を置いた方がいいと思う chotto ma o iota hoo ga ii to omou)

dar confusão 混乱する/させる **konran suru/saseru** (quando mudaram o horário só deu confusão = 時間を変えた時、大いに混乱した jikan o kaeta toki, ooini konran shita)

dar uma folheada さっと見る **satto miru** (eu dei uma folheada e gostei = さっと見て、気に入った satto mite, ki ni itta)

dar uma gargalhada 大笑いする **oowarai suru** (a gente deu uma gargalhada quando ele saiu da sala = 彼が部屋を出ると、我々は大笑いした kare ga heya o deru to, wareware wa oowarai shita)

dar uma olhada さっと見る **satto miru** (você deu uma olhada no prédio? = 建物をさっと見ましたか？ Tatemono o satto mimashita ka?)

dar uma saída 出かける **dekakeru** (ela deu uma saída mas já vai voltar =彼女は一寸出かけたが、直ぐ戻る kanojo wa chotto dekaketa ga,sugu modoru)

dar uma volta 散歩/ドライブする **sanpo/drive* suru**; 遠回りする toomawari suru (eu saí para dar uma volta a pé = 散歩した sanpo shita; a gente deu uma volta no carro dela = 彼女の車でドライブした kanojo no kuruma de drive shita); (eu perdi a saída e tive que dar uma volta para chegar = 出口を間違えて、遠回りをしなければならなかった deguchi o machigaete, toomawari o shita.)

dar-se conta de 気が付く **ki ga tsuku** (se deu conta de como ele é estúpido = 彼は自分がどれほど愚か気が付いた kare wa jibun ga dorehodo oroka ka ki ga tsuita)

dar-se mal 失敗する **shippai suru** (ele se deu mal = 彼は失敗した kare wa shippai shita)

de braços abertos 胸を開いて **mune o hiraite** (nos receberam de braços abertos = 彼らは胸を開いて、我々を受け入れてくれた karera wa mune o niraite, wareware o ukeirete kureta)

de cabeça para baixo うなだれる unadareru (estava de cabeca para baixo = うなだれていた unadarete ita.)

de cabo a rabo 初めから最後まで **hajime kara saigo made** (li o livro de cabo a rabo = その本を初めから最後まで読んだ sono hon o hajime kara saigo made yonda)

de dentro para fora 裏表 **ura omote** (usava o casaco de dentro para fora = 彼は上着を裏表に着た kare wa uwagi o ura omote ni kita)

de fato 実際に **jissai ni** (se de fato ele ligou, não deixou recado = 実際に電話したかも知れないが、伝言を残さなかった jissi ni denwa shita kamo shirenai ga, dengon o nokosanakatta)

de forma que そうすれば **soo sureba** (fale com ele de forma que não se sinta tão sozinho = 彼と話したら、そうすれば、寂しくないだろうから kare to hanashitara, soo sureba, sabishiku nai daroo kara)

de graça 無料 **muryoo** (deram os celulares de graça = 携帯を無料で配った keitai o muryoo de kubatta)

de jeito nenhum! どんな事があっても! **donna koto ga atttemo!** (eu não vou! de jeito nenhum! = どんな事があっても、私は行かない! Donna koto ga attemo,watashi wa ikanai!)

de longe 遠くから **tooku kara** (ela é de longe a melhor = 彼女は遠くからの方が良く見える kanojo wa tooku kara no hoo ga yoku mieru)

de mente aberta 先入観を持たずに **sennyuukan o motazu ni** (eu fui lá de mente aberta = 私はそこへ先入観を持たずに行った watashi wa soko e sennyuukan o motazu ni itta)

de modo que ので/それゆえ **node/soreyue** (vou estudar, de modo que não vou ter tempo = 勉強するので、時間が無ない benkyoo suru node, jikan ga ani)

de preferência 希望 **kiboo ;** 優先 **yuusen** (estamos procurando uma secretária, de preferência brasileira = 秘書を求む、ブラジル人希望 hisho o motomu, burajiru-jin kiboo)

de qualquer jeito とにかく **tonikaku** (não quero fazer, mas vou fazer de qualquer jeito =したくないけど、とにかくやるよ shitakunai kedo,tonikaku yaru yo); (de qualquer jeito, vamos falar disso depois; とにかく、後で話しましょう tonikaku, atode hanashimashoo)

de repente 突然 **totsuzen**; 多分 **tabun** (ele saiu de repente = 突然彼は出て行った totsuzen kare wa dete itta); (sei lá, acho que de repente poderia ser interessante = 分からないけど、多分いい考えかも知れない wakaranai kedo, tabun ii kangae kamo shirenai)

de sobra 余り **amari** (tem uma moeda de sobra aí? = 小銭が余ってない? Kozeni ga amatte nai?)

de todo tipo 様々なタイプ **samazama na type***(eles têm de todo tipo = 彼らは様々なタイプの人たちだkarera wa samazama na type* no hitotachi da)

de um lado para o outro 端から端まで **hashi kara hashi made** (estava mexendo de um lado para o outro = 端から端まで動いていた hashi kara hashi made ugoite ita)

de várias formas 色々な方法で **iroirona hoohoo de** (você pode fazê-lo de várias formas = 色々な方法でやってもいい iroriona hoohoo de yattemo ii)

de vez em quando 時々 **tokidoki** (eu converso com ela de vez em quando = 私は彼女と時々話す watashi wa tokidoki kanojo to hanasu)

deixar claro はっきりさせる **hakkiri saseru** (eu deixei claro que eu não quis comprar = 私はそれを買うつもりがないことをはっきりとさせた watashi wa soreo kau tsumori ga nai koto o hakkiri to saseta)

deixar para lá 気にしない **ki ni shinai** (tudo bem, deixa para lá = 大丈夫だ、気にしないで daijoobu da, ki ni shinai de); (acho melhor deixar para lá = 気にしない方がいいと思う ki ni shinai hoo ga ii to omou)

desde que だから **dakara**; 以来 **irai** (você pode ir, desde que chegue cedo = 早く着いたのだから、もう帰ってもいい hayaku tsuita nodakara, moo kaettemo ii); (desde que chegou no Brasil ele não fez amigos = 彼はブラジルに来て以来、まだ友達がいない kare wa Brasil ni kite irai, mada tomodachi ga inai)

deve ser 違いない **chigai nai** (não conheço a Espanha, mas deve ser muito bonita = 私はスペインに行った事がないが、きっと素晴らしいに違いない watashi wa Spain ni itta koto ga nai ga, kitto subarashii ni chigainai)

diferentemente de とは違って **towa chigatte** (diferentemente do que eu tinha pensado, não fazia muito calor lá = 私が思ったのとは違ってあちらはそんなに暑くなかった watashi ga omotta notowa chigatte achira wa sonnani atsuku nakatta)

do lado de 側に立つ **gawa ni tatsu** (eu estou do lado dela = 私は彼女の側に立つ)

do mesmo jeito とにかく **tonikaku** (não tinha dinheiro para comprar, mas comprou do mesmo jeito usando o cartão = 彼はそれを買うお金がなかったが、とにかくクレジットカードで買った kare wa sore o kau okane ga nakatta ga, tonikaku credit card* de katta)

duvido que 疑問に思う **gimon ni omou** (duvido que ele esteja sendo sincero = 私は彼が真面目か疑問に思う watashi wa kare ga majime ka gimon ni omou)

é a sua vez あなたの番 **anata no ban** (agora é a sua vez = さて、あなたの番だ sate,anata no ban da)

e aí? どう？、それで… **Doo? sorede**… (e aí, Andy? tudo bem? =どう、アンディー？変わり無い？doo, Andy? Kawari nai?);
(e aí? ele gostou? = それで、彼、… が気に入った？ Sorede, kare,… ga kini itta ?)

é bem por aí 正しいこと **tadashii koto** (e não sei se é isso exatamente, mas é bem por aí = それが的確なのか分からないが、恐らく正しいことだと思う sore ga tekkaku nanoka wakaranai ga, osoraku tadashii koto dato omu)

e daí? それがどうした？ **Sore ga doo shita**? (é, eu tenho quatro piercings, e daí? = ピアスを四つしているよ、それがどうした？ Piasu o yottsu shite iru yo, sore ga doo shita?)

é hora de そろそろ **sorosoro** (é hora de ir embora = そろそろ行かなければ sorosoro ikanakereba)

é mesmo 本当だ **hontoo da** (é mesmo, ele fala alemão = 本当だよ、彼はドイツ語が話せる hontoo da yo, kare wa doitsu-go ga hanaseru)

é normal 普通だ **futsuu da** (ela não está falando mais com ele depois do divórcio, mas acho que isso é normal = 彼女は彼と離婚した後、全く話さないらしい、だけど、それは普通だと思う kanojo wa kare to rikon shita ato, mattaku hanasanai rashii, dakedo, sore wa futsuu da to omou)

é o seguinte 実を言うと **jitsu o iu to** (é o seguinte: não tenho o dinheiro agora mas daqui a três dias vou ter = 実を言うと：今はお金が無いが、三日以内には出来ると思う jitsu o iu to: ima wa okane ga nai ga,mikka inai ni dekiru to omou)

e olhe lá 良く見て、 **yoku mite** (acho que ela tem uns vinte anos, e olhe lá; 良く見て；彼女は20才台だと思う。Yoku mite; kanojo wa nijussai dai dato omou)

é para já 今すぐ **ima sugu** (é para já! = 今すぐ！ Ima sugu!)

é tarde demais 遅すぎる **ososugiru** (é tarde demais para pedir desculpas = 謝っても、もう遅すぎる ayamattemo moo ososugiru)

é verdade 本当 **hontoo** (é verdade! ele pode nos ajudar! = 本当！彼は我々を助けてくれる！ Hontoo ! Kare wa wareware o tasukete kureru!)

em breve 近い内に **chikai uchi ni** (em breve vamos ter mais coisas interessantes = 近い内に面白い事が起こるよ chikai uchi ni omoshiroi koto ga okoru yo)

em cima da hora ギリギリの時間 **girigiri no jikan** (fizeram seus pedidos em cima da hora = ギリギリの時間に注文が入った girigiri no jikan ni chuumon ga haitta)

em geral 全般的に **zenpanteki ni** (a situação está estável em geral = 状況は全般的に安定している jookyoo wa zenpanteki ni antei shite iru)

em jejum 空腹の **kuufuku no** (é para tomar em jejum = 空腹の時に飲んで下さい kuufuku no toki ni nonde kudasai)

em lugar nenhum どこにも…無い **dokonimo … nai** (você não acha em lugar nenhum = どこを探しても見つからない doko o sagashitemo mitsukara nai)

em outras palavras 言い換えれば **iikaereba** (em outras palavras, nós gostamos muito = 言い換えれば、我々は大いに気に入った iikaereba, wareware wa ooini ki ni itta)

em perigo 危険だ **kiken da**(elas estavam em perigo =彼らは危険な状況にある karera wa kikenna jookyoo ni aru)

em primeiro lugar まず第一に **mazu dai ichi ni** (em primeiro lugar, eu não gosto dele = まず第一に私は彼らが好きではない mazu dai ichi ni,watashi wa karera ga suki dewa nai)

em que sentido? どんな意味で？ **Donna imi de?** (você não gosta dele em que sentido? = 彼がどんな意味で好きではないの？ Kare ga donna imi de suki dewa nai no?)

em seguida 直ぐに **suguni**; 直ぐ後 **sugu ato** (levantaram da mesa e em seguida o garçom lhes trouxe a conta =ウエイターが勘定を持って来るや直ぐにテーブルから立った waiter ga kanjoo o motte kuruya sugu table o tatta); (meu pai me ligou e minha mãe me ligou em seguida = 父の直ぐ後、母が電話を掛けて来た chichi no sugu ato, haha ga denwa o kakete kita.)

em si 自体 **jitai**; 自身 **jishin** (ser ambicioso em si não é ruim contanto que não prejudique as outras pessoas = 他人を傷つけ無い限り、野心的になること自体は問題ない tanin o kizutsukenai kagiri, yashinteki ni narukoto jitai wa mondai nai)

em termos de に関しては **ni kanshite wa** (como ele vai em termos de dinheiro? = お金に関しては彼はどんな風ですか？okaen ni kanshite kare wa donna fuu desu ka?)

em todas as partes どこでも **dokodemo** (a violência estava em todas as partes = 犯罪はどこでもある hanzai wa dokodemo aru)

em torno de おおよそ **ooyoso** (em torno de cem pessoas apareceram = おおよそ100人の人が表れた ooyoso 100 nin no hito ga arawareta)

em vão 無駄に **muda ni** (fizeram tudo em vão, não melhorou nada = 全ての努力が無駄になり、何も良くならなかった subete no doryoku ga muda ni nari, nanimo yoku naranakatta)

em vez de の代わりに **no kawari ni** (eu irei em vez dela = 彼女の代わりに私が行った kanojo no kawari ni watashi ga itta)

embora にも関わらず **nimo kakawarazu** (embora estivesse chovendo, resolvemos ir ao parque = 雨にも関わらす、公園へ行くことにした ame nimo kakawarazu, kooen e iku koto ni shita)

encarregar-se de 担当する **tantoo suru**; 世話する **sewa suru** (eles se encarregaram do assunto = 彼らがその件を担当した karera ga sono ken o tantoo shita)

enfim 結局は **kekkyoku wa** …(ela não é do meu tipo, mas enfim... = 彼女は私の好みじゃ無いけどね、結局は仕方ない。 kanojo wa watashi no konomi ja naikedo,kekkyoku wa shikatanai.)

enquanto 間 **aida**; 限り **kagiri** (eu vou cortar as cebolas enquanto você prepara a carne = 玉ねぎを刻んでいる間、肉を準備して下さい tamanegi o kizande iru aida, niku o junbi shite kudasai); (vou te amar enquanto eu viver = 私が生きている限り、君を愛す watashi ga ikite iru kagiri, kimi o aisu)

enquanto isso その間 **sono aida** (enquanto isso, eu estava no banco com meu irmão = その間、私は弟と銀行にいた sono aida, watashi wa otooto to ginkoo ni ita)

então tá 分かった、 **wakatta,** (então tá, eu te ligo amanhã = 分かった、明日あなたに電話する wakatta, ashita anata ni denwa suru)

esperar que 希望する **kiboo suru** (espero que seja assim mesmo = その通りになることを希望する sono toori ni naru koto okiboo suru)

esse tipo de その種類の **sono shurui no** (não gosto desse tipo de brincadeira = その種類の遊びは嫌いだ sono shurui no asobi wa kirai da)

está brincando 冗談 **joodan** (passar a noite na casa deles? está brincando = 彼らの家に一晩中いたって?冗談だろ Karera no uchi ni hitobanjuu itatte?,joodan daro)

está vendo? 分かった？ **wakatta?** (está vendo como eles te adoram? = 彼らがいかにあなたを愛しているか、分かった？ Karera ga ikani anata o aishite iru ka,wakatta?)

estar a fim de 目的 **tsumori** (eu não estou a fim de discutir = 議論する目的ではない giron suru mokuteki dewa nai)

estar a par de 気が付く **ki ga tsuku** (eu estou a par do namoro deles = 彼らの関係に気が付いている karera no kankei ni ki ga tsuite iru)

estar atrasado 遅れている **okurete iru** (não posso falar agora, eu estou atrasado para ir ao trabalho = 今は話せない、仕事に遅れているから ima wa hanasenai,shigoto ni okurete iru kara.); (fiquei em casa doente e agora estou atrasado com todo meu trabalho = 病気で休んでいたので、仕事が遅れている byooki de yasunde ita node, shigoto ga okurete iru)

estar cansado de 疲れる **tsukareru** (estou cansado desse trabalho = この仕事に疲れている kono shigoto ni tsukarete iru)

estar claro はっきりしている **hakkiri shite iru** (estava claro que ela não estava querendo me namorar = 彼女が私と付き合いたくないのははっきりしている。 kanojo ga watashi to tsukiai takunai nowa hakkiri shite iru)

estar com calor 暖かい **atatakai** (estou com calor com este casaco =この上着を着ると暖かい kono uwagi o kiru to atatakai)

estar com ciúmes 嫉妬する **shitto suru** (você está com ciumes só por causa dela? = 彼女が原因で嫉妬しているの？ Kanojo ga genin de shitto shite iru no?)

estar com fome お腹が空く **onaka ga suku** (estou com muita fome = とてもお腹が空いた totemo onaka ga suita)

estar com frio 寒い **samui** (você não está com frio? = 寒くない？ Samuku nai?)

estar com inveja 羨ましい **urayamashii** (você está com inveja de mim = あなたは私を羨ましく思っている。Anata wa watashi o urayamashiku omotte iru)

estar com medo 怖い **kowai** (estou com medo de não conseguir = 上手く行かなかったら怖い umaku ikanakattara kowai)

estar com sede 喉が渇く **nodo ga kawaku** (estou com um pouco de sede = 少し喉が渇いた sukoshi nodo ga kawaita)

estar em dúvida 迷う **mayou** (estou em dúvida entre fazer inglês ou espanhol = 英語かスペイン語かどちらを取るか迷っている eigo ka supein-go o toru ka mayotte iru)

estar em greve スト中だ **suto chuu da** (os funcionários estão em greve = 職員はスト中だ shoku in wa suto chuu da)

estar em pé 実施中 **jisshi chuu da** (a oferta ainda está em pé? = セールはまだ実施中ですか？ Seeru wa mada jisshi chuu desu ka?)

estar enrolando alguém からかう **karakau** (acho que eles estão enrolando você = 彼らはあなたをからかっていると思う karera wa anata o karakatte iru to omou); (pare de me enrolar = からかうのを止めて karakau no o yamete)

estar ferrado ひどい目にあう **hidoi me ni au** (se ficarem sabendo, estamos todos ferrados =もし、我々全員がひどい目にあったのを知ったら moshi, wareware zenin ga hidoi me ni atta no o shittara)

estar fora de si 自分を見失う **jibun o miushinau** (acho que ele está fora de si = 彼は自分を見失っていると思う kare wa jibun o miushinatte riru to omou)

estar morrendo de fome お腹が空いて死にそう **onaka ga suite shi ni soo** (depois do trabalho estava morrendo de fome = 仕事の後、お腹が空いて死にそうだった shigoto no ato, onaka ga suite shi ni soo datta)

estar morrendo de saudades 懐かしくて死にそう **natsukashikute shi ni soo** (não vejo a hora de ver você... estou morrendo de saudades = あなたに会えるのが待てないほど、懐かしくて死にそう anata ni aeru no ga matenai hodo, natsukashikute shi ni soo)

estar morrendo de sede 喉が渇いて死にそう **nodo ga kawaite shi ni soo** (fazia calor e eu estava morrendo de sede = 暑かったので、喉が渇いて死にそうだった nodo ga kawaite shi ni soo data)

estar morrendo de vergonha 死ぬほど恥ずかしい **shimu hodo hazukashii** (depois disso estava morrendo de vergonha = あの後、死ぬほど恥ずかしかった ano ato, shinu hodo hazukashikatta)

estar na hora de 時間が来た **jikan ga kita** (acho que está na hora de a gente voltar = 家へ帰る時間が来た uchi e kaeru jikan ga kita)

estar na moda 流行っている **hayatte iru** (eu não gosto mas está na moda = それは嫌いだけど、今流行っている sore wa kirai dakedo, ima hayatte iru)

estar por dentro に関わっている **ni kakawatte iru** (ela está por dentro desse assunto = 彼女はこの件に関わっている kanojo wa kono ken ni kakawatte iru)

estar por fora から外れている **kara hazurete iru** (ele está por fora = 彼はその件から外れている kare wa sono ken kara hazurete iru)

estar sem sono 眠くない **nemukunai** (estou sem sono = 私は眠くない watashi wa nemukunai)

estar sem tempo 時間がない **jikan ga nai** (sinto muito mas estou sem tempo agora mesmo = すみません、今時間がないんです sumimasen, ima jikan ga nain desu)

esteja onde estiver どこにいようとも **dokoni iyoo tomo** (esteja onde estiver, vou estar pensando em você = あなたがどこにいようとも、あなたのことを想っているanata ga doko ni iyoo tomo, anata no koto o omotte iru)

estou brincando 冗談だ **joodan da** (você sabe que estou brincando = 全くの冗談だよ mattaku no joodan dayo)

falar sério 真面目だ **majime da** (estou falando sério = 真面目だよ majime dayo)

faz parte よくある事 **yoku aru koto** (bom, faz parte, né? = そう、よくある事だね？soo, yoku aru kto dane?)

faz tempo しばらくぶり **shibaraku buri** (faz tempo que a gente não se vê =しばらくぶりですね shibaraku buri desu ne)

fazer a barba ひげを剃る **hige o soru** (esqueci de fazer a barba = ひげを剃るのを忘れたhige o soru no o wasureta)

fazer a cama ベッドを整える **bed o totonoeru** (eu sempre faço a cama antes de ir para o trabalho = 仕事へ行く前、いつもベッドを整える shigoto e iku mae, itsumo bed o totonoeru)

fazer a matrícula 申し込みする **mooshi komi suru** (não tenho dinheiro para fazer a matrícula = 申し込みするお金がない mooshi komi suru okane ga nai)

fazer alguém feliz 幸せにする **shiawase ni suru** (ela me fez muito feliz = 彼女は私をとても幸せにしてくれた kanojo wa watashi o totemo shiawase ni shite kureta)

fazer amizade 友達を作る **tomodachi o tsukuru** (demorei um tempo para fazer amizade = 友達を作るのに時間が掛かった tomodachi o tsukuru noni jikan ga kakatta)

fazer amor 愛し合う **aishi au** (passaram a noite fazendo amor = 彼らは一晩中愛し合った karera wa hitobanjuu aishi atta)

fazer as contas 試算する **shisan suru** (eu fiz as contas em casa e cheguei à conclusão que vai ser mais barato dirigir = 家で試算したところ、結局自分で運転した方が安上がりだと分かった uchi de shisan shita tokoro, jibun de unten shita hoo ga yasuagari da to wakatta.)

fazer as malas 荷造りする **nizukuri suru** (ainda tenho que fazer as malas = まだ自分の荷造りをしなければ mada jibun no nizukuri o shinakereba)

fazer as pazes 和解する **wakai suru**; (fizeram as pazes depois da briga = 彼らは喧嘩の後、和解したkarera wa kenka no ato, wakai shita)

fazer bagunça 騒ぎ散らす **sawagi chirasu** (só fazem bagunça = いつも騒ぎ散らす itsumo sawagi chirasu)

fazer barulho 音がうるさい **oto ga urusai** (esse carro faz muito barulho = この車は本当に音がうるさい kono kuruma wa hontoo ni oto ga urusai)

fazer bem 気分が楽になる **kibun ga raku ni natta**; 正しい事をするtadashii koto o suru (acho que essa conversa com meu pai me fez muito bem = 父と話した後、気分が楽になった chichi to hanashita ato,kibun ga raku ni natta); (não se preocupe, você está fazendo bem = 心配いらないよ、あなたは正しい事をしているから shinpai iranai yo, anata wa tadashii koto o shite iru kara)

fazer comentários コメントする **comment* suru** (eu não quis fazer comentários = コメントしたくなかった comment shitakunakatta)

fazer companhia 付き添う **tsukisou** (ela veio me fazer companhia em casa quando eu estava doente = 私が病気だった時、彼女はずーと付き添ってくれた watashi ga byooki data toki, kanojo wa zuuto tsukisotte kureta)

fazer de conta que ふりをする furi o suru (faz de conta que você gosta de mim = あなたは私が好きな様なふりをしている anata wa watashi ga sukin ayoona furi o shite iru)

fazer faculdade 大学へ行く **daigaku e iku** (com a ajuda do meu pai comecei a fazer faculdade = 父の援助を受けて、大学へ行き始めた chichi no enjo o ukete, daigaku e iki hanjimeta)

fazer fila 列に並ぶ **retsu ni narabu** (tive que fazer fila durante uma hora e meia = 1時間半も列に並んでいた 1 jikan han mo retsu ni narande ita)

fazer hora 暇を潰す **hima o tsubusu** (eu estou aqui só fazendo hora = 一寸、暇を潰している chotto, hima o tsubushite iru)

fazer hora-extra 残業する **zangyoo suru** (cansei de fazer horas-extras = 残業するのに疲れた zangyou suru no ni tsukareta)

fazer o máximo para 精一杯の事をする **sei ippai no koto o suru** (fizeram o máximo para que eles se sentissem bem = 気分が楽になるように精一杯の事をしたkibun ga raku ni naru yoo ni sei ippai no koto o shita)

fazer o quê? どうしようもない**?** **dooshiyoo mo nai**? (eu não quero trabalhar mas fazer o quê, né? = 働きたくないけど、どうしようもない、そうだろ？ Hataraki takunai kedo,doodhiyoomo nai, soo daro?)

fazer questão de 決心する **kesshin suru** (eu fiz questão de ligar para ela todos os dias no horário do almoço = 私は彼女に毎日昼休みに電話することを決心した watashi wa kanojo ni mainichi hiruyasumi ni denwa suru koto o kesshin shita)

fazer regime 食事制限する **shokuji seigen suru**; ダイエットする diet *suru (preciso fazer regime = ダイエットしなければ diet shinakereba); (não posso comer isso, estou fazendo regime = ダイエット中なので、それは食べられない diet* chuu nanode, sore wa taberarenai)

fazer sentido 道理に適っている **doori ni kanatte iru** (o que ele falou fez muito sentido = 彼の言う事は充分道理に適っているkare no iu koto wa juubun doori ni kanatte iru)

fazer sucesso 成功する **seikoo suru** (quando chegou no Brasil a primeira vez ele fez muito sucesso = 彼が初めてブラジルに来た時は、大変成功した kare ga hajimete brasil ni kita toki wa, taihen seikoo shita)

fazer uma pergunta 質問する **shitsumon suru** (quero fazer uma pergunta = 質問したい shitsumon shitai)

ficar à vontade 気楽にする **kiraku ni suru**; (entre aí e fique à vontade = 入って、お気楽になさって下さい haitte okiraku ni nasatte kudasai)

ficar arrasado 打ちのめされた **uchinome sareta** (fiquei arrasado com a notícia = その知らせを聞いて打ちの目された sono shirase o shitte uchinome sareta)

ficar assustado 驚く **odoroku** (fiquei assustado quando acabou a luz = 電気が消えて、驚いた denki ga kiete, odoroita)

ficar atento 注意する **chuui suru** (você tem de ficar atento quando sai sozinho = 一人で外に出る時は注意して下さい hitori de soto ni deru toki wa chuui shite kudasai)

ficar bravo 怒る **okoru** (eles não pagaram e ele ficou bravo = 彼らが払わなかったので、彼は怒った karera ga harawanakatta node, kare wa okotta)

ficar chateado 気分を害す **kibun o gaisu** (você ficou chateado? = 気分を害したの？ Kibun o gaishita no?)

ficar chocado 衝撃を受ける **shoogeki o ukeru** (parece que ela ficou chocada quando descobriu = それを知った時、彼女は衝撃を受けた sore o shitta toki, kanojo wa shoogeki o uketa)

ficar claro 明白である **meihaku de aru** (ficou claro que eles não queriam falar conosco = 彼らが私達と話したくないのは明白であった karera ga watashi tachi to hanashitakunai nowa meihaku de atta)

ficar com ciúmes 嫉妬する **shitto suru** (ele viu ela com o melhor amigo e ficou com muito ciúmes = 彼は彼女が自分の一番の友達と一緒にいるのを見て嫉妬した kare wa jibun no ichiban no tomodochi to issho ni iru no o mite shitto shita)

ficar com medo 怖い **kowai** (não precisa ficar com medo do meu cachorro = うちの犬は怖くない uchi no inu wa kowakunai)

ficar com pena de alguém 可哀相だ **kawaisoo da** (fiquei com pena dele e dei um pouco de dinheiro = 可哀相だったので、彼にお金を少し上げた kawai soo datta node, kare ni okane o sukoshi ageta)

ficar de olho 目を付ける **me o tsukeru** (eu fiquei de olho nesses sapatos = この靴に目を付けていた kono kutsu ni me o tsukete ita)

ficar de quatro べた惚れ **beta bore** (ele ficou de quatro por ela = 彼は彼女にべた惚れだ kare wa kanojo ni beta bore da)

ficar desapontado 失望する **shitsuboo sur** (fiquei desapontado com ela = 彼女には失望した kanojo niwa shitsuboo shita)

ficar doente 病気になる **byooki ni naru** (a casa estava fria e fiquei doente = あの家は寒かったので、病気になった ano uchi wa samukatta node, byooki ni natta)

ficar em casa 家に居る **uchi ni iru** (com este tempo acho melhor ficar em casa = こんな天気なら、家に居た方がいい konna tenki nara, uchi ni ita hoo ga ii)

ficar enjoado 気分が悪くなる **kibun ga waruku naru** (fico enjoado quando viajo = 旅行すると、気分が悪くなる ryokoo suru to, kibun ga waruku naru)

ficar enrolando 寝つきが悪い **netsuki ga warui** /寝つけない netsuke nai (ficou horas enrolando = 彼は長い間、寝付けなかった kare wa nagai aida netsuke nakatta)

ficar feio 不恰好になる **bukkakoo ni naru** (tentei enfeitar um pouco mas ficou feio = 綺麗に飾ろうと思ったが、不恰好になった kirei ni kazaroo to omottaga, bukkakoo ni natta)

ficar feliz 嬉しくなる **ureshiku naru** (que bom... fiquei feliz = それはすごい…嬉しくなった sore wa sugoi … ureshiku natta)

ficar feliz por alguém 嬉しく思う **ureshiku omou** (fico feliz por eles = 彼が… で嬉しく思うkare ga … de ureshiku omou)

ficar fora 外される **hazusareru** (os que não pagaram ficaram fora = お金を払わなかった人たちは外された okane o harawanakatta hitotachi wa hazusareta)

ficar grávida 妊娠する **ninshin suru** (ficou grávida aos dezesseis anos = 16才の時、妊娠した 16 sai no toki, hinshin shita)

ficar juntos 一緒になる **isshoni naru** (eu quero que fiquemos juntos = 一緒になりたい isshoni naritai)

ficar louco 気が狂う **ki ga kuruu** (ele ficou louco por ela = 彼は彼女に気が狂ってしまったkare wa kanojo ni ki ga kurutte shimatta)

ficar magoado 傷つける **kizu tsukeru** (eu não quero que você fique magoado = あなたを傷つける積もりはなかった anata o kizutsukeru tsumori wa nakatta)

ficar na dúvida 確かではない **tashika dewa nai** (eu acho que acertei, mas fiquei na dúvida = 上手く行ったと思うが、確かではなかった umakuitta to omouga, tashika dewa nakatta)

ficar na sua 黙っている **damatte iru** (eu sou sossegado, só fico na minha = 私は冷静だから、黙っている watashi wa reisei dakara,damatte iru)

ficar nervoso 気分を害する **kibun o gaisuru**; 上がる **agaru** (você ficou nervoso só por causa disso? = それに気分を害したの？ Sore ni kibun o gaishita no?); (eu sempre fico nervoso antes de entrar no palco = 舞台に出る前には、いつも上がる butai ni deru mae niwa,itsumo agaru)

ficar preso 引っかかる **hikkakaru** (o cabelo dela ficou preso na porta = 髪の毛がドアーに引っかかった kaminoke ga door* ni hikkakatta)

ficar quieto 静かにする **shizukani suru** (não conseguia ficar quieto = 静かにする事が出来なかった shizukani suru koto ga dekinakatta)

ficar rico 金持ちになる **kanemochi ni naru** (depois do seu primeiro filme ela ficou rica = 最初の映画の後、彼女は金持ちになった saisho no eiga no ato, kanojo wa kanemochi ni natta)

ficar sabendo 分かる **wakaru** (fiquei sabendo que ela tinha um outro namorado = 彼女には他の恋人が居る事が分かった kanojo niwa hokano koibito ga iru koto ga wkatta)

ficar sem graça 恥ずかしがる **hazukashi garu** (ficou muito sem graça quando viu a foto = 写真を見て、恥ずかしがった shashin o mite, hazukashi gatta)

ficar sentado 座る **suwaru** (prefiro ficar sentado = 座った方がいい suwatta hoo ga ii)

ficar sozinho 一人でいる **hitori de iru** (quero ficar sozinho um pouco = しばらく一人でいたい shibaraku hitori de itai)

ficar triste 悲しむ **kanashiku naru** (no início estava bravo e depois ficou triste = 始め怒っていたが、後で悲しんでいた hajime okotte itaga, atode kanashinde ita)

ficar vermelho 恥ずかしい **hazukashii** (para! vou ficar vermelha! = 止めて! 恥ずかしい！ yamete! Hazukashii!)

fora de lugar めちゃくちゃだ **mechakucha da** (que aconteceu aqui? está tudo fora de lugar = 何が起こったの？全っくめちゃくちゃだ nani ga okotta no? mattaku mechakucha da)

fora de ordem ばらばらになる **barabara ni naru** (os arquivos estão fora de ordem = ファイルがばらばらになっている file* ga barabara ni natte iru)

fora do alcance 手が届かない **te ga todokanai** (seu sonho não está fora do alcance = 君の夢も手が届かない訳じゃない kimi no yume mo te ga todokanai wake ja nai)

fora isso その他には **sono hoka niwa** (fora isso não tem mais problemas? = その他には何も問題ない？ Sono hoka niwa naimo mondai nai?)

forçar a barra 無理をする **muri o suru** (acho que até poderia ser mas você está forçando a barra um pouco = もちろん、可能だろうけど、一寸、無理をし過ぎていると思うmochiron kanoo daroo kedo, chotto muri o shisugite iru to omou)

frente a frente 面と向かう **men to mukau** (prefiro estar frente a frente com ela = 彼女と面と向かった方がいい kanojo to men to mukatta hoo ga ii)

futuramente 将来 **shoorai** (futuramente vamos ter menos problemas = 将来、問題は少なくなると思う shoorai mondai wa sukunaku naru to omou)

graças a Deus お陰さまで **okagesama de** (não teve mais reclamações, graças a Deus = お陰さまで、苦情が無くなった okagesama de kujoo ga nakunatta)

grande parte de 大部分 **daibubun** (grande parte da população não quer nem saber = 国民の大部分はその事を知ろうともしない kokumin no daibubun wa sono koto o shiroo tomo shinai)

haja o que houver どんな事があっても **donna koto ga attemo** (haja o que houver eu estou aqui para você = どんな事があっても、君と一緒だ donna koto ga ate mo, kimi to issho da)

idas e vindas 出入り **dehairi** (ele está sabendo das idas e vindas das pessoas no trabalho = 彼は仕事場に出入りする人達の事を知っているkare wa shigotoba ni dehairi suru hitotachi no koto o shitte iru)

independentemente de 関係なく **kankeinaku** (eu gosto dela independentemente da sua nacionalidade = 彼女の国籍に関係なく、彼女が好きだ kanojo no kokuseki ni kankeinaku, kanojo ga suki da)

infelizmente 残念ながら **zannen nagara** (quase terminei... infelizmente o tempo acabou = まだ終わっていないのに、残念ながら時間が来た mada owatte inai noni zannen nagara jikan ga kita); (bom, infelizmente não vamos poder ajudá-lo = 残念ながら、もうお手伝いする事が出来ません zannen nagara, moo otetsudai suru koto ga dekimasen)

interessar-se por 興味を持つ **kyoomi o motsu** (eles se interessaram muito pela ciência = 彼らは科学にとても興味を持つ様になったkarera wa kagaku ni totemo kyoomi o motsu yoo ni natta)

ir atrás de 追って行く **otte iku** (ela foi embora e eu não fui atrás dela = 彼女は行ってしまったが、私は追って行かなかった kanojo wa itte shimatta ga, watashi wa otte ikanakatta)

ir embora 行く **iku** (eu vou ter que ir embora = もう行かなければmoo ikanakereba)

isso そうでしょう **soo deshoo** (você é o João? >isso. = あなたはジョアンさん？＞そうでしょう anata wa João san? >soo dehoo)

isso mesmo その通り **sono toori** (isso mesmo, ele não faz nada = 全くその通り、彼は何もしない mattaku sono toori, kare wa nanimo shinai)

isto é 即ち **sunawachi** (isto é, ele nunca quis casar até agora = 即ち、彼は今まで結婚したくなかったのだ sunawachi, kare wa ima made kekkon shitaku nakatta noda)

já era お仕舞い **oshimai/** もう済んだ事 **moo sunda koto** (quando começar a chover já era = 雨が降り始めれば、お仕舞いだame ga furi hajimereba, oshimai da.)

já ouvi falar 聞いた事がある **kiita koto ga aru** (não conheço o lugar mas já ouvi falar = そこへ行った事はないが、聞いた事がある soko e itta koto wa aniga, kiita koto ga aru)

já que であれば **de areba** (já que está indo para a cozinha, você traz o vinho? = 台所へ行くのであれば、ワインを持って来てくれる？ Daidokoro e iku node areba, wine* o motte kite kureru?)

já volto 直ぐ戻る **sugu modoru** (já volto, vou ao banheiro = トイレへ行くので、直ぐ戻ります toire e iku node, sugu modorimasu)

jogar fora 捨てる **suteru** (vou jogar fora = 捨ててしまう sutete shimau)

juízo 真面目にする **majime ni suru** (juízo, hein? = 真面目にしなさい、分かった？ majime ni shinasai, wakatta?)

jura? 本当？ **hontoo**? (jura? ele não vai? = 本当？彼は行かないの？ Hantoo? kare wa ikanai no?)

juro por Deus 神に誓う **kami ni chikau** (juro por Deus, eu não roubei nada = 神に誓って、何も盗んでいない kami ni chikattte, nanimo nusunde inai)

lá fora あちらでは **achira wa** (lá fora não há tanta segurança = あちらは余り安全ではない achira wa amari anzen dewa nai)

levar a sério 真面目に **majime ni** (ele está levando seus estudos muito a sério = 彼は真面目に勉強している kare wa majime ni benkyoo shite iru)

lidar com 対処する **taisho suru** (não sei lidar com stress = ストレスにはどう対処していいか分からない stress* niwa doo taisho shite iika wakaranai)

logo de cara や否や すぐに **ya inaya sugu ni** (entrei e logo de cara começaram a fazer perguntas = 私が入るや否や直ぐに質問して来た watashi ga hairu yainaya sugu ni shitsumon shite kita)

logo depois 直ぐ後 **sugu ato** (saímos para dançar logo depois de jantar = 夕食の直ぐ後、ダンスに行った yuushoku no sugu ato, dansu ni itta)

longe de ser どころか **dokoro ka** (longe de serem simpáticos, eles até deixaram de falar comigo = 友好的どころか、私と話しさえしなかった yuukoo teki dokoro ka, watashi to hanashi sae shinakatta)

me diz uma coisa 一寸教えて **chotto oshiete** (mas, me diz uma coisa, como é que ele ficou sabendo? = しかし、一寸教えてよ、どうして彼はその事を知ったの shikashi, chotto oshiete yo,dooshite kare wa sono koto o shitta no?)

me poupe 悪いけど **warui kedo** (me poupe! ele nem sabe falar português direito = 悪いけど!、彼はポルトガル語が分からないんでしょう warui kedo!, kare wa porutogaru-go ga wakaranain deshoo)

menos mal まあまあだ **maamaa da** (bom, menos mal = そう、まあまあだ soo, maamaa da)

mentira! 嘘つき **usotsuki** (mentira! você só pagou a metade! = 嘘つき！あなたは半分払っただけじゃない！ Usotsuki! Anata wa hanbun haratta dake ja nai!)

mesmo assim それでも **soredemo** (mesmo assim, acho que a outra casa é mais bonita = それでも、あの家の方がいいと思う)

mexer com からかう **karakau**; 取り扱う toriatsukau (não mexe comigo = 私をからかわないで watashi o karakawa naide); (ele mexe com computadores = 彼はコンピューターを取り扱う kare wa computer* o toriatsukau)

mudar de ideia 気が変わる **ki ga kawaru** (eu ia estudar na Austrália mas depois mudei de ideia = 最初オーストラリアで勉強しようと思ったが、後で、気が変わった saisho oosutoraria de benkyoo shiyoo to omotta ga,atode ki ga kawatta)

na boa 喜んで **yorokonde** (eu faria na boa = 喜んで、私がするよ yorokonde watashi ga suru yo)

na época その頃は **sono koro wa** (agora é engraçado mas na época foi um desastre = 今じゃおかしいけど、その頃は、大変だった ima ja okashii kedo, sono koro wa taihen datta)

na faixa de 前後 **zengo** (ela está ganhando na faixa de cinco mil por mês = 彼女は月に5,000前後貰っている kanojo wa tsuki ni 5,000zengo moratte iru)

na hora 直ぐに **sugu ni** (eles fazem na hora = 直ぐにする sugu ni suru)

na ida 途中で **tochuu de** (na ida compramos o vinho = 途中でワインを買いましょう tochuu de wine* o kaimashoo)

na medida em que に限れば **ni kagire ba** (na medida em que se usa inglês, quase ninguém sabe falar fluentemente = 英語を使う事に限れば、誰も流暢に話す者はいない)

na prática 実際には **jissai niwa** (é uma boa teoria mas na prática não vai funcionar = 理論的には素晴らしいが、実際には 上手く行かないだろう riron teki niwa subarashii ga,jissai niwa umaku ikanai daroo)

na verdade 本当は **hontoo wa** (na verdade ele não sabe usar o computador = 本当は、彼はコンピューターの使い方を知らない hontoo wa, kare wa computer* no tsukai kata o shiranai)

na volta 帰り道に **kaeri michi ni** (vou ligar para ela na volta = 帰り道に彼女に電話しようkaeri michi ni kanojo ni denwa shiyoo)

nada a ver 全く関係ない **mattaku kankei nai** (não, nada a ver = 全く関係ない mattaku kankei nai)

nada como …なものはない… **na mono wa nai** (nada como um vinho quente = 暖かいワインほど(いい)物はない atatakai wine* hodo (ii) mono wa nai)

não adianta 仕方がない **shikata ga nai** (não adianta falar com ele, vai recusar da mesma maneira = 彼と話しても仕方がない、どうせ拒否するでしょう kare to hanashitemo shikata ga ani,doose kyohi suru deshoo)

não aguentar 我慢出来ない **gaman dekinai** (não aguento este frio = この寒さには我慢出来ない kono samusa niwa gaman dekinai)

não contar 計算に入れない **keisan ni irenai** (este primeiro drinque não conta = 最初の飲み物は計算に入れない saisho no nomimono wa keisan ni irenai)

não dar bola 目もくれない **me mo kurenai**(não dê bola para ele = 彼に目もくれない kare ni me mo kurenai)

não dar conta 充分ではない **juubun dewa nai** (quatro pessoas não vão dar conta = 四人では充分ではない yonin dewa juubun dewa nai)

não é bem assim そんな風ではない **sonna fuu dewa nai** (ele acha que é fácil mas não é bem assim = 彼は簡単だと思っているが、そんな風ではないんだ kare wa kantan dato omotte iruga, sonna fuu dewa nainda)

não estou nem aí 構わない **kamawanai** (ela não quer falar mais comigo, mas eu não estou nem aí = 彼女は私と話したくないらしいが、私は構わない kanojo wa watashi to hanashitakunai rashii ga, watashi wa kamawanai)

não faz mal 問題ない **monndai nai** (não tenho dinheiro, mas não faz mal porque estou com o talão de cheques = 今現金を持っていないが、問題ないよ、小切手帳を持っているから ima genkin o motte inai ga,mondai nai yo, kogitte choo o motte iru kara)

não faz nenhuma diferença 違いがない **chigai ga nai** (não vou pintar a sala porque não faz nenhuma diferença = 部屋をペイントしないよ、別に、違いがないから heya o paint* shinai yo, betsuni, chigai ga nai kara)

não foi nada 大した事ではない **taishita koto dewa nai** (não tem por que me agradecer, não foi nada = 別に、感謝してくれなくてもいいよ、大したことではないから betsuni kansha shite kurenakutemo ii yo, taishita koto dewa nai kara)

não há dúvida de que 疑う余地がない **utagau yochi ga nai** (não há dúvida de que ele a ama = 彼が彼女を愛している事は疑う余地がない kare ga kanojo o aishite iru koto wa utagau yochi ga nai)

não há nada melhor que... ほどいい物はない… **hodo iimono wa nai** (não há nada melhor que um chopp depois do trabalho = 仕事の後のビールほどいい物はない shigoto no ato no beer* hodo ii mono wa nai)

não há nada pior que... ほどいやな物はない… **hodo iyana mono wa nai** (não há nada pior que ter que pagar impostos = 税金を払うことほどいやな物はないzeikin o harau koto hodo iyana mono wa nai)

não importa se 問題ない **mondai nai** (não importa se você não sabe alemão, o inglês é suficiente = ドイツ語が話せなくても、問題ない、あなたの英語で充分だ doitsu-go ga hanasenakutemo, mondai nai, anata no eigo de juubun da)

não ligar 迷惑ではない **meiwaku dewa nai** (ela fuma, mas eu não ligo = 彼女はタバコを吸うけど、私には迷惑ではない kanojo wa tabako o suu kedo, watashi niwa meiwaku dewa nai)

não me leve a mal 誤解しないで **gokai shinai de** (não me leve a mal, mas acho que você não fica bem de marrom = 誤解しないで、あなたには茶色は似合わないと思う goaki shiani de, anata niwa chairo wa niawanai to omou)

não parar de 続ける **tsuzukeru** (não paro de pensar nela = 彼女の事を想い続けている kanojo no koto omoi tuzukete iru)

não quero nem pensar 考えたくもない **kangaetaku mo nai** (Isso é muito complicado, não quero nem pensar その問題は複雑だ、考えたくもない。Sono mondai wa fukuzatsu da, kangaetaku mo nai)

não se toca 感じていない **kanjite inai** (ela não gosta dele e ele não se toca = 彼女は彼の事が好きじゃないけど、彼はそれを感じていない kanojo wa kare ga suki ja nai kedo, kare wa sore o kanjite inai)

não sei o que deu em mim 勘違いする **kanchigai suru** (me desculpe, não sei o que deu em mim = 申し訳ない、何か勘違いをしたようだ mooshi wake nai, nanika kanchigai shita yoo da)

não suportar 我慢ならない **gaman naranai** (não suporto música techno = テクノ音楽は我慢ならない techno *ongakku wa gaman naranai)

não tem jeito 仕方がない **shikata ga nai** (ele não vai vir, não tem jeito = 彼は来ないよ、仕方がない kare wa konai yo, shikata ga nai)

não tem nada a ver 何の関係もない **nan no kankei mo nai** (eu sou divorciado, mas isso não tem nada a ver = 私は離婚しているが、それは何の関係もないwatashi wa rikon shite iru ga, sore wa nan no kankei mo nai)

não vai dar 上手く行かない **umaku ikanai** (acho que não vai dar = それは上手く行かないと思う sore wa umaku ikanai to omou)

não vejo a graça 何も可笑しくない **nanimo okashikunai** (eles estão rindo, mas eu não vejo a graça = 彼らは笑っていたが、何も可笑しくないと思う karera wa waratte ita ga,nani mo okashikunai to omou)

não ver a hora 待ち遠しい **machi dooshii** (não vejo a hora de vê-la de novo = 彼女と又会えるのが待ち遠しい kanojo to mata areru noga machi dooshii)

naquela época あの時代には **ano jidai niwa** (naquela época não tinha computadores = あの時代にはコンピューターがなかった ano jidai niwa computer* ga nakatta)

nem me fale **kikitaku mo nai** (detesto fazer regime > nem me fale = ダイエットなんて嫌いだ＞聞きたくもない daiet* nante kirai da > kikitaku mo nai)

nem pensar 気もない **ki mo nai** (não vou ligar para ele, nem pensar = 彼に電話する気もないkare ni denwa suru ki mo nai)

nem um pouco 全く… ない **mattaku … nai** (não gostou nem um pouco = 彼はそれが全く好きじゃない kare wa sore ga mattaku suki ja nai)

nesse caso そう言う理由なら **soo iu riyuu nara** (bom, nesse caso vamos combinar para a semana que vem? = そう言う理由なら、来週会いましょうか？soo iu riyuu nara,raishuu aimashoo ka?)

no ato その場で **sono ba de** (eles te dão o dinheiro no ato = 彼らはその場であなたにお金を上げた karera wa sono ba de anata ni okane o ageta)

no começo 最初は **saisho wa** (não gostei dela no começo = 最初は彼女が好きじゃなかった saisho wa kanojo ga suki ja nakatta)

no entanto しかしながら **shikashi nagara** (os ingleses, no entanto, têm costumes diferentes =しかしながら、イギリス人は習慣が違う shikashi nagara igirisu-jin wa shuukan ga chigau)

no fim 最後には **saigo niwa** (no fim tudo deu certo = 最後には、全て上手く行った saigo niwa subete umaku itta)

no fim das contas 結局は **kekkyoku wa** (no fim das contas é melhor perdoar = 結局は許した方がいい kekkyooku wa yurushita hoo ga ii)

no fundo 心の底では **kokoro no soko dewa** (no fundo ele não gosta dela = 心の底では彼は彼女の事が好きじゃない kokoro no soko dewa kare wa kanojo no koto ga suki ja nai)

no início 最初は **saisho wa** (no início foi difícil = 最初は難しかった saisho wa muzukashikatta)

no meio de の渦中にいる **no kachuu ni iru** (ele está no meio de tudo = 彼は全ての事柄の渦中にいる kare wa subete no kotogara no kachuu ni iru)

no pior dos casos 最悪の場合 **saiaku no baai** (no pior dos casos ele pode ir a uma outra escola = 最悪の場合、他の学校へ行けばいい saiaku no baai, hoka no gakkoo e ikeba ii)

no sentido que と言う意味では **to iu imi dewa** (foi um sucesso no sentido que eles gostaram da ideia = 彼らがそのアイデアが気に入ったと言う意味では成功だった karera ga sono idea* ga ki ni itta to iu imi dewa seikoo datta)

nos mais dia menos dia 遅かれ早かれ **osokare hayakare** (mais dia, menos dia, ela vai se arrepender = 遅かれ早かれ彼女は後悔するだろう osokare hayakare kanojo wa kookai suru daroo)

nossa! わあー! **waaa!** (nossa! que frio! = わあー！寒い！ Waaa! samui!)

nota-se 確かに **tashikani** (nota-se que ele é brasileiro = 確かに彼はブラジル人だ tashikani kare wa brasil-jin da)

numa boa 落ち着いている **ochitsuite iru** (ele agora está numa boa = 今彼は落ち着いている ima kare wa ochitsuite iru)

o dobro de 二倍 **ni bai** (ela está ganhando o dobro do salário dele = 彼女は彼の二倍稼いでいる kanojo wa kare no ni bai kaseide iru)

o grosso 大まかな所 **oomakana tokoro** (o grosso já foi feito = 大まかな所は既に終わっている oomakana tokoro wa sudeni owatte iru)

o que conta é 大切な事は **taisetsuna koto wa** (o que conta é como você se sente = 大切な事はあなたがどう感じるかだ taisetsuna koto wa anata ga doo kanjiru ka da)

o tempo todo ずーと **zuuto** (ele está reclamando o tempo todo = 彼はずーと文句を言っていた kare wa zuuto monku o itte ita)

olha só 何とまあ **nan to maa** (olha só...que interessante = 何とまあ、興味深いこと nan to maa, kyoomi bukai koto)

ou seja と言うことは **to iu koto wa** (ele não tem carro, ou seja, ele não vem conosco = 彼は車を持っていない、と言うことは我々と一緒に来ないことだ kare wa kuruma o motte inai, to iu koto wa wareware to issho ni konai koto da)

para falar a verdade 実を言えば **jitsu o ieba** (para falar a verdade eu nunca fui = 実を言えば、まだ行った事がない jitsu o ieba, mada ittta koto ga nai)

parece que の様だ **no yoo da** (parece que ela não foi = 彼女は行かなかった様だ kanojo wa ikanakatta yoo da)

passar fome 飢える状態になる **ueru jootai ni naru** (nunca passei fome = 飢える状態になったことはない ueru jootai ni natta koto wa nai)

passar pela cabeça de alguém 頭を過ぎる **atama o yogiru** (não fiz, mas passou pela minha cabeça = その事が頭を過ぎったけど、しなかった sono koto ga atama o yogitta kedo,shinakatta)

pedir demissão 辞める **yameru** (se não subirem meu salário vou pedir demissão = もし、昇給がないなら、私は辞めます moshi, shookyuu ga nai nara, watashi wa yamemasu)

pedir desculpas 謝る **ayamaru** (é difícil para mim pedir desculpas = 他人に謝るのは難しい hito ni ayamaru nowa muzukashii)

pedir emprestado 借りる **kariru** (ele me pediu emprestado e nunca devolveu = 彼は私からそれを借りたが、決して返してくれない kare wa watashi kara sore o karita ga, kesshite kaeshite kurenai)

pegar leve ゆっくり気を付けて **yukkuri ki o tsukete** (pegue leve, você acabou de sair do hospital = ゆっくり気を付けて、退院したばかりでしょう yukkuri ki o tsukete, taiin shita bakari deshoo)

pegar no pé de alguém 後に付いてくる **ato ni tsuite kuru** (ele sempre está no meu pé = いつも私の後に付いて来る itsumo watashi no ato ni tsuite kuru)

pelo amor de Deus! お願いだから！ **Onegai dakara!** (apague essa luz, pelo amor de Deus! = お願いだから! 電気を消して onegai dakara, denki o keshite!)

pelo bem de のために **no tame ni** (eu fiz pelo bem dele = 彼のためにそれをした kare no tame ni sore o shita)

pelo contrário 反対に **hantai ni** (ele não reclamou... pelo contrário, ele até gostou = 彼は文句を言うどころか、反対に喜んでくれた kare wa monku o iu dokoro ka,hantai ni yorokonde kureta)

pelo fato de 実際に **jissai ni** (foram contratados pelo fato de eles serem experientes = 実際に経験者と言うことで、雇われた jissai ni keikensha to iu kotode, yatowareta)

pelo jeito 見るからに **miru kara ni** (pelo jeito eles não têm dinheiro = 見るからに彼らはお金がなさそうだ miru kara ni karera wa okane ga nasasoo da)

pelo menos 少なくとも **sukunakutomo** (não temos dinheiro mas pelo menos temos comida = お金はないけど、少なくとも、食べ物はある okane wa nai kedo, sukunakutomo tabemono wa aru)

perder o controle 自制を失う **jisei o ushinau** (ele bebeu demais e perdeu o controle = 彼は酔っ払って自制を失った kare wa yopparatte jisei o ushinatta)

pisar na bola へまをする **hema o suru** (eles pisaram na bola e perderam o contrato = 彼らはへまをして、契約が駄目になった karera wa hema o shite, keiyaku ga dame ni natta)

pode deixar 任せて **makasete** (pode deixar, vai estar pronto hoje à tarde = 任せて下さい、今日の午後には出来ています makasete kudasai, kyoo no gogo niwa dekite imasu)

pode ser よろしい様に **yoroshii yoo ni**; お願いします onegai shimasu (você quer mais uma cerveja? >pode ser = もう一杯どうですか？＞お願いします moo ippai doo desu ka?>onegai shiasmu)

pois é それじゃ **soreja**; その通り sono toori (pois é... vamos deixar para amanhã? = それじゃ,それは明日にしよう？ Soreja , sore wa ashita ni shiyoo?); (pois é, ela é mesmo muito esquisita! = その通り、彼女は本当に変わっている sono toori, kanojo wa hontoo ni kawatte iru)

pois não かしこまりました **kashikomari mashita; (na loja) irasshaimase**? (pois não, ele vai ligar para o sr. assim que voltar = かしこまりました、帰り次第直ぐお電話差し上げますkashikomari mashita, kaeri shidai sugu odenwa sashi agemasu); (pois não? =いらっしゃいませ irassahimase)

por algum acaso ひょっとして **hyotto shite** (você viu minhas chaves por algum acaso? = ひょっとして、私のカギ見なかった? hyotto shite watashi no kagi minakatta?)

por algum motivo 訳あって **wake atte** (por algum motivo ele não quis fazer faculdade = 訳あって彼は大学へ行かなかった wake atte kare wa daigaku e ikanakatta)

por causa de のために **no tame ni** (não saímos por causa da chuva = 雨のために外出しなかった mame no tame ni gaishutsu shinakatta)

por coincidência 偶然にも **guuzen nimo** (por coincidência ele também era de Salvador = 偶然にも彼もサルバドル出身だ guuzen nimo kare mo Salvador shusshin da)

por engano 間違えて **machigaete** (eu dei o dinheiro para eles por engano = 彼らに間違えてお金を上げてしまった karera ni machigaete okene o agete shimatta)

por enquanto 今の所 **ima no otokoro** (por enquanto é só isso = 今の所それだけ ima no tokoro sore dake)

por exemplo 例えば **tatoeba** (ela gosta de comida italiana, por exemplo = 例えば、彼女はイタリア料理が好きだ tatoeba, kanojo wa Italia ryoori ga suki da)

por falar em と言えば **to ieba** (por falar em comida, vamos jantar? = 食事と言えば、夕食にしませんか？ Shokuji to ieba, yuushoku ni shimasen ka?)

por isso だから **dakara** (por isso eu não uso cartão de crédito = だから、私はクレジットカードは使わない dakara, watashi wa credit card wa tsukawanai)

por mais que いくら…ても **ikura** … temo (por mais que ele tente, não vai conseguir = いくら頑張っても、上手く行かないでしょう ikura ganbattemo, umaku ikanai deshoo)

por meio de 使って **tsukatte** (eles se comunicam por meio de gestos = 彼らは身振りを使って話している karera wa miburi o tsukatte hanashite iru)

por mim 私に関しては **watashi ni kanshite wa** (por mim, tudo bem = 私に関しては大丈夫です watashi ni kan shite wa daijoobu desu)

por nada 別に何もない **betsuni nanimo nai** (por que você ligou? >por nada. =どうして電話したの？＞いいえ、別に何もないけど doodhite denwa shita no?>iie, betsuni nanimonai kedo)

por outro lado 一方 **ippoo** (por outro lado, seria mais barato dirigir = 一方、車で行く方が安上がりだ ippoo, kuruma de iku hoo ga yasu agari da)

por sinal ところで **tokorode** (a Dulce, que por sinal é minha namorada, vai viajar comigo =ところで、ドウールセ、私の恋人なんだが、彼女も一緒に旅行する tokorode, Dulce, watashi no koibito nandaga,kanojo mo isshoni ryokoo suru)

por sua vez 一方 **ipoo** (ela não sabe cozinhar, ele, por sua vez, até dá aula de culinária = 彼女は料理が出来ない、一方、彼は料理を教えている kanojo wa ryoori ga dekinai,ippoo, kare wa ryoori o oshiete iru)

por trás de の裏に **no ura ni** (eu sei o que está por trás dessa pergunta = あの質問の裏に何があるか分かっている ano shitsumon no ura ni nani ga aru ka wakatte riu)

quando você quiser 都合のいい時 **tsugoo no ii toki** (pode me ligar quando você quiser = いつでも都合のいい時に電話下さい itsudemo tsugoo no ii toki ni denwa kudasai)

quantas vezes quiser 何度でも **nando demo** (pode tentar quantas vezes quiser = 何度でも試して見るといい nando demo tameshite miru to ii)

quanto antes 出来るだけ早く **dekieu dake hayaku** (queremos terminar o quanto antes = 出来るだけ早く終わりたい dekiru dake hayaku owaritai)

quanto antes melhor 早ければ、早い方がいい **hayakereba, hayai hoo ga ii** (acho que eles querem terminar, e quantos antes melhor = 終わるのが早ければ、早いほどいいと思ってると思う owaru noga hayakereba, hayai hodo ii to omotte iru to omou)

quanto mais あればあるほど **areba aruhodo** (quanto mais tem, mais quer = あればあるほど、まだ欲しいareba aruhodo,mada hoshii)

quanto menos 少なければ、少ないほど **sukunakereba sukunai hodo** (quanto menos bagagem levar, melhor = 荷物は少なければ、少ないほどいい。) Nimotsu wa sukunakereba, sukunai hodo ii.

quanto você quiser 望むほど **nozomu hodo** (pode comer quanto você quiser = あなたが望むほど食べても結構です anata ga nozumu hodo tabetemo kekkoo desu)

quantos você quiser 欲しいだけ **hoshii dake** (pegue quantas flores você quiser = あなたが欲しいだけ、お花を取っても結構です anata ga hoshii dake, ohana o tottemo kekkoo desu)

que barato! 格好いい! **kakkoo ii**! (olha que barato o cabelo dele = 彼の髪を見て、格好いい kare no kami o mite, kakoo ii!)

que bom que 嬉しい **ureshii** (que bom que você veio = あなたが来てくれて嬉しい anata ga kite kurete ureshii)

que chato! 面白くない **omoshirokunai**!; 嫌になる iyani naru! (uma conferência sobre lexicografia? que chato! = 編集会議？ああ、面白くない！ henshuu kaigi? Aa, omoshirokunai!); (é sempre assim, chovendo quando você menos quer... que chato, né? = 何時もそうだ、何かやりたい時は、必ず、雨が降る、嫌になる？ Itsumo so da, nanika yaritai toki wa, kanarazu ame ga furu, iyani naru?)

que coisa! 何て言う事だ **nante iu koto da** (mas olhe que coisa...ele nem pagou = 何て言う事だ、彼は払いもしなかった nante iu koto da, kare wa haraimo shinakatta)

que demora! 何て遅いのだ **nante osoi no da!** (nossa, que demora! = わあ、何て遅いのだ! Waa,nante osoi no da!)

que emoção! ドキドキする！ **Dokidoki suru!** (você vai conhecer o presidente... que emoção! = 今から社長に会います…ドキドキする！ Imakara shachoo ni aimasu, … dokidoki suru!)

que engraçado 何てこった **nante kotta** (que engraçado... eu esqueci que hoje é o meu aniversário = 何てこった、今日は自分の誕生日だった nante kotta, kyoo wa bijun no tanjoobi datta)

que estranho 変だなあ **henda naa** (é verdade, ele não veio hoje... que estranho = 本当に、今日彼は来なかった、変だなあ hontoo ni kyoo kare wa konakatta, henda naa)

que foi? どうした？ **Dooshita ?** (que foi? você está bem? =どうした？大丈夫？ Dooshita? daijoobu?)

que gracinha! まあ、かわいい！ **maa,kawaii**! (esse é seu sobrinho? que gracinha! = あなたおいごさん？ まあ、かわいい！ Anata no oigo san? Maa, kawaii!)

que inveja! まあ、羨ましい！ **Maa, urayamashi**! (que inveja! eu sempre quis conhecer lá! = まあ、羨ましい！ 私はいつもそこへ行きたいと思っていた maa, urayamashii! Watashi wa itsumo soko e ikitai to omotte ita!)

que legal! 素晴らしい事！ **Subarashii koto!** (que legal, você não vai ter de pagar = 素晴らしい事だ！何も払わなくてもいい subarashii koto da! Nanimo harawanakutemo ii)

que pena 残念だ **zannen da** (que pena que vocês não podem vir =あなたがたが来られないのは残念だ anatagata ga korarenai nowa zannen da)

que sacanagem! 意地の悪い！ **iji no warui!** (que sacanagem! eles nem ligaram! = 意地の悪い事！電話さえもしなかった iji no warui koto! Denwa saemo shinakatta!)

que saudades! の事を思い浮かべてる **no koto o omoi ukabete iru!**; 懐かしい natsukashii! (que saudades! como você está? = あなたがどうしているか、思い浮べている anata ga dooshite iru ka, omoi ukabete iru); (feijoada! que saudades! = フェイジョアーダ！懐かしいなあ！ feijoada! natsukashii naa!)

que sorte! ラッキーだ！ **lucky* da!** (você vai viajar com eles? que sorte! = 彼らと一緒に旅行するの？ラッキーだね！ Karera to isshoni ryokoo suru no? lucky dane!)

que vergonha! 恥ずかしい！ **hazukashii!** (nossa, que vergonha! = わあ、恥ずかしい！ Waa,hazukashii!)

quebra meu galho やり直す **yarinaosu** (por favor, quebre meu galho = もう一度、やり直させて下さい moo ichi do yarinaosasete kudasai)

queimar o filme 台無しにする **dainashi ni suru** (quase tinha conseguido o telefone dela mas o Eduardo queimou meu filme = 彼女の電話番号を貰う所だったのに、エドワルドが台無しにした kanojo no dewa bangoo o morau tokoro data noni, Eduardo ga dainashi ni shita)

quem você quiser 誰とでも **daretodemo** (ela namora quem ela quiser = 彼女は誰とでも恋をするkanojo wa dareto demo koi o suru)

relação a に関して **ni kanshite** (escreveram uma carta em relação ao problema = その問題に関して手紙を書いた sono mondai ni kanshite tegami o kaita)

a respeito de に関しては **ni kanshite wa** (a respeito do dinheiro, eu só posso contribuir a metade = お金に関しては、半分だけ納める事が出来る okane ni kanshite wa hanbun dake osameru koto ga dekiru)

sai dessa! 手を引け！ **Te o hike**! (Esse negócio é muito perigoso! Sai dessa! = そんな危ない仕事から、手を引け！ Sonna abunai shigoto kara, te o hike!)

sair de mansinho/de fininho そっと抜け出る **sotto nukederu** (não gostamos da festa e saímos de mansinho = パーティが面白くなかったので、そっと抜け出た party* ga omoshiroku nakatta node, sotto nukedeta)

sair voando 飛び出す **tobi dasu** (ficou com medo e saiu voando = 怖くなったので、飛び出した kowakunatta node, tobi dashita)

sair-se bem 上手く行く **umaku iku** (acho que ele se saiu muito bem na palestra = 彼の講演は上手く行ったと思う kare no kooen wa umaku itta to omou)

salvo を除いて **o nozoite** (salvo aquele problema, deu tudo certo = あの問題を除いて、他は全て解決した ano mondai o nozoite, subete kaiketsu shita)

são seus olhos そう言ってくれて嬉しい **soo itte kurete ureshii** (que cabelo lindo! >são seus olhos = 綺麗な髪ですね！＞そう言ってくれて嬉しいです kireina kami desu ne! > soo itte kurete ureshii desu)

se Deus quiser **神の恵みがあれば **kami no megumi ga areba**; 必ず kanarazu (vou conseguir, se Deus quiser = 必ず、上手く行く kanarazu, umaku iku)

se por acaso もし、… たら **moshi** … **tara** (se por acaso ele passar, fale para ele que vou chegar mais tarde = もし、彼が通りがかったら、少し遅れると伝えて下さい moshi, kare ga toori gakattara, sukoshi okureru to tsutaete kudasai)

se preferir もし、望むなら **moshi nozomu nara** (se preferir podemos continuar amanhã = まし、あなたが望むなら、明日にしてもいいです moshi, anata ga nozomu nara, ashitani shitemo iidesu)

se quiser よかったら **yokattara** (pode me chamar de Edu, se quiser = よかったら、エドゥーと呼んでくれても結構です yokattara, Edu to yonde kuretemo kekkoo desu)

segundo によれば **ni yoreba** (segundo o que ele falou ontem, hoje vai chover mesmo = 彼が昨日言った事によれば、今日は雨になるそうだ kare ga kinoo itta koto ni yoreba, kyoo wa ame ni naru soo da)

sei lá 良く分からない **yoku wakaranai** (eu não gosto dela porque, sei lá, ela não faz meu tipo = 彼女が好きじゃないんだ、良く分からないけど、自分のタイプじゃない kanojo ga suki ja nain da, yoku wakaranai kedo, jibun no type* ja nai)

seja quem for どんな人と言えども **donna hito to ie domo** (não deixe ninguém entrar seja quem for = どんな人と言えども、誰一人入れないように donna hito to ie domo, dare hitori irenai yoo ni)

sem comentários 何とも言えない **nantomo ienai** (gostou do vestido? >sem comentários = 私のドレス気に入った？＞何とも言えないね？)

sem contar que 言うまでもなく **iu mademo naku** (eles são chatos sem contar que não têm senso de humor algum = 彼らにはうんざりだ、言うまでもなく、ユーモアのセンスもない karera niwa unzari da, iu mademo naku, humor* no sense* mo nai)

sem dúvida きっと **kitto** (ele vai vir, sem dúvida = 彼はきっと来る kare wa kitto kuru)

sem estresse ストレスのない **stress* no nai** (quero passar um final de semana sem estresse = ストレスのない週末を過ごしたいものだstress* no nai shumatsu o sugoshitai mono da)

sem exceção 例外なく **reigai naku** (todos, sem exceção, adoraram o show = 誰一人例外なくあのショーが気に入った dare hitori reigai naku ano show* ga ki ni itta)

sem problema 問題なく **mondai naku** (eu vou acabar este trabalho sem problema = 問題なく、この仕事は終わらせます mondai naku,kono shigoto wa owarasemasu)

sem-vergonha 恥知らず **haji shirazu** (ele é um sem-vergonha = 彼は恥知らずだkare wa haji shirazu da)

sempre que いつも **itsumo** (sempre que íamos lá, minha mãe nos acompanhava = あそこに行く時は、いつも、母もついて来た asoko ni iku toki wa, itsumo,haha mo tsuite kita)

sentir culpado 責任を感じる **sekinin o kanjiru** (me sinto culpado agora = 今は私も責任を感じている ima wa watashi mo sekinin o kanjite iru)

ser mandado embora 首になる **kubi ni naru** (foi mandado embora por faltar ao trabalho = 欠勤したために首になった kekkin shita tame ni kubi ni natta)

ser visto como の様に見られた **no yoo ni mirareta** (eles foram vistos como os inimigos = あたかも敵の様に見られた atakamo teki no yoo ni mirareta)

será que だろうか？ **daroo ka?** (será que vai chover? = 雨が降るだろうか？ Ame ga furu daroo ka?)

seria interessante 面白いかも知れない **omoshiroi kamo shirenai** (não sei, acho que de repente seria interessante ver isso = 分からないけど、ひょっとしたら、それも面白いかも知れない wakaranai kedo,hyotto shitara, sore mo omoshiroi kamo shirenai)

serve 使える **tsukaeru** (não tenho celular... um pager serve? = 携帯電話持ってないけど、ポケベル使える? keitai motte naikedo, pokeberu tsukaesu?)

sinceramente 正直に言って **shoojiki ni itte** (eu sinceramente acho que não vai dar problema = 正直に言って、それで問題ないと思う shoojiki ni itte, sorede mondai nai to omou)

sinto muito 申し訳ないが **mooshi wake nai ga** (sinto muito mas não posso dar mais nada = 申し訳ないが、もう何も上げられない mooshi wake nai ga, moo nanimo agerarenai)

sob controle 正常だ **seijoo da** (está tudo sob controle = 全て正常だ。Subete seijoo da)

sob medida あつらえて **atsurae** (fazem computadores sob medida = 彼らはコンピューターをあつらえて作った karera wa computer* o atsuraete tsukutta)

sob suspeita de 疑われる **utagawareru** (ele está sob suspeita de roubar = 彼はドロボーしたと疑われている kare wa doroboo shita to utagawarete iru)

sobretudo (que) 特に… から **tokuni … kara** (não vou sair hoje, sobretudo que amanhã tenho aquele exame = 今日は外出しない、特に、明日あの試験があるから kyoo wa gaishutsu shinai, tokuni, ashita ano shiken ga aru kara)

supostamente 推測するに **suisoku suru ni** (ele supostamente não sabia que era hoje = 推測するに、彼は今日がその日だと言う事を知らなかった様だ suisoku suru ni, kare wa kyoo ga sono hi dato iu koto o shiranakatta yoo da)

tá bom? オッケイ？ **OK?** (eu te ligo depois, tá bom? = 後で、電話するよ、オッケイ？ Atode, denwa suru yo, OK?)

tá legal? いいだろう？ **Ii daroo?** (não estou a fim de ir, tá legal? = 行きたくない気分だ、いいだろ？ Ikitakunai kibun da, ii daro?)

tá vendo? 分かった？ **wakatta?** (tá vendo como ele é? = 彼がどんな人間か分かったでしょう?kare ga donna ningen ka wakatta deshoo?)

tal como 例えば **tatoeba** (eu faço muitas atividades físicas, tais como correr e nadar = 私は運動をよくする、例えば、走ったり、泳いだりwatashi wa unndoo o yoku suru,tatoeba, hashittari,oyoidari)

tanto faz 構わない **kamawa nai** (tanto faz se ele fica ou vai embora = 彼が留まるか行ってしまうか、どちらでも構わない kare ga todomaru ka ittte shimau ka,dochirademo kamawanai)

ter certeza 確かだ **tashika da** (tem certeza? = 確かですか？ tashika desu ka?)

ter certeza que 確かなんだ **tashikananda** (eu tenho certeza que eu o vi no congresso = 会合で彼を見たのは確かなんだが kaigoo de kare ni atta nowa tashika nan daga)

ter confiança em alguém 信用する **shinyoo suru** (eu não tenho muita confiança nela = 私は彼女を余り信用していない watashi wa kare o amari shinyoo shite inai)

ter cuidado 気を付ける **ki o tsukeru** (acho melhor você ter muito cuidado nesse bairro = この地域は気をつけた方がいい kono chiiki wa ki otsuketa hoo ga ii)

ter em mente 気に止めて置く **ki ni tomete oku** (é uma coisa para ter em mente = 気に止めて置く方がいい ki ni tomete oita hoo ga ii)

ter fama de と言われている **to iwarete iru** (Los Angeles tem fama de ser um lugar perigoso = LAは危険な街だと言われている LA wa kikenna machi dato iwarete iru)

ter graça 可笑しい **okashii** (não tem muita graça = 余り可笑しくない amari okashikunai)

ter juízo 真面目だ **majime da** (eu tenho juízo, não se preocupe = 私は真面目だ、心配ないよ watashi wa majime da,shinpai nai yo)

ter mania de くせがある **kuse ga aru** (ela tem mania de deixar as portas abertas = 彼女はいつもドアーを開けっ放しにするくせがある kanojo wa door* o akkeppanashi ni suru kuse ga aru)

ter muito pique 元気一杯だ **genki ippai da** (ela tem muito pique para a idade que tem = 彼女は年の割には元気一杯だ kanojo wa toshi no wari niwa genki ippai da)

ter vaga 空きがある **aki ga aru** (tem vaga no curso só no dia vinte = 二十日からのコースには空きがある hatsuka no course* niwa aki ga aru)

ter vontade de したい気になる **shitai ki ni naru** (tenho vontade de gritar = 叫びたい気になる sakebitai ki ni naru)

tintim por tintim 一つ一つ **hitotsu hitotsu** (expliquei tudo para eles, tintim por tintim = 彼らに一つ一つ全て説明した karera ni hitotsu hitotsu subete setsumei shita)

tirar a roupa 服を脱ぐ **fuku o nugu** (fui ao banheiro e tirei a roupa = 私はトイレに行って、服を脱いだ watashi wa toire ni itte, fuku o nuida)

tirar algo da cabeça 頭から離れない **atama kara hanarenai** (não consigo tirar essa música da cabeça = あの歌が頭から離れない ano uta ga atama kara hanarenai)

tirar férias 休暇を取る **kyuuka o toru** (vou tirar férias em maio = 五月に休暇を取る 5 gatsu ni kyuuka o toru)

tirar fotos 写真を撮る **shashin o toru** (tiramos muitas fotos do casamento = 結婚式の写真を沢山撮った kekkonshiki no shashin o takusan totta)

tirar o fôlego 息抜きになる **ikinuki ni naru** (essa música me tira o fôlego = この歌は息抜きになる kono uta wa ikinuki ni naru)

tirar sarro からかう **karakau** (tiraram sarro dele a noite toda = 彼を一晩中からかった kare o hitbanjuu karakatta)

todo o mundo 皆 **minna** (todo o mundo estava lá = 皆、そこにいた minna, soko ni ita)

tomar a iniciativa 率先する **sossen suru** (eu estava esperando ela tomar a iniciativa = 彼女が率先するのを待っていた kanojo ga sossen suru no o matte ita)

tomar a liberdade de 許される **yurusareru** (eles tomaram a liberdade de mudar a data = 日時の変更が許された nichiji no henkoo ga yurusareta)

tomar banho 風呂に入る **furo ni hairu** (vou tomar banho para relaxar = リラックスするために風呂に入る relax* suru tameni furo ni hairu)

tomar conta de 世話をする **sewa o suru** (ela ficava em casa tomando conta do sobrinho de quatro anos = 彼女は４才の甥の世話をするために家に残った kanojo wa 4 sai no oi no sewa o suru tame ni uchi ni nokotta

tomar cuidado 注意する **chuui suru** (toma cuidado com eles = 彼らには注意した方がいい karera niwa chuui shita hoo ga ii)

tomar parte 参加する **sanka suru** (ele veio porque quis tomar parte = 彼は参加したかったのでやって来た kare wa sanka shitakatta node, yatte kita)

tomar providências 配慮する **hairyo suru** (você precisa tomar providências para prevenir isso = そんなことにならない様に配慮しておく方がいい sonna koto ni naranai yoo ni hairyo shite oku hoo ga ii)

tomar sol 日光浴をする **nikkoo yoku o suru** (passei o dia de ontem tomando sol = 昨日は一日中日光浴をしていた kinoo wa ichinichi juu nikkoo yoku o shite ita)

tomar um drinque 一杯飲む **ippai nomu** (vamos tomar um drinque enquanto aguardamos a mesa = テーブルを待つ間、一杯飲みましょう table* o matsu aida, ippai nomimashoo)

tomar uma atitude 行動を起こす **koodoo o okosu** (ainda não tomaram uma atitude = 彼らはまだ行動を起こしていない karera wa mada koodoo o okoshite inai)

tomar uma decisão 結論を出す **ketsuron o dasu** (eu tive que tomar uma decisão difícil = 厳しい結論を出さねばならなかった kibishii ketsuron o dasaneba naranakatta)

tomara そうあって欲しい **soo atte hoshii** (amanhã vai fazer sol >tomara = 明日はいい天気でしょう＞そうあって欲しい ashita wa ii tenki deshoo>soo atte hoshii)

tomara que 願っている **negatte iru** (tomara que tudo dê certo = 全て上手く行く事を願っている subete umaku iku koto o negate iru)

tudo bem 分かった **wakatta** (tudo bem, eu reconheço que não está perfeito = 分かったよ、完全な物はない事が wakatta yo, kanzenna mono wa nai koto ga)

ultimamente 最近 **saikin** (ultimamente ele está muito estranho = 最近、彼の行動は変だ saikin kare no koodoo wa hen da)

um monte de 山ほど **yama hodo** (ela estava carregando um monte de livros = 彼女は本を山ほど運んでいた kanojo wa hon o yamahodo hakonde ita)

um pouco de 少し **sukoshi** (com um pouco de sorte a chuva vai parar = 少しでも運がよければ、雨も上がるでしょう sukoshi demo un ga yokereba, ame mo agaru deshoo)

por várias vezes 何度も **nandomo** (por várias vezes, eu disse a ele para chegar cedo = 彼に何度も早く来るように言っていた kare ni nandomo hayaku kuru yoo ni itte ita)

logo que 直ぐにも **sugunimo** (logo que estiver pronto, vamos mudar = 準備が出来れば、直ぐにも、行動を取ろう junbi ga dekireba, sugunimo koodoo o toroo)

uma vez que 一度 **ichi do** (uma vez que você toma uma decisão, fica mais fácil = 一度、決めれば、後は簡単だ ichi do, kimereba, ato wa kantan da)

valer a pena 価値がある **kachi ga aru**; 方がいい hoo ga ii (será que vale a pena esperar um pouco? = もう少し待った方がいいでしょうか？ Moo sukoshi matta hoo ga ii deshoo ka?)

vamos lá! 行きましょう！ **ikimashoo**! (bom, vamos lá! = では、行きましょう！ Dewa ikimashoo!

vamos nessa! それで行こう！ **Sorede ikoo!** (então tá bom... vamos nessa! = それじゃ、それで行こう！ Sora ja,sorede ikoo!)

várias vezes 数回 **suukai** (eu tive que pará-la várias vezes = あそこで数回止まらなければならなかった Asokode suukai tomaranakereba naranakatta)

veja bem 見て **mite** (veja bem, não temos mais tempo para isso = 見て、もう時間がないよ mite, moo jikan ga nai yo)

veja só 良く見て **yoku mite** (veja só como ele é = 彼がどんな人物か良く見てよ kare ga donna jinbutsu ka yoku mite yo)

vem cá 一寸、一寸 **chotto chotto** (vem cá, o que você achou da peça? = 一寸、一寸、あの演技どう思った chotto chotto, ano engeki doo omotta?)

você acha? どう思う？ **Doo omou?** (Acho que camisa branca combina... O que você acha? = この白い服、似合うと思うが。どう思う? Kono shiroi fuku, niau to omou ga, doo omou?)

você que sabe あなた次第だ。 **Anata shidai da** (Você quer ir ao cinema ou a um concerto? – *neste caso "anata shidai" faz parte da pergunta* = 映画に行こうか、音楽会へ行こうか、あなた次第だ。Eiga e ikoo ka, ongakkai e ikoo ka, anata shidai da)

voltar atrás 元へ戻る **moto e modoru** (agora não dá para voltar atrás = 今となっては、元には戻れない ima to natte wa moto niwa modorenai)

Apêndice 1 – Empregos
付録 1 – 職業
Furoku 1 – Shokugyoo

Advogado	弁護士 bengoshi
Analista de Investimentos	投資分析士 tooshi bunsekishi
Analista Fiscal	税務分析士 zeimu bunsekishi
Arquiteto	建築士 kenchikushi
Artista	芸術家 geijutsuka
Assistente Social	社会福祉員 shakai fukushi in
Ator	俳優 haiyuu
Bibliotecário	司書 shisho
Bombeiro	消防士 shoobooshi
Cabeleireiro	美容師 biyooshi
Caixa	会計係 kaikei gakari
Carpinteiro	大工 daiku
Chefe de Compras	購入部主任 koonyuu bu shunin

Chefe de Pessoal	人事課主任 jinjika shunin
Chefe de Recrutamento e Seleção	研修雇用課主任 kenshuu koyoo ka shunin
Chefe de Teleprocessamento	通信課主任 tsuushinka shunin
Chefe de Treinamento	研修課主任 kenshuuka shunin
Cirurgião	外科医 gekai
Consultor Técnico	技術コンサルタント gijutsu Consultant*
Contador	会計士 kaikeishi
Controlador de Produção	生産管理士 seisan kanri shi
Controller	検査官 kensakan
Coordenador de Projetos	企画推進係 kikaku suishin gakari
Copeiro	給仕 kyuuji
Cozinheiro	調理人 choorinin
Dançarino	ダンサー Dancer*
Dentista	歯医者 haisha
Desenhista Mecânico	工業デザイナー koogyoo desigtner*
Diretor Comercial	営業担当理事 eigyoo tantoo riji
Diretor de Marketing	販売促進担当理事 hanbai sokushin tantoo riji
Diretor de Recursos Humanos	人材開発担当理事 jinzai kaihatsu tantoo riji
Diretor Financeiro	財務担当理事 zaimu tantoo riji
Diretor Fiscal	税務担当理事 zeimu tantoo riji
Doutor	医者/博士 isha/hasake

Editor	編集者 henshuu sha
Eletricista de Manutenção	電気保全係 denki hozen gakari
Encanador	配管工 haikankoo
Enfermeiro	看護師 kangoshi
Engenheiro Civil	土木工 dobokukoo
Escritor	作家 sakka
Faxineiro	清掃員 seisoo in
Fisioterapeuta	整体療法士 seitai ryoohoo shi
Garçom	ウエイター Waiter*
Garçonete	ウエイトレス Waitress*
Gerente de Agências	代理店長 dairitenchoo
Gerente de Auditoria Interna	内部監査役 naibu kansa yaku
Gerente de Controle de Qualidade	品質管理部長 hinshitsu kanri buchoo
Gerente de Desenvolvimento de Produtos	商品開発部長 shoohin kaihatsu buchoo
Gerente de Distribuição	配送管理部長 haisoo kanri buchoo
Gerente de Engenharia	技術部長 gijutsu buchoo
Gerente de Exportação/Importação	貿易部長 booeki buchoo
Gerente de Filial	支店長 shiten choo
Gerente de Informática	情報機器管理部長 joohoo kiki kanri buchoo
Gerente de Operação de Câmbio	外国為替部長 gaikoku kawase buchoo
Gerente de Produtos	製品管理部長 seihin kanri buchoo

Gerente de Projetos	企画担当部長 kikaku tantoo buchoo
Gerente Financeiro	財務担当部長 zaimu tantoo buchoo
Inspetor de Riscos	危機管理検査官 kiki kanri kensakanr
Jornalista	ジャーナリスト Journalist*
Manobrista	駐車係 chuusha gakari
Mecânico de Manutenção	保全機械工 hozen kikai koo
Mestre de Obras	親方 oyakata
Modelo	モデル Model*
Motorista	運転手 untenshu
Nutricionista	栄養士 eiyooshi
Operador de Câmbio	為替取引係 kawase torihiki gakari
Padeiro	パン屋 pan ya
Pedreiro	工事作業員 kooji sagyoo in
Piloto	パイロット Pilot*
Policial	警察官 keisatsukan
Porteiro	ドアーマン Doorman*
Professor	先生 **sensei**
Programador	プログラマー Programmer*
Promotor de Vendas	販売促進員 hanbai sokushin in
Psicólogo	心理学者 shinri gakusha
Químico	化学者 kagaku sha

Recepcionista	受付 uketsuke
Redator	編集者 henshuu sha
Regulador de Sinistros	苦情処理担当係 kujoo shori tantoo gakari
Representante	代表者 daihyoo sha
Secretária	秘書 bilingual* hisho
Segurança	ガードマン gurad* man
Soldador	溶接工 yoosetsu koo
Supervisor de Controle de Qualidade	品質管理部監督 hinshitsu kanribu kantoku
Supervisor de Manutenção Elétrica	電気保全部監督 denki hozenbu kantoku
Supervisor de Manutenção Geral	総合保全部監督 soogoo hozenbu kantoku
Supervisor de Manutenção Mecânica	機会保全部監督 kikai hozenbu kantoku
Supervisor de Marketing	販売促進部監督 hanbai sokushinbu kantoku
Supervisor de Produção	生産管理部監督 seisan kanribu kantoku
Supervisor de Vendas	販売管理部監督 hanbai kanribu kantoku
Supervisor de Laboratório	実験室室長 jikkenshitsu shitsuchoo
Técnico de Manutenção	保全管理技師 hozen kanri gishi
Técnico de Segurança do Trabalho	作業安全技師 sagyoo anzen gishi
Técnico de Telecomunicações	通信技師 tsuushin gishi
Técnico Eletrônico	電気技師 denki gishi
Técnico Químico	化学薬品取り扱い技師 kagaku yakuhin toriatsukai gishi
Telefonista	電話交換手 denwa kookan shu

Topógrafo	測量士 sokuryoo shi
Tradutor	翻訳者 honyakusha
Vendedor	販売員 hanbai in
Vigia	警備員 keibi in

Apêndice 2 – A Família
付録　2　–　家族
Furoku 2 – kazoku

avó	祖母 sobo: おばあさん obaasan
avô	祖父 sofu: おじいさん ojiisan
avôs	祖父母 sofubo:: ご祖父母 go-sofubo
bisavô	ひいおじいさん hii-ojiisan
bisavôs	曾祖母 soosobo::
bisavó	ひいおばあさん hii-obaasan
bisneto/a	ひ孫 himago:: おひ孫さん o-himago san
unhada	義理の姉/妹 giri no ane/imooto:: 義理のお姉/妹さん giri no onee/imooto　san

cunhado	義理の兄/弟 giro no ani/otooto:: 義理のお兄/弟さん giri no onii/otooto san
esposa	家内kanai, 妻 tsuma:: 奥さん okusan
ex-esposa	前の妻 mae no tsuma:: 前の奥さん mae no oku san ex-wife
ex-marido	前の夫 mae no otto:: 前のご主人 mae no goshujin ex-husband
filha	娘 musume:: 娘さん musume san daughter
filha adotiva	養子の娘 yooshi no musume:: 養子の娘さん yooshi no musume san
filho	息子 musuko:: 息子さん musuko san
filho adotivo	養子の息子 yooshi no musuko:: 養子の息子さん yooshi no musuko san
filhos	子供 kodomo:: 子供さん kodomo san
genro	義理の息子 giri no musuko:: 義理の息子さん giri no musuko san

irmã	姉/妹 ane/imooto:: お姉/妹さん onee/imoot san
irmão	兄 ani:: お兄さん onii san
madrasta	義理の母 giri no haha:: 義理のお母さん giri no okaa san
mãe	母 haha:: お母さん okaa san
mamãe	ママ mama:: お母さん okaa san
marido	夫 otto, 主人 shujin:: ご主人 goshujin
meia-irmã	義理の姉/妹 giri no ane/imooto::
meio-irmão	義理のお姉/妹さん giri no oneesan/imooto san 義理の兄/弟 giri no ani/otooto:: 義理のお兄/弟さん giri no onii/otooto san
neta	孫娘 mago musume:: お孫さん omago san (f/m)
neto	孫息子 mago musuko:: お孫さん omagosan(f/m)

nora	義理の娘 giri no musume:: 義理の娘さん giri no musume sann
padrasto	義理の父 giri no chichi:: 義理のお父さん giri ni otoo san
pai	父 chichi:: お父さん otoo san
pais	両親 ryooshin:: ご両親 go-ryooshin
papai	お父さん、 otoo san dad; daddy
parentes	親戚 shinseki:: ご親戚 go-shinseki
primo(a) em segundo grau	又従兄弟 mata itoko
primo(a)	従兄弟 itoko cousin
sobrinha	姪 mei:: 姪ごさん meigo san niece
sobrinho	甥 oi:: 甥ごさん oigo san nephew
sogra	義理の母 giri no haha:: 義理のお母さん giri no okaasan

sogro	義理の父 giri no chichi:: 義理のお父さん giri no otoo san
tia	おば oba:: おばさん oba san
tio	おじ oji:: おじさん oji san
vovô	お爺ちゃん ojii chan
vovó	お婆ちゃん obaa chan

Apêndice 3
Descrevendo as Pessoas
付録　3　－　人物描写
Furoku 3 – Jinbutsu byoosha

Personalidade	性格 **Seikaku**
Bom	良い点 **Yoi ten**
aberto	開放的 kaihoo teki
admirável	立派な rippana
adorável	尊敬される sonkeisareru
agradável	気持ちの良い kimochi no yoi
alegre	陽気な yookina
amigável	友好的 yookoo teki
analítico	分析的 bunsakiteki
atencioso	丁寧な teineina
ativo	活発な kappatsuna
atraente	魅惑的 miwakuteki

Bom	良い点 **Yoi ten**
autêntico	信頼出来る shinrai dekiru
aventueiro	冒険好き bookenzuki
bem-humorado	明るい人 akarui hito
bom de papo	弁が立つ ben ga tatsu
caloroso	心が暖かい kokoro ga atatakai
charmoso	魅力的 miryokuteki
clínico	冷静な reiseina
coerente	筋の通った suji no tootta
compassivo	情の深い joo no fukai
compreensivo	包容力がある hooyooryoku ga aru
comunicativo	話好き hanashi zuki
contemplativo	熟慮する jukuryo suru
corajoso	勇気のある yuuki no aru
criativo	創造的 soozoo teki
decente	人並みの hitonami no
dedicado	献身的 kenshin teki
diferente	異色の ishoku no
diplomático	外交的 gaikoo teki
disciplinado	従順な juujun na

Bom	良い点 **Yoi ten**
divertido	冗談好き joodan zuki
dramático	劇的 gekiteki
educado	礼儀正しい reigi tadashii
elegante	上品 joohin
encantador	愛嬌がある aikyoo ga aru
energético	精力的 seiryoku teki
escandaloso	スキャンダル scandal
especial	特別 tokubetsu
espontâneo	大げさ oogesa
expressivo	開けっ広げ akeppiroge
extrovertido	外向的 gaikooteki
falador	話好き hanashi zuki
fiel	信仰深い shinkoo bukai
flexível	融通が利く yuuzuu ga kiku
fogoso	熱血漢 nekketsukan
fotogênico	写真写りがいい shashin utsuri ga ii
honesto	正直 shoojiki
humilde	質素 shisso
imaginativo	想像力豊か soozooryoku yutaka

Bom	良い点 **Yoi ten**
independente	独立心 dokuritsushin
informado	情報通 joohootsuu
intelectual	知的 chiteki
introspectivo	内向的 naikooteki
justo	公正；公平 koosei;koohei
legal	素敵 suteki
lógico	理論的 rironteki
louco	気が狂った ki ga kurutta
maduro	人間が出来ている ningen ga dekite iru
meticuloso	気が小さい ki ga chiisai
metódico	几帳面 kichoomen
motivado	意欲的 iyokuteki
observador	観察力がある kansatsuryoku ga aru
organizado	整理整頓 seiri seiton
original	独創的 dokusooteki
otimista	楽観的 rakkanteki
paciente	忍耐強い nintaizuyoi
perceptivo	知覚力がある chikakuryoku ga aru
perfeccionista	完全主義者 kanzen shugi sha

Bom	良い点 **Yoi ten**
persistente	根気がある konki ga aru
persuasivo	説得力がある settokuryoku ga aru
prático	実行力がある jikkooryoku ga aru
progressivo	進歩的 shinpoteki
racional	合理的 gooriteki
realista	現実的 genjitsuteki
responsável	責任感が強い sekininkan ga tsuyoi
revolucionário	革命的 kakumeiteki
romântico	ロマンチック romantic*
sedutor	魅惑的 miwakuteki
sensível	感じ易い kanji yasui
sensual	官能的 kannooteki
sexy	セクシー sexy*
simpático	感じがいい kanji ga ii
sincero	正直 shoojiki
sofisticado	洗練された senrensareta
sortudo	運が強い,幸運な un ga tsuyoi, koounna
único	ユニーク unique*
vaidoso	虚栄的 kyoeiteki
visual	視覚的 shikakuteki

Ruim ou neutro	悪い，中立的 **Warui, Chuuritsu teki**
abusivo	横暴,勝手気侭 ooboo,katte kimama
agressivo	挑戦的 choosenteki
arrogante	横柄 oohei
azarado	不運 fuun
burro	愚か者 orokamono
chato	煩い人 wazurawashii hito
ciumento	嫉妬深い shitto bukai
competitivo	競争心が強い kyoosooshin ga tsuyoi
conservador	保守的 hoshuteki
controlador	自制心がある jiseishin ga aru
crítico	批判的 hihanteki
cruel	意地が悪い,残忍 iji ga warui, zannin
direto	直接的 chokusetsuteki
duro	強固,頑固 kyooko, ganko
egoísta	我がまま wagamama
estúpido	無知な人.馬鹿者 muchina hito,bakamono
exigente	強要的 kyooyooteki
falso	偽者 nisemono
feio	醜い minikui

Ruim ou neutro	悪い，中立的 **Warui, Chuuritsu teki**
fraco	弱々しい yowayowashii
frio	冷酷 reikoku
ganancioso	欲張り yokubari
hipócrita	偽善者 gizensha
idealista	理想主義者 risooshugi sha
imaturo	未熟 mijuku
insensível	鈍感 donkan
introvertido	内向的 naikooteki
inútil	役立たず yakutatazu
invejoso	嫉妬深い chittobukai
machista	男性主義 dansei shugi
mal-educado	無作法 busahoo
mal-humorado	不機嫌 fukigen
malvado	意地が悪い iji ga warui
manipulador	手練手管 teren tekuda
mesquinho	けちな人 kechina hito
metido	自惚れた unuboreta
mimado	甘やかされた amayakasareta
moleque	子供っぽい kodomoppoi

Ruim ou neutro	悪い，中立的 **Warui, Chuuritsu teki**
mulherengo	女好き onnazuki
nerd	間抜け manuke
nojento	我慢ならない、 gman naranai 吐き気がする hakike ga suru
obsessivo	強迫観念 kyoohaku kannen
oportunista	日和見的 hiyorimiteki
possessivo	所有欲 shoyuuyoku
rígido	厳格な genkakuna
sarcástico	皮肉屋 hinikuna
sem-vergonha	無神経 mushinkei
superficial	浅はか asahaka
teimoso	頑固 ganko
tímido	恥ずかしがり屋 hazukashi gariya
vulgar	無作法 busahoo

Carcterísticas do corpo	容姿 **Yooshi**
Olhos	目 **ME**
Cor	色 **Iro**
azul	青色 aoi iro
azul-claro	薄い青色 usui aoiro
azul-escuro	濃い青色 koi aoiro
azul-esverdeado	緑がかった青色 midori gakatta aoiro
verde	緑色 midori iro
verde-claro	薄い緑色 usui midori iro
verde-escuro	濃い緑色 koi midori iro
castanho-esverdeado	緑がかった茶色 midori gakatta cha iro
castanho	茶色 cha iro
castanho-claro	薄い茶色 usui cha iro
castanho-escuro	濃い茶色 koi cha iro
preto	黒 kuro
Formato	形 **Katachi**
grandes	大きい ookii
pequenos	小さい chiisai
redondos	丸い marui
puxados	切れ長 kirenaga

Cabelo	髪の毛 **Kami no ke**
Cor de cabelo	髪の毛の色 **Kami no ke no iro**
loiro	金髪 kinpatsu
loiro-claro	薄い金髪 usui kinpatsu
loiro-escuro	濃い金髪 koi kinpatsu
castanho	茶色の髪 chairo no kami
castanho-escuro	薄茶色の髪 usuchiaro no kami
castanho-claro	濃い茶色の髪 koichairo no kami
ruivo	赤毛 akage
ruivo-claro	明るい赤毛 akarui akage
ruivo-escuro	濃い赤毛 koi akage
preto	黒髪 kurokami
Tipo de cabelo	髪の種類 **Kami no shuri**
comprido	長い nagai
curto	短い mijikai
médio	中位 chuukurai
até os ombros	肩まである kata made aru
cacheado	くせ毛 kusege
ondulado	波打った namiutta

Tipo de cabelo	髪の種類 **Kami no shuri**
liso	真っ直ぐ/直毛 massugu/chokumoo
crespo	縮れ毛 chijirege
careca	はげ頭 hage atama

Rosto	顔 **Kao**
redondo	丸顔 maru gao
ovalado	瓜実顔 urizane gao
quadrado	四角い顔 shikakui kao

Detalhes do rosto	顔の細部 **Kao no saibu**
rugas	しわ shiwa
covas	笑くぼ ekubo
sardas	そばかす sobakasu
espinhas	にきび nikibi
cicatrizes	傷跡 kizuato
sobrancelhas grossas	太い眉毛 futoi mayuge
sobrancelhas finas	細い眉毛 hosoi mayuge
cílios compridos	長いまつ毛 nagai matsuge
bigode	口ひげ kuchi hige
barba	ひげ hige
cavanhaque	あごひげ ago hige

Constituição física	体格 **Taikaku**
alto	背が高い se ga takai
baixo	背が低い se ga hikui
magrinho	痩せている yasete iru
magro	細身 hosomi
fofinho	ぽってり potteri
gordinho	小太り kobutori
gordo	太っている futotte iru
um pouco gordo	太り気味 futori gimi
quadril largo	大きいお尻 ookii oshiri
cintura fina	細い腰 hosoi koshi
sem cintura	ずん胴 zundoo
costas largas	肩幅が広い katahaba ga hiroi
musculoso	筋肉質 kinnikushitsu
definido	均整の取れた kinsei no toreta
sarado	鍛えられた kitaerareta
corpo violão	バイオリン型 violin* gata
pernas torneadas	脚線美 kyakusenbi
barriga definida	絞まった腹部 shimatta fukubu
seios grandes	大きな胸、乳房 ookina mune/chibusa

Apêndice 4 – Doenças
付録 4 − 病気
Furoku 4 – Byooki

gripe	風邪 kaze 流行性感冒 ryuukoo sei kanboo
febre alta	高熱 koonetsu
um pouco de febre	僅かに熱がある wazukani netsu ga aru
dor de garganta	喉が痛い nodo ga iatai
resfriado	風邪 kaze
asma	喘息 zensoku
bronquite	気管支炎 kikanshi en
dor de barriga	胃のもたれ I no motare
dor nas costas	背中が痛み senaka ga itai
artrite	関節炎 kansetsuen
dor de dente	歯が痛い ha ga itai
dor de cabeça	頭が痛い atama ga itai

gases	ガス gas; おなら onara
diarreia	下痢 geri
varicela	水ぼうそう mizu boosoo
hérnia	ヘルニア hernia
tosse	咳 seki
soluço	しゃっくり shakkuri
cólica (menstrual)	生理痛 seiritsuu

Apêndice 5
Disciplinas e Cursos
付録 5 - 学科と課程
furoku 5 – Gakka to Katei

Administração	経営学 keiei gaku
Administração Hospitalar	医療管理学 iryoo kanri gaku
Administração Hoteleira	ホテル経営学 hotel keiei gaku
Agronomia	農工学 noo koo gaku
Análise de Sistemas	体系分析学 taikei bunseki gaku
Arquitetura	建築学 kenchiku gaku
Arquivologia	公文書保管 koo bun sho hokan
Artes Cênicas	演劇部 engrki bu
Artes Gráficas	グラフィック・アート Graphic Arts*
Artes Plásticas	美術部 bijutsu bu
Astronomia	天文学 tenmon gaku
Automobilística	自動車工学 jidoosha koo gaku
Biblioteconomia	司書科 shisho ka

Biologia	生物学 seibutsu gaku
Cerâmica	陶芸工学 toogei koo gaku
Ciência da Computação	情報科学 joohoo kagaku
Ciências Aeronáuticas	航空工学 kookuu koogaku
Ciências Atuariais	保険統計学 hoken tookei gaku
Ciências Biológicas	生物科学 seigutsu kagaku
Ciências Biomédicas	生物医学 seibutsu igaku
Ciências Contábeis	会計学 kaikei gaku
Ciências Econômicas	経済学 keizai gaku
Ciências Sociais	社会学 shakai gaku
Cinema	映画科 eiga ka
Cinema e Vídeo	映画・ビデオ科 eiga bideo ka
Comércio Exterior	国際貿易学 kokusai booeki gaku
Comunicação	通信工学 tsuushin koogaku
Contabilidade	会計学 kaikei gaku
Culinária	調理学 choori gaku
Dança	舞踊 buyoo
Decoração	インテリア・デザイン Interior Design*
Desenho de Comunicação	広告デザイン kookoku Design*
Desenho de Construção Civil	都市工学 toshi koogaku
Desenho Industial	工業デザイン koogyoo Design*

Desenvolvimento de Comunidade	社会開発 shakai kaiahtsu
Design Gráfico	グラフィク・デザイン Graphic Design*
Direito	法学部 hoo gaku bu
Ecologia	生態学 setai gaku
Economia Doméstica	家政学 kasei gaku
Edificações	建築物 kenchiku butsu
Educação Física	体育学 taiiku gaku
Educação Infantil	児童教育学 jidoo kyooiku gaku
Eletrônica	電子工学 dennshi koogaku
Enfermagem	看護科 kanngoshi ka
Engenharia de Agrimensura	土地測量工学 tochi sokuryoo koogaku
Engenharia de Alimentos	食品工学 shoku hin kogaku
Engenharia de Materiais	原材料工学 genzairyoo koogaku
Engenharia Elétrica	電気工学 denki koogaku
Engenharia Sanitária	衛生工学 eisei koogaku
Engenharia Agrícola	農工学 noo koogaku
Engenharia Ambiental	環境工学 kankyoo koogaku
Engenharia Cartográfica	地図製作工学 chizu seisaku koogaku
Engenharia Civil	土木工学 doboku koogaku
Engenharia da Computação	情報機器工学 joohoo kiki kogaku
Engenharia de Controle e Automação	自動機器工学 jidoo kiki koogaku

Engenharia de Horticultura	園芸工学 eingei koogaku
Engenharia de Minas	鉱業工学 koogyoo koogaku
Engenharia de Produção	生産工学 seisaku koogaku
Engenharia de Produção Agroindustrial	農業工学 noogyoo koo gaku
Engenharia de Telecomunicações	通信工学 tsuushin koogaku
Engenharia Florestal	森林工学 shinrin koogaku
Engenharia Hídrica	水力工学 suiryoku koogaku
Engenharia Industrial	工業工学 koogyoo koogaku
Engenharia Mecânica	機械工学 kikai koogaku
Engenharia Metalúrgica	冶金工学 yakin koogaku
Engenharia Naval	造船工学 zoosen koogaku
Engenharia Química	化学工学 kagaku koogaku
Engenharia Sanitária	衛生工学 eisei koogaku
Engenharia Têxtil	繊維工学 seni koogaku
Esporte	体育学 taiiku gaku
Estatística	統計学 tookei gaku
Farmácia	薬学 yaku gaku
Filosofia	哲学 tetsu gaku
Física	物理学 butsuri gaku
Fisioterapia	整体治療 seitai chiryoo gaku
Fonoaudiologia	聴覚学 chookaku gaku

Fotografia	写真学 shashin gaku
Geofísica	地質物理学 chishitsu butsuri gaku
Geografia	地理学 chiri gaku
Geologia	地質学 chishitsu gaku
Gerenciamento de Pequenas e Médias Empresas	中小企業管理 chuu shoo kigyoo kanri
Gestão de Qualidade	品質管理 hinshitsu kanri
História	歴史 rekishi
História da Arte	美術史 bijutsu shi
Hotelaria	ホテル経営学 Hotel keiei gaku
Imunologia	免疫学 men eki gaku
Informática	情報機器 joohoo kiki
Jornalismo	ジャーナリズム Journalism*
Letras	文学部 bungaku bu
Linguística	言語学 gengo gaku
Literatura	文学 bungaku bu
Literatura Comparada	比較文学 hikaku bungaku
Logística	ロジスティク Logistics*
Logopedia	**発声治療 hassei ryoohooSpeech Therapy
Magistério	教育学 kyouiku gaku
Marketing	マーケティング Marketing*

Matemática	数学 suu gaku
Medicina	医学 igaku
Medicina Veterinária	獣医学 juui gaku
Meio Ambiente	環境学 kankyoo gaku
Metalurgia	金属 kinzoku
Meteorologia	気象学 kishoo gaku
Microbiologia	微生物学 biseibutsu gaku
Moda	ファッション Fashion*
Móveis	家具デザイン kagu design
Museologia	博物館学 hakubutsu kan gaku
Pecuária	牧畜業 bakuchiku gyoo
Pedagogia	教育学 kyooiku gaku
Processamento de Dados	情報処理学 joo hoo shori gaku
Produção Editorial	編集出版 henshuu shuppan
Psicologia	心理学 shinri gaku
Publicidade	広告 kookoku
Publicidade e Propaganda	宣伝広告 senden kookoku
Química	化学 kagaku
Rádio e TV	ラジオ、テレビ Radio, Telebi
Radiologia	レントゲン写真 rentogen shashin
Recursos Humanos	人材開発 jinzai kaihatsu

Relações Internacionais	国際関係学 kokusai kannkei gaku
Relações Públicas	広報活動 koo ho katsudoo
Saneamento	衛生学 eisei gaku
Saúde	健康保健学 kenkoo hoken gaku
Secretariado Executivo	事務管理学 jimu kanri gaku
Serviço Social	社会福祉学 shakai fukushi gaku
Terapia Ocupacional	職業病治療師 shokugyoo byoo chiryoo
Tradução	翻訳 hon yaku
Turismo	観光 kankoo

Este livro foi impresso nas oficinas gráficas da Editora Vozes Ltda.,
Rua Frei Luís, 100 – Petrópolis, RJ.